气候变化约束下
农业高质量生产转型研究

周洁红　唐利群　鄢　贞　著

本书感谢国家自然科学基金重点项目（71633002）、国家自然科学基金面上项目（72073118）、科技部国家重点研发计划子课题（2018YFB0505003）及“中央高校基本科研业务费专项资金”支持

科学出版社
北京

内 容 简 介

本书首先描述气候变化下我国农业高质量生产的现状与问题；其次利用大规模调研样本的农户和新型农业经营主体数据，从微观视角量化分析"数量-质量"双重安全视角下气候变化的影响效应，进而评估三种关键性适应性行为应对气候变化的具体效应；最后介绍各地的有益探索和创新经验，扩展和补充现有关于气候变化适应性的研究范畴。本书不仅具有较强的学术参考价值，也有助于引导公众更加全面、理性地认识气候变化下中国农业高质量发展存在的技术难度与瓶颈，同时也为政府探索气候变化适应性生产转型技术的有机组合提供决策参考。本书对于保障中国粮食安全的前瞻性、有效性、全面性，促进乡村振兴战略中现代农业高质量发展具有重要的价值。

本书适用范围比较广，与气候变化对社会经济、生产发展等产生影响的相关领域，如农学、气象学、环境科学、食品科学和经济学、管理学等社会科学学科的科研工作者皆可参阅。对于希望进一步了解应对气候变化下农业发展对策并研究细节的广大读者来讲，本书也值得列于书案。

图书在版编目（CIP）数据

气候变化约束下农业高质量生产转型研究/周洁红，唐利群，鄢贞著. —北京：科学出版社，2021.11

ISBN 978-7-03-066336-8

Ⅰ. ①气… Ⅱ. ①周… ②唐… ③鄢… Ⅲ. ①气候变化－关系－农产品生产－产品质量－研究－中国 Ⅳ. ①F326.5

中国版本图书馆 CIP 数据核字（2020）第 195852 号

责任编辑：郝 悦 / 责任校对：贾娜娜

责任印制：张 伟 / 封面设计：无极书装

科学出版社 出版

北京东黄城根北街 16 号

邮政编码：100717

http://www.sciencep.com

北京虎彩文化传播有限公司 印刷

科学出版社发行 各地新华书店经销

*

2021 年 11 月第 一 版 开本：720 × 1000 B5

2021 年 11 月第一次印刷 印张：16 1/2

字数：320 000

定价：160.00 元

（如有印装质量问题，我社负责调换）

序　一

“人多地少”始终是我国的基本国情。目前我国农业耕地细碎化问题突出，以小农为主的农业生产模式，虽然形成了多样化的耕作制度和生产管理方式，但在应对气候变化等宏观挑战方面面临重重困难。一方面，“人多地少”有可能导致向生态资源过度索取的行为，引发“公地悲剧”“以环境污染换产量”的短视心理，因此，农业生产者的环保意识、对气候变化认知和适应性生产管理技术水平等，有可能与现实需求不相适应；另一方面，同步推进城镇化和农业现代化，强调通过加快产业化、规模化来改变小农生产局面，不仅大量挤占耕地、水资源，而且导致环境破坏，造成空气、土壤、水质的立体交叉污染等严重的负外部性问题，且逐步内化为质量安全信号传递到食品市场，引发公众对粮食质量安全的不安。

2015年，农业部启动实施“肥药双减计划”，制订了《到2020年化肥使用量零增长行动方案》和《到2020年农药使用量零增长行动方案》，表明农业管理部门高度重视农业投入品高投入对生态环境污染的负外部性和食品安全影响，但替代性农资产品和其他亲环境生产管理技术的研发仍待进一步推进。此次新型冠状病毒肺炎疫情也暴露出粮食生产的部分短板和不足，对粮食安全风险和不确定反馈缺乏有效的管理和预警。现有粮食生产结构和质量供给，无法满足我国人均生产总值超过1万美元、人口数量达到14亿的超大规模消费市场的需求；耕地抛荒及非粮化问题，则不利于确保稳定粮食综合生产能力和可持续发展。这些问题和现象的成因相对复杂，但在一定程度上暴露出农业生产社会化服务机制的缺失，包括新技术、新品种推广和标准生产指导等组织模式的短板，也隐含着农产品生产与市场有效对接、农业品牌战略等促进产业融合发展机制的不足，无法激励并实现小农与现代农业的有效衔接。

农业生产者是理性的，控制生产成本、实现利润最大化及劳动效用最大化，始终是其基本目标。气候变化引起的外部环境要素改变，迫使他们放弃原有最佳生产经营的均衡，以减少自然资源约束变化带来的不确定性和市场需求升级造成的滞销的风险。那么，农户如何应对气候变化造成的不确定性，采纳哪些生产管理新技术，如何更好地组织渠道应对市场风险？系统分析气候变化对农业高质量生产转型的影响路径机制，对于保障我国农产品数量和质量安全，实现农业高质量生产转型，具有重要的理论价值和现实意义。

实现农业高质量生产转型，既要突破耕地和淡水资源短缺等资源瓶颈，解决生产成本上涨、农业效率较低、环境污染约束和生态退化等现实问题，也要适应气候变化背景下工业化、城市化、国际化、人口大国等一系列相互交织、彼此叠加的冲突矛盾，这决定了中国农业高质量生产转型要实现国家粮食安全、农产品质量安全，以及农民增收与农业增效、农村生态环境治理与保护、农业可持续发展等多重目标。目前学术界主要采用单一的宏观统计数据或小样本量的微观调研数据研究气候变化对农产品产量的影响，难以反映微观农户层面的适应性行为特征，也未实现微观数据与宏观数据的有效对接。

鉴于此，周洁红教授及其团队自 2017 年以来，聚焦水稻、蔬菜两个产业，对 1200 份水稻种植户两轮调查数据和 768 份蔬菜种植户调查数据，实地访谈浙江省范围内 100 家合作社、56 户家庭农场、11 家龙头企业、312 位合作社农户及 129 位小农户，积累了丰富的中国种植户和新型农业经营主体在应对气候变化上的第一手资料。

该书重点分析了中国气候变化特征和农户对气候变化的认知及适应性行为选择的有效性，基于“数量-质量”双重安全视角，综合运用平均处理效应（average treatment effect，ATE）模型、内生转换回归（endogenous switching regression，ESR）模型和选择实验法，分别估计气候变化对农户关键性适应性生产转型行为的影响效应，结合小农户采纳绿色农业生产方式面临的困境，应用案例分析和计量分析法，科学评价新型农业经营主体带动小农户实现生产转型的作用效果与微观机制，进而提出气候变化约束下农业高质量生产转型的政策体系。

该书发现传统农业试图依赖高农资投入来缓解气候变化带来的减产风险之路困难重重：农户的化肥农药施用行为具有挤进效应，并且过量施用农资造成农业面源污染负外部性部分内化为农产品品质下降，造成收益损失；随着农户对“气候变化感知”水平增强，其更偏好增加化肥农药施用量，从而加重了农产品质量安全的风险。该书研究指出应对气候变化带动农户实现农业高质量转型的关键，除了完善现代农业经营主体经营模式，还应积极组织并培育现代职业农民，以不同群体差异化的需求为出发点，推动智慧培育，完善培育体系。

作为一个长期研究粮食安全问题的学者，我很高兴周洁红教授为我们呈现了这样一部专门研究应对气候变化与农业高质量转型发展的有代表性、有深入思考的优秀之作。在当前，既要突破耕地和淡水资源短缺等资源要素约束，又要解决农业效率与效益偏低、劳动力非农化、环境污染和生态退化等诸多现实问题，还需适应气候变化下工业化、城市化、农业人口老龄化等相互交织的宏观社会背景，如何实现粮食安全与农业高质量发展融合统一、并行不悖，仍是一个值得深入探讨的重大课题。

同济大学经济与管理学院教授
2020年12月

序　二

"洪范八政，食为政首"。保障粮食安全永远是各国政府的优先政策话题。进入 21 世纪，随着世界人口的增加，我们不得不面对更多的影响粮食安全的经济和自然风险。首先，自新型冠状病毒肺炎疫情在全球蔓延，世界各国对粮食安全倍加关注。中央和各地及时采取一系列行之有效的应对措施，有力平复了疫情对农业生产的短期冲击。其次，由于我国人多地少的自然资源限制，需要利用"国内国外、两个市场、两种资源"来满足国内日益增长的粮食需求；当前全球经济增速放缓，中美贸易摩擦深化、国际贸易政策不确定性加剧，粮食安全保障形势严峻。最后，气候约束与水资源总量有限且空间分布不均衡，加剧了粮食安全的紧张局面。国家主席习近平 2020 年在联合国大会上宣布"中国将提高国家自主贡献力度，采取更加有力的政策和措施，二氧化碳排放力争于 2030 年前达到峰值，努力争取 2060 年前实现碳中和"①。农业作为国民经济的基础，必然要适应国家的发展战略目标。在这样的背景下，如何夯实农业发展基础，加快补齐农业短板，调节农业生产结构，促进农业高质量生产转型，实现全面可持续的乡村振兴，是国家的重大战略问题，更是我们学术界关注的话题。

气候变化是当今世界各国共同面临的严峻挑战，全球粮食生产和贸易体系将受到气候变化的严重威胁，这种威胁对建设健康中国，提升人民的获得感、幸福感、安全感的影响更为复杂与特殊。当前中国粮食生产面临着资源禀赋刚性约束与产业发展效率低的局面仍需突破，前者如耕地面积红线与耕地质量下降双重压力、地域间粮食产区的产量严重失衡等问题，后者更多地表现为种植业比较效益低、化肥农药过量施用、机械化程度不高、组织化程度弱、农业产业化效益较低等一系列因素约束农户自然灾害抵御能力。如果还是以传统高投入、高消耗、高污染、低效益的农业生产方式应对气候变化，不仅无法保障农产品质量安全，保障数量安全的压力也将不断增加。如何有效应对气候变化，适应气候变化，稳定

① 《习近平在第七十五届联合国大会一般性辩论上的讲话（全文）》，http://www.qstheory.cn/yaowen/2020-09/22/c_1126527766.htm，2020 年 9 月 22 日。

且促进我国农产品数量和质量安全，让农业变得更加绿色和富有韧性，日益成为我国农业高质量发展的重要议题。

对农产品数量和质量安全的影响评估是应对气候变化实现农业高质量发展生产转型的前提，也是当前学术界关注的热点问题，但对此问题的研究却存在明显的学科隔阂。目前关于气候变化影响的研究主要局限在自然科学领域，在该领域建立的作物模型、各种气候模式的模拟及预测，是对实验数据进行统计分析得到的，相关评估方法是纯自然的实验研究方法，较少涉及社会经济和人（包括消费者和生产者）的行为变化因素，使得研究结果不能反映出人的主动适应性。气候变化对粮食生产的影响也需要通过气象学、农学与经济学的交叉来加以研究。

在此背景下，周洁红教授等撰写的《气候变化约束下农业高质量生产转型研究》一书适时出版。该书综合利用气象灾害数据和大规模的农户调查数据，分析了中国气候变化特征和农户对气候变化的认知及适应性行为选择的有效性，从“数量-质量”双重安全的新视角，综合运用 ATE 模型、ESR 模型和选择实验法等经济模型，分别估计了气候变化对农户关键性适应性生产转型行为的影响效应，并结合案例科学评价了新型农业经营主体带动小农户实现生产转型的作用效果及影响，进而提出了应对气候变化、保障农业高质量生产转型的政策分析框架体系。

如何促进农产品生产由以数量为主转向数量、质量并重，更加注重生态等效益，注重市场导向推进农产品生产安全与生态环境可持续发展，一直被学术界与实践领域、经济学与管理学等多学科重点关注。遵循“以实现农业可持续发展”和让农业更加“绿”起来为目标、“低碳高值现代农业生产方式”为方向的转型思路与对策，该书提出树立“大食品安全观”的总体思路，构建农业高质量生产转型的制度框架，促进农产品生产由以数量为主转向数量、质量并重，更加注重效益，注重市场导向推进粮食安全与生态环境可持续发展。

周洁红教授在农产品市场营销、农产品质量管理及农业政策分析等领域辛勤耕耘近三十年，视角独特，成果丰硕，学术影响巨大。该书是她的又一代表力作，因此，强力推荐该书给各位读者学人，开卷必有益！

德国哥廷根大学发展和新兴国家农业经济学讲席教授

2020 年 12 月

前 言

“食为政首，粮安天下”，中国历朝历代当政者都认识到“无粮不稳”，把保障粮食安全放在政策制定的首位。对于我国这样一个拥有 14 亿人口的大国，保障粮食安全是一个永恒议题。2020 年是全面建成小康社会和“十三五”规划的收官之年，也是脱贫攻坚决战决胜之年。面对国内外的风险与挑战，中国必须稳住农业，确保粮食和重要副食品安全，这对稳定经济社会大局具有特殊重要意义。新型冠状病毒肺炎疫情（以下简称新冠肺炎疫情）对我国农业造成了全面和深刻的影响，中央和各地及时采取了一系列行之有效的应对措施，有力平复了疫情对农业生产的短期冲击。但从长期看，疫情对农业后期的潜在影响正在缓慢释放，中国应从全局和战略高度给予足够重视，全力保障全年粮食生产和重要农产品供给。习近平总书记强调，“越是面对风险挑战，越要稳住农业，越要确保粮食和重要副食品安全”[①]，2018 年、2019 年、2020 年等中央一号文件多次指出，在“稳定粮食产量”的同时，要全面提升农产品质量和食品安全水平，并强化高质量绿色发展导向。自新冠肺炎疫情在全球蔓延，世界各国对粮食安全倍加关注，党中央提出，“六保”促“六稳”是保障粮食安全的重要措施，并反复强调粮食安全和耕地保护对中国 14 亿人口口粮的重要性。《中国农业产业发展报告 2020》[②]显示，在新冠肺炎疫情给国民经济造成冲击的特殊时期，农业-食物系统受到的影响较小，农业-食物系统的“战略后院”、“压舱石”和“蓄水池”作用更加凸显。农业作为基础产业，具有显著的产出乘数效应，即农业总产值增加 1 个单位，国内生产总值（gross domestic product，GDP）将增加 3.4 个单位。因此，在当前全球经济增速放缓、国际贸易政策不确定加剧、粮食安全保障形势严峻、气候约束与水资源总量有限且空间分布不均衡的背景下，如何夯实农业发展基础、加快补齐农业短板、促进农业高质量生产转型、实现全面可持续的乡村振兴，是国家的重大战略问题。

---

①《越是面对风险挑战，越要稳住农业》，http://theory.people.com.cn/n1/2020/0227/c40531-31606543.html，2020 年 2 月 27 日。

②《〈中国农业产业发展报告 2020〉在京发布》，http://paper.cfsn.cn/sd/content/2020-06/05/content_91274.htm，2020 年 6 月 5 日。

我国粮食安全形势持续向好，但也应看到，我国粮食产需在未来中长期仍将维持“紧平衡”态势，影响粮食生产稳定发展的隐患逐渐增多，农业生产与气候变化之间的耦合关系明显，并且在中国表现得尤为复杂与特殊。第一，气候变化对中国农业的影响利弊并存，但以不利影响为主。气候变化影响全球天气系统的热动力机制，表现为异常天气灾害的发生频率和强度加大，导致病虫害发生规律出现变化，并影响种植制度，进而威胁中国粮食生产安全。第二，转型时期的工业化进程加速，导致中国耕地、水资源的数量锐减及遭受污染等，造成资源短缺、污染加重，以及气候变化使农业生产面临更大的风险和不确定性。中国长期以来过分强调通过加快产业化发展来推进农业现代化发展，现代种植模式和规模化养殖模式已造成空气、土壤、水质的立体交叉污染等负外部性问题。第三，与发达国家相比，我国耕作制度和栽培方式更加多样化，传统农业生产方式中存在诸多有利于减排及实施生态友好的农业替代模式，但仍面临“人多地少”的国情和资源环境无限索取的短视心理制约。第四，粮食生产市场需求由食用部分转为饲用消费，且畜牧产业发展存在区域性差异，跨域粮食流通量增加后，可能造成粮食市场价格风险将在一段时间存在。

在气候变暖与资源环境约束不断强化的时代背景下，在当前依赖传统高投入、高消耗、高污染、低效益的农业生产方式下保障数量安全的压力不断增加，农产品质量安全更加难以保障。应对气候变暖、稳定与促进我国农产品数量和质量安全日益成为我国农业高质量发展的双重挑战。经济发展进入新常态后，我国农业进入转型的机遇期与发展的风险期，从生产侧看，我国现代农业开始进入“供需再平衡，结构再优化”的新时期，在成本“地板”与价格“天花板”的双重挤压下，生产比较效益下降，加之农业劳动力结构性短缺、农业基础设施较薄弱，生态环境日趋恶化，新老矛盾、内外矛盾交织显现，给农业高质量发展带来了诸多制约，尤其是2019年以来，全球极端气候造成各地灾害频现，出现了区域性、结构性粮食短缺，恰遇新冠肺炎疫情交织，各个国家相继实行交通封锁及限制民生物资出口的政策，如世界主要产粮国加快限制或者禁止粮食出口的步伐，导致粮食生产难度加大与全球粮食不安因素愈发凸显。新冠肺炎疫情期间农产品贸易首当其冲，由此造成各地恐慌性囤粮叠加，可能加重全球粮食安全不确定性。尽管中国“粮食基本自给，口粮绝对安全”，但是受制于全球粮食供应链脆弱状态，依靠贸易调剂余缺、解决结构短缺的空间非常有限，客观上增加了我国粮食市场的调控难度。因此，在农业生产资源紧缺的背景下，我国需要合理利用国外资源调节国内供求，适量进口，降低我国粮食市场调控难度，统筹用好国内和国外两种资源、两个市场，从而保障我国的粮食安全。在当前新冠肺炎疫情全球蔓延的形势下，国际经济发展面临逆全球化态势，极可能导致农产品，尤其是粮食贸易条件恶化，系统分析气候变化对农业高质量生产转型的影响路径机制，对保障我国农产品数量和质量安全及实现农业高质量生产转型具有重要的理论价值和现实意义。

本书在对我国当前粮食安全与农产品安全状况进行整体分析和对未来粮食安全进行判断的基础上，通过具体分析目前我国粮食安全面临的问题和挑战，试图解决以下问题：在极端气候事件频频发生的背景下，我国干旱、洪涝等极端气候灾害呈现出怎样的典型特征？这些极端气候灾害对我国粮食生产及粮食数量和质量安全产生何种实质性、何种程度的影响？农户对气候变化的感知如何？影响农户采取适应气候变化措施的关键因素有哪些？采取气候变化适应性措施（包括增加要素投入、采用抗逆品种和采用保护性耕作等）能否减缓气候变化对农产品数量和质量的不利影响？适应性措施应对气候变化的具体效果如何？不同新型农业经营主体带动小农户适应气候变化、实现农业高质量生产转型有何差异、难点？怎样有效应对气候变化、保障农业高质量生产转型？

本书研究内容章节如下。

第一章绪论主要梳理国内外研究基础，明确本书理论分析框架和研究技术路线。

第二章为气候变化下我国农业高质量生产的现状与问题分析。该章主要厘清气候变化、农产品安全与农业高质量生产转型的耦合关系，科学评估气候变化对我国农业数量与质量安全的真实影响。

第三章为气候变化对农业高质量生产转型的关键影响因素识别与绩效评价，主要讨论农户在应对气候变化时采用高质量农业生产的适应性技术与管理措施实施推广的关键因素。

第四章为数量安全视角下气候变化对农业高质量生产转型影响的研究。该章主要利用水稻生产集中度、气象与水稻受灾面积相关度等指标对中国气候因子影响下水稻主产区的产量进行模拟检验，分析水稻种植户对极端气候的适应性行为及效应等。

第五章为质量安全视角下气候变化对农业高质量生产转型影响的研究。该章主要衡量气候变化对农产品质量安全的影响，探究农户对气候变化的感知与适应性行为、采纳确保质量安全亲环境技术的接受意愿、突破亲环境技术的难点及对其效应进行评估。

第六章为新型农业经营主体带动小农户实现生产转型的作用评价与难点识别。该章从治理结构的视角揭示并强化三类组织在带动小农户应对气候实施适应性技术与安全友好生产能力方面的功能及优势。

第七章为高质量农业生产转型的职业农民培育，该章主要围绕现代职业农民的培育，对比发达国家现代职业农民培训经验，提出未来职业农民培育体系的构想。

第八章为应对气候变化、保障农业高质量生产转型的总体思路与对策建议，提出树立“大食品安全观”的总体思路，构建基于“数量-质量”双重农产品安全的高质量农业生产转型的制度框架。

近年来，围绕着气候变化对我国粮食安全的影响，围绕着小农户如何融入现代农业等问题的研究很多，这也说明了系统研究应对气候变化的农业生产转型意义重大，与其他同类书籍相比，我们认为本书主要有四个特点。第一，本书的学术性较强。书中主要内容已在国际 “农业经济与政策”影响力最高的期刊，如Food Policy等国内外重要期刊发表，并产生了较好的社会影响，其中，7篇国际刊物均为SSCI或SCI收录论文，国内论文也得到了广泛转载和引用。第二，逻辑性强，聚焦于农业生产与气候变化之间耦合关系背后的机理梳理，科学评估气候变暖对农业生产数量与质量安全的影响程度，识别适应性生产技术和实践应用的突出矛盾，进而探讨小农户应对气候变化高质量转型升级的实现路径，最终提出新型农业经营主体带动与职业农民培训体系的科学建议。第三，本书数据的质量较好、时效性较强。针对目前同类研究微观数据与宏观数据难以有效对接的问题，本书综合利用气象灾害数据，科学选取了水稻产量、品种优势、科技含量、销地等具有代表性特征的湖南、四川、江苏、浙江4省（24个县（市）68个行政村1200户）水稻种植户，并于2017年6月～2018年8月实地访谈浙江省范围内100家合作社、56户家庭农场、11家龙头企业、312位合作社农户及129位小农户。第四，本书的受众群体较广。虽然本书学理性较强，但本书努力提升对策建议的针对性和可操作性，以本书核心内容为基础的5篇专家建议得到省部级领导批示和主管部门文件采纳。因此，除同行学术研究者以外，政府部门和产业部门的工作人员也是本书的目标读者。

本书系作者主持的国家社会科学基金重点项目“应对气候变暖、保障农产品安全的生产转型调研报告”等项目的成果之一。本书的出版，要感谢项目主要参与人唐利群博士（中国计量大学）、鄢贞博士（浙江大学中国农村发展研究院）和李凯、王煜、刘青、杨之颖、魏珂、梁杰、林淑颖（其中部分已毕业）等同学的共同努力。

希望本书的出版能给相关研究同仁和政策实践者提供一些有意义的借鉴和对策方面的建议。对本书的不足之处，恳请读者给予批评指正！

周洁红

2020年11月于启真湖畔

目　录

第一章 绪　论

第一节　本书研究背景

全球气候变化已是不争的事实，预计到 2100 年，全球平均气温将上升 3.5～5°C，那时湿润地区的降水将会更少，极端气候的发生概率增加（IPCC，2013）。以增温为主要特征的气候变化是当今世界各国共同面临的严峻挑战，它给全球农业生产系统带来的风险日益增加。在全球变暖的背景下，频繁发生的极端气候事件导致高温干旱和暴雨洪涝等自然灾害的发生频率不断增加、强度不断加剧（汪宝龙等，2012；唐利群等，2017；高雪等，2017）。由于极端气候事件难以预测，具有突发性和破坏性，它的频繁发生势必会直接造成粮食产量的严重损失，导致我国农业大幅度减产（贾文雄，2012）。在气候变暖与资源环境约束不断强化的时代背景下，以高投入、高消耗、高污染、低效益为主要特征的传统农业保障数量安全的压力不断增加。在当前的农业生产方式下，气候变化不仅直接影响农产品数量安全，还极大影响农产品质量安全。应对气候变暖、稳定与促进我国农产品数量和质量安全日益成为我国农业可持续发展的双重挑战，尤其是在当前中国耕地面积紧缺、粮食生产条件恶化、粮食需求增加三种矛盾交织，以及在资源与环境双重约束、价格与成本双重挤压、极端气候加剧三重挑战的形势下，系统分析气候变化对农业生产转型的影响路径机制，对有效应对气候变化、保障农产品数量和质量安全及实现农业高质量生产转型，具有重要的理论价值和现实意义。

农业是对气候变化敏感的部门（Parry and Carter，1989；Reilly，1995），农业生产与气候变化之间的耦合关系明显，并且在中国表现得尤为复杂与特殊。这一复杂性与特殊性主要表现在以下几点。气候变化对中国农业的影响利弊并存，但以不利影响为主。近些年，以干旱和洪涝为主要特征的气候变化引发的极端天气对“靠天吃饭”的农业产生了重要影响，进而引发了全球对“粮食安全”的担忧。在过去几十年中，人们观察到气候变化对小麦和玉米的产量有了明显的全球性负面影响。全球粮食体系将在气候快速变暖的情况下受到严重威胁[①]。例如，气候变化影响全球天气系统的热动力机制，造成极端气候，灾害发生频率和强度加大，已经开始威胁中国粮食生产安全（李祎君等，2010）。极端气象灾害每年给我国的农业生产造成了严重的经济损失，高达1000亿元（刘玲等，2003）。一些学者通过构建经济–气候经济模型，利用1994～2006年省级面板数据，采用格兰杰因果关系检验得出：极端气候事件是造成我国农业产出波动的重要原因（刘杰等，2012），也是造成我国粮食生产大幅度减产和粮食产量波动的重要因素，它已成为全球气象和气候科学研究中心的关注热点和重点研究问题（翟盘茂，2011；翟盘茂和刘静，2012）。

近年来，我国国家气候中心每年都会对全球范围内发生的重大天气气候事件进行总结，并且对一些极端典型事件的形成原因进行分析，为研究我国极端事件的变化规律提供科学参考（王艳姣等，2014；李清泉等，2015；邵勰等，2016）。全球气候变化给我国粮食生产带来种种不利影响，涉及作物单产、品种改良、作物种植制度、作物区域布局、病虫害迁移等各个关键环节，主要表现在：一是气候变暖导致极端灾害性天气多发、频发、重发。2015年我国农作物受灾面积2176.98千公顷，其中绝收223.27千公顷，直接经济损失2704.1亿元（中华人民共和国国家统计局，2015）。2007～2011年，中国每年由自然灾害造成的粮食损失达5000万吨，为粮食总产量的10%，其中，旱灾造成的损失约占全部灾害损失的60%左右（隋丹等，2011）。二是气候变暖导致病虫害发生规律性变化。相关监测结果表明，与20世纪80年代相比，小麦条锈病越夏区的海拔升高了100米以上，流行时间提早半个月左右。2001～2010年，水稻螟虫成灾的早发和高发成为影响我国南方水稻高产最严重的病虫害。稻飞虱和南方果树黄萎病的发生区域也明显逐步向高纬度、高海拔地区扩张。草地螟在北方则连年暴发。三是气候变暖影响种植制度。有关研究表明，气温每升高1℃，水稻生育期缩短7～8天，冬小麦生育期缩短17天，直接影响单产水平。冬小麦的安全种植北界已由长城沿线向北扩展了1～2个纬度（100～200公里）。华北地区冬小麦正由冬性向半冬性过渡。如果在保持现有种植制度、种植品种和生产水平的前提下，到2030～2050年，气候变化和气候极端事件会使粮食总产量下降约10%，其中小麦、水稻和玉米三大作物均以减产为主[②]。气候变化将使中国长期形成的生产格局和种植模式受到冲击，导致晚熟作物的种植面积增加，复种指数提高，喜温作物、越冬作物种植区北移（赵俊芳等，2010；缪启龙等，2009；谢立勇等，2014；潘根兴等，2011；周曙东等，

① 《聚焦气候变化与粮食安全》，http://news.sciencenet.cn/sbhtmlnews/2015/6/301364.shtm，2015年6月23日。

② 《中华人民共和国气候变化初始国家信息通报（序言+目录+摘要）》，http://www.ncsc.org.cn/SY/tjkhybg/202003/t20200319_769762.shtml，2020年3月19日。

2013）。此外，气候变暖还常常导致土壤肥力下降、化肥农药施用量增加、粮食生产成本上升等问题。气候变化对粮食生产的影响相互作用、相互交织，在时间和空间上呈现错综复杂的现象和结果。在当前的农业生产方式下，气候变化不仅直接影响粮食数量安全，还极大影响粮食质量安全。气候变暖带来有毒有害物质流扩散、病虫害加剧等直接的质量安全威胁（Bi et al.，2009；张望等，2013），以及农业生产者应对行为对粮食质量安全的间接影响，使得质量安全控制难度增加、控制成本更为昂贵。因此，第一，粮食安全作为一个国家经济安全的基础，为了应对气候变暖，应结合2002年中央农村工作会议提出的战略思路，即要在优化品种、品质结构，大力发展优质农产品生产的同时，切实抓好质量安全管理，保证农产品质量安全。[①]第二，中国正处于转型时期，资源短缺、污染加重及气候变化使农业生产面临更大的风险和不确定性。中国长期以来过分强调通过加快产业化发展来推进农业现代化发展，现代种植模式和规模化养殖模式已造成空气、土壤、水质的立体交叉污染等负外部性问题（温铁军等，2010）。在中国当前农业环境形势严峻与农业资源约束加剧的背景下，传统的高投入、高消耗、低效率的生产方式不仅是气候变暖的重要原因，也已经从源头上威胁到农产品质量安全，保障农产品数量安全的压力也将不断增加。"十三五"时期是中国经济社会转型的关键时期，在当前工业化、城镇化快速发展的关键阶段，全面实现小康对生态质量、农产品安全的要求将越来越高。尽管中国粮食生产已实现"十连增"，但粮食自给率在2012年下降到88.4%（周曙东等，2013）。目前，我国粮食市场正呈现总产、库存、进口"三量齐增"，结构性矛盾突出，产需有缺口，国内外粮价倒挂，玉米替代品进口激增的新现象，加上农业资源短缺、开发过度，农业污染加重，在资源和环境的双重硬约束下，气候变化给农业生产带来了极大的不确定性，无论是从现实生产的角度还是从资源约束的角度来看，气候变化使中国未来扩大粮食生产的难度越来越大。此外，随着人口增加、城镇化推进、居民收入水平提高和农产品的工业及能源用途拓展，我国未来粮食需求将持续刚性增长，2020年将达到14 000亿斤[②]左右。如何保障我国农产品的有效供给和粮食安全，提升农业可持续发展能力，是中国农业发展必须应对的一个重大挑战。因此，不加快实现中国农业生产转型，中国农业将成为经济持续稳步增长的"陷阱"。第三，与发达国家相比，我国耕作制度和栽培方式更加多样化，传统农业生产方式中存在诸多有利于减排及实施生态友好的农业替代模式，但受制于中国人多地少的基本国情，以及长期以来形成的"资源无限、环境无价"的观念定式，如何发挥这些传统耕作技术的优势，如何减少化肥农药的投入以减少农业生产的碳排放，均面临新的考验。

① 《2002年中央农村工作会议（2003年1月7—8日）》，http://www.moa.gov.cn/ztzl/nyfzhjsn/nczhy/201208/t20120823_2865001.htm，2003年1月9日。

② 1斤=0.5千克。

中国作为发展中国家，同时是粮食生产大国和粮食消费大国，其粮食安全问题及气候变化和极端事件对中国粮食安全的影响已成为全球变化的区域适应研究热点。目前国内关于中国粮食安全的研究主要集中在生产能力、流通贸易、价格波动三个重要维度（叶宏亮，2013）。诸多研究结果显示，影响中国粮食供给的因素主要有农业自然资源、科学技术水平、农业生产结构和制度安排等，其中，工业化进程导致中国耕地资源、水资源的数量锐减及遭受污染，这是威胁中国粮食安全的关键因素（王浩等，2013；周振民，2013），而近年来农村劳动力转移与老龄化（纪志耿，2013）、气候变化（周曙东等，2013；安艺明和赵文武，2012）及生物能源的发展（张碧溶，2013）对粮食安全的影响成为研究热点。由于中国人均农业自然资源匮乏，因此，从国外进口粮食被多数学者认为是保障中国粮食安全的重要途径（柯炳生，2007；陆文聪等，2011），但同时，国际粮食价格的波动对中国粮食价格存在较为显著的影响（卢锋和谢亚，2008；罗锋和牛宝俊，2009）。国内粮价的大幅波动加上粮食相对价格偏低，不仅影响农户生产积极性，还不利于我国的粮食安全（吴娟，2012），水稻作为中国人最重要的主食，其产量占世界水稻总产量的近 30%（FAOSTAT，2011），但是干旱和洪涝等极端气候已经对中国水稻产量造成了严重损失。例如，光、温、水等气候因子的分配和分布变化会直接影响水稻的生长，尤其是对生长期的水稻影响更大；另外，光、温、水等条件的变化很可能会改变病虫害等问题的发展与规律，从而间接危害水稻的生长，导致减产（潘根兴等，2011）。此外，气候变化引发的极端气候事件频发，很可能会加剧农业气象灾害和生物灾害的暴发，进而影响我国粮食主产区的生产要素投入、品种选育改良、生产技术采用等（覃志豪等，2015；尹朝静，2017）。农业气象灾害是造成我国粮食产量波动的重要因素（卢丽萍等，2009），气候变化，尤其是极端气候事件不仅会加剧农业气象灾害的发生频率，同时也会加剧农业气象灾害的发生强度，对粮食作物的长势和收成产生不利影响（谭方颖等，2010）。就整个中国的粮食产量来说，在当前技术水平下，即使能够满足灌溉条件，在气候变化背景下，随着极端天气事件趋多、趋强，全国的小麦、玉米、水稻将分别减产 3%～7%、1%～11%、5%～12%（居煇等，2007）。研究表明，在稻谷单产变化中，自然灾害对稻谷单产的影响程度高达 48%～56%（龙方等，2011）。自 1951 年以来，我国干旱和洪涝造成的水稻产量损失分别以 4.6%和 3.8%的速率增长（中华人民共和国国家统计局，2014）。因此，干旱和洪涝造成的水稻产量的潜在损失已经成为中国粮食安全乃至世界粮食安全问题的重要关注点。

近 30 年以来，我国无论是成灾面积还是成灾比率均呈增加趋势，农业气象灾害总体上呈不断加剧的趋势（房世波等，2011）。对我国农业生产影响最大的气象灾害是干旱灾害，其次为洪涝灾害。自 20 世纪 50 年代以来，我国每年干旱造成农作物受灾的面积平均增加了近 120%，洪涝发生频率也在不断增加（中华人民共和国水利部，2014）。1961～2010 年，中国华北、西北东南部、黄淮和长江中下游等主要麦区气象干旱呈加剧趋势，冬春两季的降水总体呈减少趋势，无降水日数呈增加趋势，尤其是华北极端干旱的发生日益频繁（房世波等，2013）。预测显示，到 21 世纪末，全球遭受干旱影响的总面积将增加 15%～44%（IPCC，2014）。根据联合国国际减灾战略办公室报告，2015 年全球自然灾害共造成约 2.3 万人死亡，亚洲地区的死亡人数约占全球的 72%，而中国是世界上自然灾害最严重的国家之一，中国因自然灾害而受到的经济损失高达 136 亿美元[①]。以气象灾害为例，气象灾害造成我国农业直接经济损失惨重，损失约占 3%～6%的 GDP 总量，各省旱灾成灾比例一般为 5%～19%、水灾为 2%～10%（居辉等，2007）。其中，影响我国最大、范围最广、损失最严重的是干旱灾害，我国每年超过 1/2 的农作物总成灾面积为干旱成灾面积，华北地区最严重；水灾是我国第二大农业气象灾害，水灾成灾面积约占总成灾面积的 1/4，华中地区最严重，且水灾和旱灾的轻重程度呈现出此消彼长的关系（房世波等，2011）。农业部门对气候变化极为敏感，粮食生产与气候变化之间的耦合关系明显，并且在中国表现得尤为复杂与特殊（周洁红等，2015a）。这种复杂性与特殊性主要表现在：第一，气候变化对中国粮食生产的影响利弊并存，但以不利影响为主。例如，极端气候事件增多，无论是发生频率还是发生强度，均呈现出加大的趋势，已给我国粮食生产安全造成了严重威胁（李祎君等，2010）。2007～2011 年，自然灾害造成了我国每年将近 10%的粮食产量损失，高达 5000 万吨，其中，干旱灾害造成了 60%左右的粮食产量总损失（隋丹等，2011）。第二，中国正处于转型时期，极端气候变化、资源短缺及污染加重使我国粮食生产面临更高风险和不确定性（周洁红等，2015a）。我国农业正在经历农业比较优势下降、农业环境恶化、农户分化等重要转折性变化[②]。经济发展进入新常态后，我国农业进入转型的机遇期与发展的风险期，农业发展面临着农业比较效益低、农村劳动力老龄化、农业技术支撑水平不足等问题，从生产侧看，我国现代农业开始进入“供需再需平衡，结构再需优化”的新时期，新老矛盾、内外矛盾交织显现，生产成本“地板”与价格“天花板”给农业可持续发展带来双重挤压，生产比较效益下降，加之农业劳动力结构性短缺、农业基础设施较薄弱，生态环境日趋恶化，实现农业现代化的挑战日益严峻（周洁红等，2015a）。同时，农业资源短缺、开发过度，农业污染加重，在资源环境的双重硬约束下，气候变化，尤其是极端气候无疑又加剧了我国粮食在生产上面临的极大不确定性。因此，如何保障粮食安全，提升农业可持续发展能力，是中国农业发展必须应对

① 《联合国减灾报告：2015 年自然灾害共造成 2.3 万人死亡》，http://news.cri.cn/2016212/30947741-114b-1109-cca0-b16fcffdbd86.html，2016 年 2 月 12 日。

② 《叶兴庆主讲清华三农讲坛 解析中国农业变化与政策调整》，http://www.cirs.tsinghua.edu.cn/gzdt/20171023/2364.html，2017 年 10 月 23 日。

的一个重大挑战。第三，微观农户是我国粮食生产的基本主体，粮食生产与极端气候变化之间的关系集中体现在亿万农户极端气候变化适应性行为上，加上我国农户长期以来形成的依靠“拼资源、拼消耗，以牺牲资源环境为代价”的传统农业生产方式的思维定式，使我国粮食生产面临的挑战越来越大，成本也越来越高。因此，中国要提高适应极端气候变化的能力，必须将落脚点放在亿万农户身上，结合其所处的技术、经济、社会背景，分析和理解农户对极端气候变化的感知及采取的适应性行为，识别出农户几类关键的适应性行为，量化农户极端气候变化适应性行为的有效性，进而评估关键性适应性行为应对极端气候变化的具体效应，这有利于政府优化气候变化应对策略。

总结以往的研究文献发现，气候变化不仅会对农产品的数量安全产生影响，也会对农产品的质量安全产生影响。70%的学者关注了食物数量与气候变化的影响，关注气候变暖与质量、营养层面影响的学者进行的研究仅占公开出版文献的 30%（Wheeler and von Braun，2013），且国内外学者更多地关注气候变暖对作物品质的影响，研究多集中在温度、光照、水分和肥力等因子与作物品质的关系，较少关注对农产品质量安全性的影响。第一，对农产品数量安全的影响。研究表明，全球气候对农产品产量的影响主要来自极端气候事件频率的变化，而不是平均气候状况的变化（IPCC，2007）。尽管气候变暖对有些地区的粮食和农产品产生有利影响，但会引起地区间甚至国际上特定农产品种植方式和生产力的变化，冲击现有食品贸易方式，影响未来食物价格趋势，造成短期内的价格波动。因此，气候变暖不仅对食品数量产生影响，还会使食物系统的稳定性面临风险，进而对农户收入和食物来源产生影响，对社会稳定等产生重大影响，这种影响对生态脆弱及抗灾能力弱的发展中国家影响尤其重大（Nelson et al.，2010；Chavez et al.，2003；IPCC，2007）。联合国政府间气候变化专门委员会（Intergovernmental Panel on Climate Change，IPCC）第二次评估报告中指出，气候变化将对中国的农业产生重大影响，如果不采取任何措施，到 2030 年，中国种植业生产能力在总体上可能会下降 5%～10%。《中华人民共和国气候变化初始国家信息通报》[①]评估，在现有种植制度、种植品种和生产水平不变的前提下，到 2030～2050 年，气候变化和气候极端事件会使粮食总产量下降约 10%，其中小麦、水稻和玉米的产量最多可下降 37%，而中国 2050 年要达到中等发达国家水平，本身粮食缺口会在 8%左右（刘颖杰和林而达，2007）。刘颖杰和林而达（2007）指出，1984～2003 年，气候变暖对东北地区粮食总产增加有明显的促进作用，但是对华北、西北和西南地区的粮食总

① 资料来源：http://www.mee.gov.cn/ywgz/ydqhbh/wsqtkz/201904/P020190419524224387926.pdf，2020 年 6 月 23 日。

产增加有一定抑制作用，对华东和中南地区的粮食产量的影响不明显。而未来各种气候变化情景对占中国水稻产量 81%的南方水稻产量的影响将以减产为主（朱红根等，2010）。因中国粮食产量的 2/3 以上来自灌溉，所以降水减少是造成粮食产量损失的最大原因，虽然中国的平均降水量没有表现出显著的变化趋势，但是存在着显著的区域差异（郑斯中，1993）。第二，对农产品质量安全的影响。农学、环境资源学等领域的研究表明，气候变暖对农产品质量安全的影响分为直接影响与间接影响。①直接影响。通过农业生产水资源的质量、土壤成分，以及动植物生产过程中的微生物生长环境直接给农产品的质量安全带来影响。气候变化对水量，包括降水形式、强度和频率的影响将直接影响水环境中污染物的来源和迁移转化行为，最终影响水环境质量（张建云等，2009），如降水强度和频率的变化都会影响非点源污染，降水强度决定着淋洗和冲刷地表污染物质能量的大小，降水频率和数量决定着稀释污染物的程度，直接影响水环境质量（Kaster et al.，2006；Arheimer et al.，2005）。除水质外，气候变暖，特别是极端气候深刻改变着农业生态系统有害生物的组成结构、功能和演替，使有害生物分布区域扩大、发病世代增多、生态适应性变异，从而影响了原有的作物—害虫—天敌、作物—病原菌—环境之间的内在联系，最终导致一些有害生物暴发成灾，明显影响农产品质量安全（蔡文华等，2000；宁金花等，2014；戈峰等，2010）。②间接影响。通过影响农作物、动物卫生、渔业、饲料生产等经营主体生产行为，对食品质量安全造成间接影响（Bi et al.，2009；张望等，2013）。因生产主体的风险规避心理、技术经济性、认知能力与实施能力不足及市场政策失灵等，农户等生产经营主体面对加剧的病虫害，往往选择化学防治，即使用化学农药和抗生素。化学防治为主要防治手段的投入增加和环境的恶化，最终导致我国蔬菜、畜产品化学残留问题严重（戈峰等，2010）。

气候变暖可能成为制约农产品，特别是粮食生产能力的主要宏观限制因素；气候变暖将严重威胁各国，特别是中国长期的粮食安全和社会持续发展。但气候变暖不仅对食品数量安全产生影响，也对食品质量安全产生影响，因此，理解气候变暖对农产品安全的影响还需要更为全面的分析路径和更为成熟的建模，在评估气候变暖对农产品安全的影响时，作物对象不能局限于粮食作物，还应扩大到经济作物等。因气候变暖对不同地区影响的差异及地区间贸易的存在，保障农产品安全，不仅需要考虑稳定单产，也需要从宏观层面调整地区作物结构，如推进实施一系列应对气候变暖的地区性、全国性的项目和计划，更需要考虑小康社会农产品质量安全对社会稳定的作用。

鉴于农业的基础性地位与其发展瓶颈，以及日益严峻的气候变化形势，未来中国粮食生产乃至国家粮食安全对气候条件的依赖程度势必加深，气候变化的诸多影响将进一步凸显。目前，气候变化影响评估已成为国际学术界最为关注的研究领域之一，而分析气候变化对粮食生产的影响及粮食生产应对气候变化的适应性对策正成为当前迫切需要解决的问题。目前关于气候变化影响的研究主要局限在自然科学领域，在该领域建立的作物模型的应用、各种气候模式的模拟及预测是通过对实验数据进行统计分析得到的，相关评估方法是纯自然的实验研究方法，一般不涉及社会经济因素。但粮食生产不仅受气候因素等自然条件的影响，还受各种社会经济因素的影响，气候变化对粮食生产的影响也需要通过气象学与经济学的交叉来加以研究。国内外学者普遍认为，研究气候变化对粮食生产的影响，不仅要考虑气候、土壤等自然因素的影响，而且要考虑社会、经济因素的作用（刘颖杰和林而达，2007）。在目前中国的气候变化研究中，自然科学领域还尚未引入经济学的理论和方法，而通过经济学方法研究气候变化又缺乏气象学的支撑，使得气候变化影响这一交叉领域的研究进展缓慢。

结合对我国面临的世情、国情、农情、粮情的判断，以及对国家中长期发展战略的考虑，粮食安全将面临资源、结构及制度三大挑战（王国敏和翟坤周，2012）。粮食安全问题的解决不仅依靠农业自身发展，而且依赖于一整套的政策体系和经济发展（Tweeten et al.，1994）。除了需要完善并严格执行相关耕地及水资源保护管理制度、加强粮食科技支撑体系建设、创新粮食经营机制等来应对粮食的产量风险外，还需要充分利用农业保险、粮食订单生产、粮食补贴制度及粮食期货期权来缓解粮食生产主体面临的价格风险。总而言之，保障我国粮食安全的宏大目标，最终取决于中国农民稳定的种粮积极性，取决于中国农业的现代化发展，取决于中国农业的生产转型。在中国，农户是农业生产的基本主体，农业生产方式与气候变化之间的关系集中体现在亿万农户应对气候变化的农业生产行为上。在中国经济社会转型的大背景下，农业发展面临着农业效益低、农村劳动力流失、农民整体素质低、农业技术支撑不足等问题，再加上长期以来中国农户在农业生产上形成了“拼资源、拼消耗”的思维定式，中国农业生产转型面临的挑战越来越大，成本越来越高。因此，中国要实现农业生产转型，必须将落脚点放在农业生产者身上，结合其所处的技术、经济、社会背景，深入探索解除“技术锁定”从而实现农业技术更新的条件，量化农户实现农业生产转型的成本与收益，保障农民在转型中受益。虽然现有研究已涉及农业生产转型问题，但在应对气候变化这一外部冲击的适应方式方面的研究尚处于探索阶段，还不够深入。厘清农产品安全、气候变暖与农业生产之间的耦合关系是应对气候变暖、保障农产品安全、实现农业生产转型的前提。因此，在理解和评估气候变化对粮食安全的影响时，关键在于系统分析和考察农户如何调整其生产行为以适应气候变化，识别出影响或阻碍他们采取适应性行为的关键因素，从而推进实施一系列应对气候变暖的项目和计划，进而实现中国农业由“高消耗、高污染”的传统农业向“高效、生态、优质、安全”的现代农业转型。

极端气候事件造成的高温干旱、暴雨洪涝等气象灾害对中国农业生产，尤其是产量造成了严重损失。在极端气候事件频频发生的背景下，对于我国干旱、洪涝等天气灾害造成的威胁，需要梳理灾害典型性特征及其对我国农业生产的破坏作用与影响程度，这些都是值得深入探讨的重大理论和政策问题。因此，深入分析气候变化（干旱和洪涝）对水稻生产的影响，是提高粮食生产抗灾、防灾能力和保障粮食安全的重要决策基础。目前学术界关于气候变化，尤其是干旱和洪涝极端气候事件对水稻产量影响的研究，绝大多数采用单一的宏观统计数据，或者采用小样本量的微观调研数据，未能实现微观数据与宏观数据的有效对接，很难反映微观农户层面的适应性行为选择特征及具体效应，如要素投入、品种选用、技术采用等适应性行为。而农户作为最基本的生产单元和适应气候变化的微观主体，是极端气候变化影响最直接的感知者，农户对极端气候变化的感知是采取合理适应性行为的前提，农户的适应性行为选择是提高其气候变化适应能力的微观基础，其适应性行为有效与否关系着一个地区乃至全国的粮食安全问题。目前虽然有大量关于农户气候变化适应性行为的研究，但缺乏系统分析和考察农户如何调整生产行为以适应气候变化的研究，尤其是关于适应干旱和洪涝等极端气候的研究。因此，基于农户视角，探究农户对气候变化的感知，考察农户对极端气候适应性行为选择的研究，识别出影响或阻碍农户极端气候适应性行为选择的关键因素及评估适应性行为的有效性，不仅有助于深入理解行为主体对极端气候适应的微观机制，也有利于政府优化气候变化应对策略的制定，瞄准目标群体实现精准应对，从而提高弱势群体应对气候变化的能力，这些都直接关系着我国水稻产业的可持续发展和全国的粮食安全问题。

本书旨在在对我国当前农产品安全，尤其是粮食安全状况进行系统分析和对未来粮食安全进行判断的基础上，通过具体分析目前我国粮食安全面临的问题和挑战，试图解决以下问题：在极端气候事件频频发生的背景下，我国干旱、洪涝等极端气候灾害呈现出怎样的典型特征？其对我国粮食生产及粮食数量和质量安全产生何种性质、何种程度的影响？农户对气候变化的感知如何？采取气候变化适应性措施（包括增加要素投入、选用抗逆品种和采用保护性耕作等）能否减缓气候变化对农产品数量和质量的不利影响？适应性措施应对气候变化的具体效果如何？影响农户采取适应气候变化措施的关键因素有哪些？不同新型农业经营主体带动小农户适应气候变化、实现农业高质量生产转型有何差异、难点？怎样有效应对气候变化、保障农业高质量生产转型？

为此，本书将聚焦水稻、蔬菜，以社会科学、经济科学和环境生态科学、农业科学等跨学科交叉为主要研究范式，以经济学理论和方法为主要依据，根据课题的总体框架设计，鉴于气候变化问题的区域特定性，采用大尺度案例解析，对生产主体（农户、经营性和公益性农业生产服务组织等）进行大样本调研，提出中国应对气候变化、保障农产品安全的生产转型的整体制度框架和适合数量与质量安全的分类政策体系。本书研究的重点如下：①厘清农产品安全、气候变化与农业高质量生产转型的耦合关系，科学评估气候变化对我国农业高质量生产的真实影响；②识别农户应对气候变化、保障农产品数量和质量安全的适应性技术与管理措施实施推广的关键因素；③基于“数量-质量”双重安全视角，评估农户应对气候变化采取相关适应性技术与管理措施的适应效果；④评价并梳理新型农业经营主体带动小农户实现生产转型的作用评价与难点；⑤设计应对气候变化、保障农业高质量生产转型的总体思路与政策体系，提出要树立“大食品安全观”，构建基于“数量-质量”双重安全视角下农业高质量生产转型的制度，鼓励新型农业经营主体带动小农户实现生产转型，促进农产品生产由以数量为主转向数量、质量并重，更加注重效益，注重市场导向，推进粮食安全与环境的可持续发展。

第二节　理 论 基 础

一、生产函数理论

生产函数是指在一定时期内，在既定技术水平条件下，生产要素投入与产量最大化可能的关系。一般来说，生产一个产品往往会投入多种生产要素，因此生产函数的一般形式可表达为$Y=f\left(X_1, X_2, \cdots, X_n\right)$，其中，$Y$表示产量，$X_i$（$i$=1,2,⋯,$n$）分别表示$n$种不同的生产投入要素，生产函数的表达形式通常可简化为

$$Y=f\left(L,K\right)$$

其中，Y表示产出，L、K分别表示劳动、资本两种主要生产投入要素。但是在现实生活中，由于生产过程面临复杂多变的环境和生产技术的不断进步，往往需要一个扩展了的新的生产函数模型来表示不同生产条件、不同生产技术和不同生产形式的具体情况。从本质上讲，生产函数反映了产品生产过程中要素投入与产出量之间的技术关系，而这种技术关系的重要表征则集中体现为要素替代弹性。

概括而言，最常见的生产函数模型从形式上可分为四种：第一种为Cobb-Douglas（C-D）生产函数模型，它是Cobb和Douglas在1928年提出的；第二种为CES（constant elasticity of substitution）生产函数模型，即不变替代弹性生产函数，它由Solow（1960）和Arrow等（1961）提出；第三种为VES（variable elasticity of substitution）生产函数模型，即可变替代弹性生产函数，它是 Sato 在 1967 年提出的；第四种为 Translog 生产函数模型，即超越对数生产函数，它由 Christensen 等（1973）提出。区别这四个不同形式生产函数模型的关键在于其要素替代弹性的不同。具体而言，当替代弹性是 1/（1+m）时，则称为 CES 生产函数模型，而 C-D 则是 CES 的一种特殊形式，当 $m=0$，即替代弹性为 1 时，即为 C-D 生产函数。VES 生产函数的替代弹性为 σ=1/（1+m），即替代弹性不再是常量，而是变动时，CES 就转化为 VES，因此很容易得出，CES 生产函数是 VES 生产函数的特殊表现形式。此外，需要说明的是，C-D 生产函数模型的约束条件比较多，它可以看作是受约束的 CES 生产函数模型和 VES 生产函数模型，又可以看作是受约束的 Translog 生产函数模型。

C-D 生产函数模型是由 Cobb 与 Douglas 根据历史统计资料，估算劳动投入、资本投入与产出之间的关系而提出的。自 C-D 生产函数模型产生以来，由于其计算方便和经济解释力强的优势，被广泛用于描述生产要素投入与产值产量两者之间的关系。根据 C-D 生产函数模型的表达形式，如果假定规模报酬不变，那么劳动投入、资本投入两个要素投入量和产出产量之间的关系的模型可以设定为以下形式：

$$Y = AL^{\alpha} K^{(1-\alpha)}$$

其中，Y 表示产出量；L 、K 分别表示劳动投入和资本投入；A 表示效率系数，用来反映广义的技术进步水平；α 表示劳动投入贡献在总产出中的所占份额；1- α 表示资本投入贡献在总产出中的所占份额。

本书在分析极端气候对水稻产量的影响时，运用了 C-D 生产函数模型，并对其基本形式进行了具体扩展。在农作物生产过程中，气候变化因子是影响其生长、发育、成熟的主要自然因素，并且具有不可控性。因此，如何有效分离气候变化和生产要素投入、农田管理等众多社会经济因素对农作物的影响，是一个比较困难的问题。但是，传统的 C-D 生产函数模型并未将不可控的自然因素纳入农业生产过程中，其主要目的在于揭示生产要素与产出之间的数量关系，并且生产要素数量可以量化且具有可控性。丑洁明和叶笃正（2006）通过将降水和温度等自然因素纳入 C-D 生产函数模型中，从而构建了新“经济–气候”模型，即 C-D-C 模型。实证研究发现，经济–气候模型能更科学地反映投入与产出之间的关系，从而更好地改进生产函数。由于经济–气候模型能更好地从资源配置这一经济学角度反映气候变化对农业生产的影响，因而得到了广大学者的广泛运用和不断扩展。考虑到水稻生产不仅受土地、化肥、机械等要素投入的影响，还十分易受气候因子，如温度、降水等的影响，因此，水稻生产过程是自然因素和社会经济因素共同作用的结果。所以，在分析气候变化对水稻的影响时，有必要将气候因子作为解释变量纳入 C-D 生产函数中，这样可以更加直接而精确地揭示与反映出生产要素投入与产出之间的对应关系。因此，本章借鉴You等（2009）、丑洁明和叶笃正（2006）、周曙东和朱红根（2010）和崔静等（2011）的研究，将气候因素作为一个重要的解释变量。由于本章重点考察极端气候对水稻产量的影响，故将干旱和洪涝两个解释变量作为极端气候的代理变量引入到生产函数模型中，从而建立了以下水稻生产函数模型：

$$\ln Y_{it} = a_0 + b_1\ln(\mathrm{AC}_{it}) + b_2\ln(\mathrm{LB}_{it}) + b_3\ln(\mathrm{FT}_{it}) + b_4\ln(\mathrm{AM}_{it}) + b_5\ln(\mathrm{IR}_{it}) + b_6\ln(\mathrm{DA}_{it}) + b_7\ln(\mathrm{DR}_{it}) + b_8\ln(\mathrm{FL}_{it}) + T + V_{it}$$

其中，i、t分别表示第i省的第t年份；Y表示水稻产量（万吨），AC、LB、FT、AM、IR分别表示水稻播种面积（千公顷）、劳动力投入（万人）、化肥投入（万吨）、农业机械投入（万千瓦）、有效灌溉投入（千公顷）；DA表示成灾面积（千公顷）；DR表示干旱（1=干旱）；FL表示洪涝（1=洪涝）；T表示时间趋势项，用来反映技术进步的程度；V表示随机误差。

二、气候变化适应性理论

IPCC（2007）第四次评估报告中将“适应性”界定为人类或自然系统为了应对气候突变而做出的一系列调整，其中，气候突变包括实际发生的气候突变、预期发生的气候突变，因而，应对气候突变的适应性主要包括自发适应性、预期适应性和规划适应性三种不同类型的适应性，从而减缓潜在的损失。可以看出，气候变化适应性主要包括三大方面：第一，人类或自然系统是气候变化的受体。第二，气候变化的内容和途径，即气候突变或者预期的气候突变，如气候变暖、二氧化碳浓度升高、太阳辐射强度增强等气候因素的趋势变化，以及极端天气和极端气候事件危害加大。第三，明确了适应的目标是趋利避害，趋利避害也是气候变化适应工作的基本准则。

潘志华和郑大玮（2013）形象地刻画了研究气候变化适应一般要遵循的技术路线图，如图1.1所示，研究气候变化适应一般要遵循影响识别—理论研究—技术与措施研究3个步骤。具体而言，开展气候变化适应研究主要围绕4个关键问题：第一，气候如何变化；第二，受体系统如何变化；第三，气候变化如何影响受体系统及影响程度；第四，受体系统适应气候变化的机制机理。这是深入分析和探讨适应措施与制定气候变化应对策略和行动方案的基础。因此，本章参考图1.1“影响识别—理论研究—技术与措施研究”的研究技术路线框架来开展极端气候对水稻生产影响的研究工作。

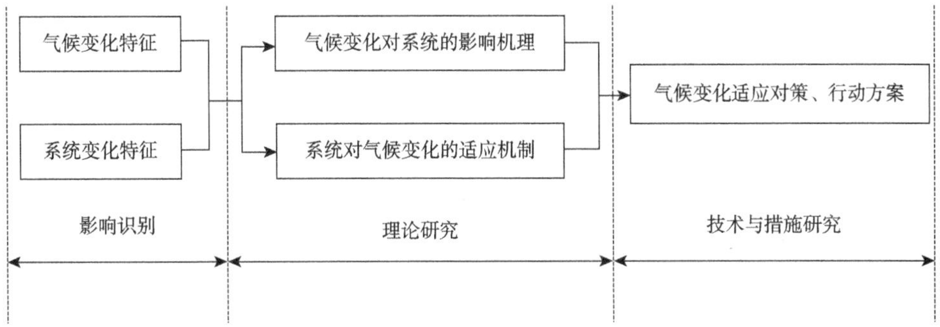

图 1.1 气候变化适应研究技术路线图

资料来源：潘志华和郑大玮（2013）

一般而言，水稻种植户为了减少极端气候对水稻生产的不利影响，通常会自发采取一系列适应措施，因此，极端气候背景下水稻种植户的适应性行为决策过程可以被视为自发性适应过程。稻农极端气候适应性是指稻农为了减少极端气候变化对自身的不利影响，如农业生产、人身健康与个人财富等，所采取一系列措施的过程（Burton et al.，1978）。农户作为水稻生产的微观主体，为了应对极端气候可能给水稻生产带来的不利影响，通常会从不同层面采取有效应对策略，如增加生产要素投入、选用抗逆耐旱水稻品种、采用保护性耕作技术，这些适应措施将有助于缓解气候变化给粮食生产带来的负面影响。稻农气候变化适应性的基本内容可归纳为：①适应者，即水稻种植户。②适应对策，即稻农在极端气候变化影响下，采用适应对策的决策过程。③适应性行为，即水稻种植户为应对极端气候变化采取的主要适应性行为，本书总结与系统归纳出了 8 种主要适应性行为。④适应效果，即稻农极端气候适应性行为对于应对极端气候的影响效果或具体效应（Smit et al.，2000）。通过以上分析可知，适应者、适应对策、适应性行为及适应效果是研究水稻种植户气候变化适应性行为的有机整体，构成了水稻种植户极端气候适应性行为的主要方面，本书以下分析将围绕以上 4 个方面开展中国水稻种植户极端气候适应性行为及效应研究。

三、不确定性条件下农户决策行为理论

理性人假设是新古典经济学的重要前提假设。在确定性条件下，作为基本理性人，追求实现个人效用最大化或追求个人利润最大化是农户的生产目标。但现实生活中，农户往往会受到各种不确定性因素或不同风险的限制，因此，在不确定条件下，对理性人的界定将会变得更加复杂。一般认为，在不确定性条件下，理性人会遵循期望效用最大化或数学期望值最大化的原则来进行行为决策。因此，

对于水稻种植户而言，为了最大程度降低极端气候给水稻生产带来的产量损失，他们通常会采取一系列措施来应对，如增加要素投入、选用抗逆性强的新品种、采用新技术等适应性措施。以选用抗逆性强的新品种为例，当面临不确定的天气风险，如果稻农预期选用抗逆性强的新品种的产量 y_1 会高于不选用抗逆性强的新品种的产量 y_2，则此时稻农的期望效用 $u(y_1)$ 会优于效用 $u(y_2)$。因此，稻农适应性行为选择的期望效用函数一般可表示为

$$U_{(r)} = u(t_1, t_2, \cdots, t_n; y_1, y_2, \cdots, y_n) = \sum_{i=1}^{n} t_i u(y_i)$$

其中，$y_1, y_2, \cdots, y_n \in Y$；$t_i$ 表示事件 i 的发生概率，$0 < t_i < 1$ 且 $\sum_{i=1}^{n} t_i = 1$。因此，从期望效用函数可以看出，稻农极端气候适应性行为决策过程的预期总效用是不同适应性行为的客观概率和主观效用评估两者综合作用的结果。对于稻农而言，稻农在不确定性条件下会根据个人的内部和外部约束条件，依赖于个人对天气风险等不确定性事件的客观现象和主观评估的综合判断，进而对生产行为进行综合决策（冯晓龙，2017），从而以实现个人期望效用最大化为最终目标。

Schultz（1966）在《改造传统农业》一书中认为，在“有限理性小农”的假设下，农户作为经济人，其目标是追求或实现自身效用最大化。农户是否采用某项行为或新技术，往往会采用成本收益的分析方法来进行综合决策，通过对比分析，选择具有趋利性的生产行为。但是，在现实生活中，农户的日常生产行为往往会受到诸多因素的限制，如自身资源禀赋、社会、经济、文化环境等因素（满明俊等，2010），同时还会面临诸如气候风险、政策风险、市场风险等不确定性因素的制约。因此，农户在日常生产行为的决策过程中，往往会受到诸多不确定性和外部风险因素的制约。外部风险主要是指在农作物生长过程中，由于受到天气风险等外部因素的影响，作物最后实际产量低于预期平均产量所发生的概率（艾利思，2006）。

水稻种植户作为“有限理性”农户，在进行水稻生产技术决策时同样会受到各种风险等带来的不确定性影响，如气候风险、市场风险、政策风险等。因此，基于实现自身期望效用最大化的目标，农户在采用生产技术前，需要对农业生产技术进行成本收益分析，通过综合考虑自身与外部双重约束条件后择优选择。关于风险下农户行为决策的研究，目前学术界已经取得了比较丰富的成果，为本书提供了理论基础与借鉴意义。基于此，本书尝试将不确定性纳入农户生产投入决策行为理论模型分析框架中，并将气候变化适应性理论和农户风险下的生产决策理论相结合，研究中国水稻种植户在极端气候下的适应性行为决策机制，分析在不确定条件下稻农对极端气候变化的适应性行为差异。

本书借鉴农业技术采纳行为理论，系统分析中国水稻种植户对极端气候变化

的适应性行为，这是因为水稻种植户对极端气候适应性行为的采用，可以被视为农户的技术采纳行为。农户对生产技术的采用行为同农户的日常生产行为一样，具有明显的趋利性特征。稻农对农业生产技术的采用不仅会受到自身资源禀赋等内部因素的制约，还会受到复杂多变的社会经济因素及气候因素等外部因素的影响。于是，农户的技术选择行为可以视为农户为了实现自身效用最大化或利润最大化，在自身资源禀赋与外部环境的双重约束下，经过成本收益比较分析后最后做出最优选择的行为过程（王静，2013）。因此，假设农户以实现期望效用最大化为目标，当农户面临不同约束条件和外部风险时，分析不确定条件下或风险对农户生产投资的影响时，只有农户意识或预期到增加投资能带来效用时，才有可能做出投资的决策。举例来说，农业生产过程会面临诸多风险，如气候风险，即天气好坏直接影响农业收成。通常来说，农业生产是比较容易受到天气的影响的，天气好坏直接影响着农业的收成。在我国农业生产过程中，一般会出现两种可能的天气，一种是好天气，有利于带来农业增收，而另一种则是坏天气，如遭受干旱、洪涝灾害等，这些灾害一方面直接影响作物长势，造成农业的大幅度减产，影响农业收成；另一方面，灾害衍生出的病虫害及灾害造成农业基础设施损坏影响农业生产，间接影响农业收成。基于此，假定农户生产中仅面临化肥这一种生产要素的可变成本，如果农户预期好天气的发生概率将低于坏天气的发生概率，农户很可能会减少对化肥或农药等生产物资的投入，反之，则会增加对化肥或农药等生产物资的投入。

因此，农户是否会采取气候变化适应性行为，以及采取的适应性行为对于应对气候变化是否有效，这个过程可以看成是农户两阶段的决策过程。仅当第一阶段农户预期采取适应性行为会带来净收益时，其才会决定采用适应性行为（冯晓龙，2017）。基于农户利润或效用最大化行为的理论假设，假设农户寻求利润或效用最大化，则有

$$\max H = E_{i}\left[U\left(\tilde{W}\right)\right] = E_{i}\left\{U\left[p_0 f\left(m\right) + p_1 g\left(z\right)\tilde{e} - w\left(m+z\right) - rz\right]\right\} \quad (1.1)$$

且满足 $m+z=x$、$\tilde{Q}=f\left(m\right)+g\left(z\right)\tilde{e}$。其中，$H$ 表示净收益；E_i 表示期望净收益；U 表示收益函数；$\tilde{W}$ 表示影响农户净收益的因素。x 表示水稻种植面积，由 m（未采用适应性行为的水稻种植面积）和 z（采用适应性行为的水稻种植面积）组成。$\tilde{Q}$ 表示水稻产量。由于采用适应性行为对农户来讲是一种新技术，采用行为存在一定风险，故假定未采用时的水稻产量为固定值 $f\left(m\right)$，采用者的水稻产量函数则为 $g\left(z\right)\tilde{e}$，其中 $\tilde{e}$ 表示随机变量。w、r 分别表示未采用时的农户成本和采用后增加的额外成本，p_1、p_0 分别表示采用和不采用时稻米的市场价格。

基于实现利润最大化的生产目标，为了应对极端气候，稻农做出是否采用适

应性行为的决策过程可以看作是一个对预期采用效果的前后效益的对比过程。假定保持其他条件不变，只有稻农预期采用后的净收益大于不采用时，稻农才会做出采用极端气候适应性行为的决策。因此，假定不采用时的成本为w，采用后会增加额外成本r。则决定稻农是否采用适应性行为的条件为

$$p_1 g(z)\tilde{e}(Z)-(w+r)z \geqslant p_0 f(m)-wm \tag{1.2}$$

其中，$\tilde{e}(Z)$表示影响稻农决策的主观风险函数，且有$\tilde{e}(Z)\in[0,1]$。由于稻米市场价格在采用前后的变化较小，故有$p_1=p_0$，则方程（1.2）可简化成：

$$\tilde{e}(Z) \geqslant \frac{f(m)}{g(z)}-\frac{w(m-z)-rz}{p_0 g(z)} \tag{1.3}$$

p_0、$f(m)$、r等在稻农生产中和稻米收获后的销售市场中可直接观测到，比较容易确定，但稻农的$\tilde{e}(Z)$不易确定，它主要是由稻农的个人资源禀赋和所处的外部环境共同决定的，可表达为以下方程：

$$\tilde{e}(Z)=F\{G(I),H(O)\} \tag{1.4}$$

其中，$G(I)$表示稻农的个人资源禀赋（如户主特征、家庭特征、农场特征等）；$H(O)$表示外部环境特征变量（如气象信息服务、技术培训、农技推广等变量）。因此，稻农极端气候适应性行为决策过程是稻农资源禀赋与外部环境因素综合作用的结果。

第三节　国内外研究现状

一、气候变化对农产品安全的影响及评估方法

（一）气候变化对农产品安全的影响

气候变化既会直接影响农产品的生长和产量，也会间接影响农产品的生长和产量，如通过改变光、温、水的分配和分布直接影响作物生长和通过改变病虫害或杂草的生存、发展与演替间接影响作物产量（潘根兴等，2011；周洁红等，2015a）。这些直接和间接地影响了我国农业生产，造成我国农业生产潜力与资源有效供给的矛盾不断加剧恶化，提高了地区农业气象灾害的发生频率，导致我国不同地区农产品的生产出现了不同程度的波动情况。纵观国内外学者的相关研究，气候变化已给各国农产品生产、农产品种植结构和防灾、减灾成本等带来了一系列的影响，具体影响可以概括为：第一，气候变化增加了农产

品生产的不稳定性，其影响程度因区域不同而不同，且各地区的差异较大（Ervin C and Ervin D，1982；Antle，1983；Caswell et al.，1998；McCarthy et al.，2001；Lippert et al.，2009；Wang et al.，2009；张兵等，2011；周洁红等，2015a）。例如，郭建平等（2001）基于1951～1987年的历史数据，构建了主要粮食作物气象产量预测模型，通过分析此模型发现，华北地区和西北地区的冬小麦分别呈现减产与增产的不同趋势；东北、华北、西北和西南地区的玉米呈增产趋势，而长江中下游和华南地区的玉米呈减产趋势。第二，气候变化影响农产品产量，进而影响农民收入，且具有季节性差异（Wang et al.，2009）。例如，1980～2000年，气候变暖造成了我国黄淮海农业区雨养小麦产量的大幅下降，大大降低了我国农作物的净收益，造成了农民收入的严重波动，且气候变化对春小麦的影响更加直接明显（肖国举等，2007）。Rosenzweig等（2002）研究发现，美国到2030年因极端气候冲击导致的玉米产量损失将翻倍,年均损失将高达30亿美元。第三，气候变化增加了农产品生产的防灾、减灾成本。例如，气候变暖加快了病虫害灾害的暴发频率，扩大了病虫害的传播范围，为了抵御病虫害灾害，减少病虫害给水稻造成的产量损失，农户势必会增加对农药等化学投入品的使用，从而直接增加了防灾、减灾成本（Mendelsohn and Dinar，1999；潘根兴等，2011；周洁红等，2017）。第四，气候变化影响粮食生产布局和结构（周曙东等，2013；Kurukulasuriya et al.，2006；Wang et al.，2009；刘颖杰和林而达，2007）。例如，气候变暖改变了我国的生产布局和种植模式，熟制种植带将北移，增加了晚熟作物的种植面积，扩大了二熟制和三熟制的分布范围，推进越冬作物种植区北移，提高了复种指数（刘彦随等，2010；周曙东等，2013；潘根兴等，2011）。

水稻等农产品的生长离不开光、热、水，它与光照、气温、降水等气候因素密切相关，尤其是在农产品生长发育期间，温度对农产品的影响更加明显，直接关乎农产品的发育、成熟与收成。气候变化主要通过病虫害、水肥管理、种植制度、种植区域等方面影响农产品生产活动。综观国内外研究现状，目前评估气候变化对农产品产量影响的方法主要包括以下三大类。第一类，统计模型。这类模型主要通过数理统计方法来评估气候因子变动对农产品产量的影响，主要包括线性回归、波动分析、一阶差分等数理统计方法。孙卫国等（2011）通过采用线性回归方法对华东地区进行分析发现，气候变化引发的气候灾害频发是造成华东地区农产品产量波动的主要原因。朱珠（2013）通过分析气候变化对江苏省水稻生产状况的影响，采用多元统计方法实证分析得出：气候因子对水稻产量存在显著的影响。其中，太阳辐射、最高气温及平均气温和水稻产量有显著的正相关性，而降水量却对水稻产量有负向影响。侯雯嘉等（2015）的研究则表明，气候变化（温度上升）有利于东北地区的水稻生产，气候变暖对东北大部分地区的水稻生产具有较明显的增产效应。陈超等（2016）通过分析气候要素与四川省单季稻产量之间的关系，得出气温升高对四川省单季稻产量的影响最明显，且影响范围和分布面积最大、最广，进而识别出了日较差、太阳辐射和降水量三个气候因子对四川省单季稻产量的影响较大。第二类，作物机理模型。这种模型主要基于作物生长理论，通过试验法来控制作物生产条件，整合作物生长的条件，如温度、光照、土壤等作物生产条件，从而揭示气候要素对农作物产量的影响及农作物对气候要素的响应（Lobell et al.，2011；姚凤梅等，2007；杨沈斌等，2010）。然而，由于农产品在生产过程中具有复杂性和不确定性等特征，作物机理模型的参数难以精确设定，参数设置很容易失真，避免不了模型的估计结果会存在一定偏差（Lobell and Burke，2010）。此外，作物机理模型并没有把农户对气候变化的适应性行为纳入模型中，所以作物机理模型很可能会夸大气候变化对水稻产量的负面影响。而现实生活中，农户的个人适应性行为对于缓解气候变化风险、保障农产品产量具有重要的作用，加上社会、政府提供的公共投资等都会增强气候变化适应能力，促进农产品生产。Huang 等（2015）利用我国大规模的稻农调查数据实证分析发现，我国稻农通常会通过加强农田管理方式（如秧苗管理），来缓解极端气候对水稻生产造成的产量损失，以此来保证水稻产量。此外，Wang 等（2014）的研究表明，由政府提供一定的气象信息服务和技术指导等基层服务，能有效缓解干旱灾害给水稻造成的损失。第三类，计量经济模型。近年来，学者通过构建计量经济模型，利用气象数据和历史统计数据来分析考察气候要素，如气温、降水等对农产品产量的影响（周曙东和朱红根，2010；朱晓莉等，2013）。气候变化对我国南方地区的水稻生产存在着不利影响，并且造成了我国南方地区水稻产量的严重减产，并且预测未来气候变化对我国南方水稻产量的影响也将以减产为主（周曙东和朱红根，2010）。但是气候变化对农产品不同生育期的影响程度不一，并且对各地区的影响也不尽相同，气候变化对农产品生产的影响程度存在地区差异（朱晓莉等，2013）。因此，以气候变暖为主要特征的气候变化严重威胁着我国农业生产，造成了我国粮食生产的严重损失。以上这些研究为本书探讨气候变化对农产品生产，尤其是粮食生产的影响提供了丰富的文献支撑，也为提高我国农业生产活动的抗灾、防灾能力等提供了科学依据和参考价值。

（二）评估气候变化对农产品生产的影响的主要方法

认识和分析气候变化影响农产品生产的机理是探索粮食生产适应气候变化，进而采取相应的适应性行为的科学基础，评估气候变化对农产品生产的影响也是制定应对气候变化对策的依据（周洁红等，2015a）。关于气候变化对农产品生产的影响，尽管学术界已经取得了比较丰富的研究成果，但还存在着比较明显的学科隔阂，如未能将自然科学领域的作物生长模型、微观层面的农户适应性行为与宏观层面的经济社会因素有效结合，从而导致了大多数的估计结果存在较大偏差（刘颖杰和林而达，2007；周洁红等，2015a）。总结来说，国内外关于气候变化对农产品生产的影响研究，主要采用自然科学模型和经济学模型两种方法进行模拟评估。第一，自然科学领域的模型评估。这类研究主要采用现场观测、实验室模拟、计算机数值模拟和预测、历史相似或类比等方法来分析和评估气候变化对农产品生产的影响，可通过控制农田土壤养分变化、农作物生长发育、农作物品质、病虫害与杂草等的影响，来模拟分析气候变化对农产品的影响（Easterling and Aggarwal，2007；Rosenzweig and Parry，1994；林而达等，1997；Gitay et al.，2001；周洁红等，2015a）。例如，刘颖杰和林而达（2007）采用作物模型模拟法，估计得出了到 21 世纪后半叶，气候变化冲击将会导致中国主要粮食作物产量下降 37%的研究结论。由于此模型没有考虑农户在农产品生产过程中对气候变化的适应性行为，未能从农户作为理性经济人的视角，来识别为应对气候变化而对农产品生产在投入、种植结构、技术采用等方面所做出的一系列真实反应，因此，此类模型很可能高估了气候变化对农产品生产的影响。第二，经济学领域的模型评估。这类研究主要采用农业经济模拟分析方法、李嘉图模型分析法及农业生态地带模型分析法，利用宏观统计数据或微观调查数据来测算气候变化对粮食作物最终产出的影响程度。例如，Liu 等（2004）假定农户能对气候变化做出充分适应调整，采用李嘉图模型估计得出了气候变化对我国大部分地区的粮食生产有利的结论，主要包括东部地区、南部地区、东北地区及高原地区等。但 Liu 等（2004）采用的李嘉图模型很可能高估了粮食作物的适应能力，因为存在遗漏变量等问题。此外，Schlenker 等（2005）研究发现，如果把灌溉系统纳入模型当中，气候因素很可能不是决定粮食作物生产的关键性因素，因此，也很可能高估了气候变化对粮食生产的影响程度。此外，不同于自然科学领域模型的优势，经济学领域的模型不能细致刻画出作物生长发育与气候变化之间的动态关系（Mendelsohn and Dinar，1999；Seo and Mendelsohn，2008）。虽然近年来，越来越多的文献开始采用面板数据来估计气候变化对粮食生产的影响（Schlenker and Lobell，2010；Welch et al.，2010；黄维等，2010），但是无论在欧美等发达国家还是中国等发展中国家，关于粮食生产对气候变化的适应程度大小，目前学术界仍然存在较大的争议，而且不管是采用李嘉图模型还是作物模拟模型等模型，都仅能总体判断出粮食生产对气候变化的适应程度，而无法区分不同主体对气候变化适应性行为的差异（周洁红等，2015a），因此后续研究需要对此差异与形成机理进一步深入探讨。

二、当前农业生产方式对气候变化与农产品安全的影响研究

（一）当前农业生产方式对气候变化的影响

过量施用化肥农药导致的高投入、高消耗、低效率的农业生产方式是造成全球气候变暖的重要原因（Gitay et al.，2001；米松华，2013；周洁红等，2015a），作为温室气体的重要源头，农业已成为温室气体排放的第二大重要来源（Parry et al.，2007；Kurukulasuriya and Rosenthal，2003；Smith et al.，2007；米松华，2013）。世界银行的统计显示，全球农业部门所排放的一氧化二氮（N_2O）、甲烷（CH_4）、二氧化碳（CO_2）分别占其总排放量的 60%～80%、50%～70%、1%。中国作为农业大国，无论是 CH_4 和 N_2O 两大农业温室气体排放的比重，还是总农业温室气体排放的比重，均超过了世界平均水平（IPCC，2007），凸显中国农业生产的“高碳属性”。纵观国内外相关研究，农业温室气体的来源测度、排放量、结构特征及减排机理等方面是农业生产方式对气候变化影响的主要关注点，主要采用实证方法验证了农业已成为温室气体排放的重要来源的基本事实（Smith et al.，2007；Lippert et al.，2009；Wang et al.，2009；蔡祖聪，1999；董红敏等，2008；黄祖辉和米松华，2011；米松华，2013）。但是，目前关于测算温室气体的核算方法，IPCC 并没有把农业生产的温室气体排放等纳入核算体系中，因此很可能低估了农业温室气体的总排放量（黄祖辉和米松华，2011；米松华，2013）。蔡祖聪（1999）只考虑了农业能源碳排放，而董红敏等（2008）只考虑了农业温室气体排放，目前并没有学者结合两者较为全面地评估农业生产对气候变暖的影响。其中，有学者首次通过采用碳足迹分层的方法，对浙江省的农业碳足迹进行了比较完整的系统核算（黄祖辉和米松华，2011），但只分析了单一地区和单一年份的核算结果，并不能反映中国碳足迹的地区和时序差异。因此，进一步识别与明确农业温室气体的排放来源、结构特征和地区差异，是实现我国减少农业温室气体排放，发展低碳农业的重要基础，也是实现我国农业生产转型和保障粮食安全的客观依据（米松华，2013；周洁红等，2015a）。但是，目前关于对农业温室气体排放的核算方法，无论是在指标测算全面性还是在测算精度上，都有待进一步提高。进一步完善我国的农业温室气体排放核算方法，对于完善我国农业碳排放规则和标准设定、实现农业实现生产转型等都具有基础性作用。

（二）当前农业生产方式对农产品数量、质量安全的影响

全面地看，石化农业生产方式使得农业资源得到极大的利用，农产品产量大增，的确给人类带来了不少福祉，但也带来了严峻的挑战。温铁军等（2010）

提出，长期以来过分强调产业化的农业现代化发展模式、现代化种植和规模化养殖已造成空气、土壤、水体立体交叉污染和食品不安全等严重的负外部性问题。例如，我国氮肥过量施用和低效率利用导致土质下降和土壤环境恶化（张福琐，2006；温铁军等，2010）。氮肥带入的重金属污染土壤、氮肥导致作物亚硝酸盐富集和农药残留，这些有害物质可通过食物链在人体富集，进而对人体产生影响。除此之外，农药施用量的增加导致农药残留问题凸显，对人体健康的威胁巨大。因此，现代农业保障粮食安全的“三大法宝”（化肥、农药、转基因种子）虽有助于提高农产品数量安全，但却无法从源头上保证农产品质量安全，进一步发展的结果是对农产品长期稳定增长构成威胁（李启平，2010）。在气候变暖与农业资源约束不断强化的时代背景下，这种高投入、高消耗、高产出、低效率的生产方式不仅无法保障农产质量安全，保障数量安全的压力也将不断增加。因农业生态系统产出能力下降，在农产品需求刚性增长的约束下，在当前的技术与耕作习惯下势必依靠更多的化学投入品，这就导致农业生产成本的不断上涨，农业生产越来越不可持续，从而形成一个恶性循环。一旦这些“能源化”的工业投入品出现短缺和价格波动，农产品（数量、质量、价格）波动就不可避免。因此，亟须探索一种全新的能够在保障农产品安全的同时有利于农业生态环境改善的农业生产方式。

三、农业生产转型相关研究

国内学者很早就开始了农业生产转型问题的研究，围绕着转型的内涵、目标、实现路径、发展模式提出了诸多建设性思路。第一，农业生产转型的内涵、发展模式。吴向伟（2008）提出农业生产转型就是农业生产增长源泉构成、增长机制及其路径和一系列结构的变化。陈锡文（2013）指出，农业生产转型就是从原有资源投入的粗放的农业生产方式，转向依靠增加投入、科技进步、培养新型农民来提高资源利用率、土地产出率、劳动生产率的农业生产方式。潘盛洲（2010）、危朝安（2010）认为，一是农业生产转型应实现农产品供给由注重数量增长向总量平衡、结构优化和质量安全并重转变；二是农业生产条件由主要“靠天吃饭”向提高物质技术装备水平转变；三是农业生产方式由主要依靠资源消耗向资源节约型、环境友好型转变；四是农业劳动者由传统农民向新型农民转变；五是农业经营方式由一家一户分散经营向提高组织化程度转变。基于传统石油农业生产，以及全球气候变暖给环境带来的压力，基于对农业生产转型的不同理解，我国出现了多种替代农业生产模式，如生态农业、永续农业、循环农业、低碳农业、精准农业、设施农业、绿色农业、两型农业等。其中，应对气候变暖，立足于农业生产过程碳排放重点环节和选用农业节能减排技术的低碳农业生产方式成为热点。虽然不同的农业生产模式实施的经济、技术基础不同，所要求的资源、技术存在差别，发展目标也各有侧重，但其基本目标都在于发挥农业多功能性，实现农业的可持续生产（檀学文，2010）。第二，农业生产转型的目标。通常认为农业生产转型的目标与现代农业的目标在方向上是一致的。总结起来有三种观点：一种观点认为农业生产转型的目标体现在资源利用率、土地产出率、劳动生产率的提高（陈锡文，2013）；而另一种观点认为应体现在农业结构的现代化、基础设施的现代化、生产手段的现代化、农业科学技术的现代化、经营的产业化、服务的社会化、农民的现代化、资源环境的可持续化（张仲威，1994；张仁寿和顾益康，2001；周洁红等，2015b）；还有一种观点则认为农业生产转型的目标可以概括为保障农产品供给的数量和质量、促进农民收入增加、促进生态环境保护和可持续发展（柯炳生，2007）。第三，农业生产转型的实现路径。罗必良（2007）认为，如果仅从农业内部考虑的话，农业生产转型问题的解决途径应该是加快发展农业内部的分工深化程度。曹承忠等（2008）主张将现代农业制度的建设作为农业生产转型的基础。曲福田（2009）则认为农业生产转型问题的核心在于用先进的科学技术和现代农业制度武装农业，以摆脱农业必须依靠政策保护才能发展的弱质性。柯柄生（2007）认为实现现代农业的具体途径虽然在各国、各地区可能有所不同，但都有一些共性特征，如设施装备发达、生产技术先进、组织经营高效、服务体系完善。曾福生等（2008）认为，在选择农业生产转型的时候，要考虑实现路径的技术先导性、效率性与市场性。国内许多学者认为农业生产转型时进行农业产业链整合也很重要，这有利于发育多元化的组织形式和契约联结方式（张利庠和张喜才，2007；卢良恕，2006；张晓山，2006）。

当前不可逆的气候变暖趋势又为农业生产转型提出了新的挑战，但学者仅仅认识到气候变暖使农业生产转型更加复杂与困难，具体应对策略还有待深入研究。虽然不同的学者对农业生产转型内涵的表述存在差别，但农业生产转型本质上是从传统农业向高端生态现代农业转变的过程却是共识。同样，在农业生产转型的目标方面，虽然学者从不同的角度出发得出了不同的结论，但这些表述却是共通的，也包含了本书提出的食物安全、应对气候变暖、农民增收的农业生产转型目标。当前研究缺乏对总体目标下各个目标之间相互关系的描述，而在气候变暖与我国转型期的现实条件下，这些目标之间其实并非完全内在统一的。本书认为，农业生产转型的目标应该是食物安全、应对气候变暖、农民增收的协同推进，而要使各种替代模式达到三目标协同推进，需要考虑基于不同区域的资源禀赋、自然条件差异的技术组合措施，更要从当地的经济发展水平、支农能力、市场体系等角度去分析是否适用，从而通过引导市场机制作用的发挥，保障农业多功能的多种收益，着力解决当前农业生产模式中存在的经济效益、社会效益、生态效益难以协调的问题。

但是，分散农户是我国农业生产的基本主体，农业生产方式、农产品安全与气候变暖之间的耦合关系在亿万分散农户集成、集中体现，因而农户应对气候变暖、保障农产品数量和质量安全的生产意愿、行为及实施难点、影响因素对农业生产转型至关重要。同时，农业生产转型还意味着需要优化农业生产的组织、管理和服务，在保持家庭经营制度不变的前提下，探索高效的农业生产经营模式和服务模式，发挥现有经营性服务组织（包括合作组织、龙头企业等）与公益性服务组织（包括政府农业技术推广体系、农产品检验检疫组织等）对农户的引导作用。

（一）有关农户参与农业生产转型行为决策的研究

第一，农户参与农业生产转型的前提条件。国内外学者对农业亲环境生产，包括低碳农业，以及适应气候变暖技术的成本、收益做了大量的研究工作，认为从微观机制看，保障农户利益是实现农业生产转型的前提条件。技术本身的公益性、高成本和外部性与农民的经济理性相悖是包括保护性耕作技术在内的环境友好型农业技术推广的最大困难。张蔚文等（2006）对农户的调查显示，净收益是农户是否接受新的技术与管理方法的首选考虑。齐振宏和王培成（2010）采用博弈论“囚徒困境”模型分析了低碳农业生态产业链的共生耦合机制，指出只有在链上各主体不合作收益小于合作收益时，各主体才会必然选择合作行为，为此必须引入共生耦合的动力机制，即资源循环利用机制（提高贴现引子）、生态价值补偿机制（提高惩罚幅度）、利益合理分配机制（合理确定收益值）来保障低碳农业的收益。吴岳慧（2012）则认为，在当前的农产品价格体系下，由于当前产品追溯性差、生产者低碳生产意识薄弱，生产者难以在低碳生产中获取应有利益，因此，只有在对该类技术实施的成本收益进行科学评估，并以此为基础形成有序的市场运作与政府补偿，才能真正引导经济理性的农民成为低碳农业发展的主体。应对气候变化是存在成本的，农户是否采取行为取决于产品的商品化程度、可获得资本及准确的环境预测等。张兵等（2011）基于江苏全球环境基金（Global Environment Facility，GEF）项目，采用倍差法对农业适应气候变化措施的绩效进行了测评，发现绩效主要集中在粮食产量上。祝华军和田志宏（2012）对农户采取保护性耕作和水肥管理等低碳技术措施的成本收益进行了量化分析，研究发现，虽然多数低碳技术能够带来产量的增加，但这些技术措施的物质成本增加高于产量增加带来的收入，而且投入的人工量增加，因此需要政策补贴来抵消一部分成本。第二，农户采纳亲环境生产技术的影响因素。①农民对气候变化的感知。丁勇等（2011）、谭智心（2011）通过历史气象资料分析与访问调查研究相结合的方法，对农民气候变化认知与适应性行为进行研究发现，农民对气候变化十分敏感，农民对气候变化的认知主要以经验判断为基础。云雅如等（2009）的调查进一步发现，农民的适应性行为与气候变化之间存在着时滞现象，认知偏差和思维定式使得农户更多地处于一种追赶气候变化的状态。②农户适应气候变化的行为及影响因素。张健和王海东（2007）、朱红根等（2010）发现，面对气候变暖，农户会依据气温与降雨的变化采取改变谷物品种、播种时间等自发性适应性行为，影响农户采纳应对气候变化技术的因素有农民的个体和家庭特征、社会资本、信息的可获得性、地理位置、技术本身属性等。此外，对技术的认知、组织模式或契约关系也被认为是影响农户采纳适应性技术的重要影响因素。第三，农户对政府环境保护、安全农产品生产等政策的反应。农业生产本身既是污染的来源，也是直接的受害者，因而国外采取税收政策、制定尾水标准、为改进农产耕作管理提供激励和农业耕作管理标准等农业面源污染控制政策（Shortle and Dunn，1986）。农业税对作物种植结构和农药使用有显著影响，农药税要与农民教育和培训相配合才能发挥作用（Falconer，2000）。而农户自身的资本约束、对土壤流失的认知和资金获得能力，农户自身的创新意识、利润趋向和农业的重要程度（Ervin C and Ervin D，1982），农民受教育程度（Fuglie and Kascak，2001），农场结构和农户偏好，以及政府法律法规的综合结果决定了农户对政府环境政策的可能反应。新技术的有用性和方便程度，新技术是否能够改进工作效率和易于学习，决定了农户参加保护计划的意愿和行为，为促使农户采取土地保护性耕作措施，美国实施了推广教育、技术支持和成本分担等政策（Feder et al.，1985）。第四，亲环境生产与质量安全管理规制对农户生产成本的影响。农户是否遵守规制取决于农户执行规制后潜在绩效的提升，如市场份额、收益率等和执行规制增加的内部成本的比较（Caswell et al.，1998）。为改进农户耕作管理标准，实施产品可追溯行为及制定有效的激励政策，Knowler 和 Bradshaw（2007）对农业保护性耕作面临的可能成本进行了研究，认为可能增加的成本有特殊种植设备的购买、短期作物病虫害影响、新管理技能学习、额外的除草剂施用、技术培训成本。同样，农户采纳质量控制标准及生产档案实施质量安全追溯时也需考虑追加新的投资及带来的潜在收益。Antle（2000）对农户实施良好农业规范（good agricultural practice，GAP）等有关标准的成本收益进行了分析，以论证政府推广标准及管理体系等规则的合理性和科学性。

农户对气候变暖的感知与适应气候变暖的亲环境行为选择是农业生产转型得以实现的微观基础。上述研究，特别是关于农户亲环境行为影响因素的研究，在研究模型、变量设置方面为本书的研究提供了参考。但当前的研究还存在以下不足：首先，未对不同的气候变暖应对行为做出区分，也未对不同的农民做出区分，而技术属性的差异与农户自身的差别显著影响亲环境农业技术的采纳与农户适应性行为决策。其次，当前成本收益方面的研究还较少，且未能全面科学地评估亲环境农业技术实施所带来的生态效益与社会效益，也未能涵盖农民对亲环境农业技术的支付意愿，仅仅核算了可由市场价格反映的部分，核算结果存在较大偏差。最后，气候变暖导致的农业生产调整研究要么仅限于基于微观调研数据，要么单单基于统计年鉴中的宏观统计数据，未能将微观与宏观数据做一个有效衔接来进行模型分析。

（二）有关以新型农业经营主体为主的经营性服务组织带动农户实现农业生产转型的研究

新型农业经营主体是促进小农户与现代农业衔接的引领力量。国内学者一致认为农业经营主体应呈现多样化、多类型经营主体并存的格局，以专业大户、家庭农场、农民专业合作社、农业龙头企业和经营性农业服务组织为代表的新型农业经营主体，因其经营规模、辐射带动、盈利能力、资金来源、市场导向、产品认证、品牌建设、销售渠道等方面的优势，成为建设现代农业的微观基础（黄祖辉和俞宁，2010；郭庆海，2013；楼栋和孔祥智，2013；温涛等，2015；胡凌啸，2018；周洁红和魏珂，2019）。发挥新型农业经营主体的带动作用，使之成为衔接小农户与现代农业的桥梁，已经成为国内学者的共识。国内相关研究普遍认为农业产业化水平的提高催生了经营性农业生产服务主体，促进了经营性农业生产服务供给。姜绍静和罗泮（2010）提出构建以农民专业合作社为核心的农业科技服务体系，可以实现科技资源的优化配置，利用一切乡土资源进行内部技术创新，放大农民科技需求，通过提供部分科技推广资金、推进农业标准化生产和转变产业结构等，提高科技推广效果。产业化发展之所以对农户的环境意识和环保行为产生明显影响，其原因在于龙头企业将会采取直接的措施对农户的施肥、施药行为进行干预（孙新章和张新民，2010）。胡定寰（2005）认为，在农产品生产阶段，农业产业化经营模式通过为合同农户制定安全生产和操作标准、对合同农户进行技术指导及对投入品进行控制而提高了农产品质量安全水平。周洁红等（2015b）以农民专业合作社、农业龙头企业为研究对象，对其带动农户实施农业标准化的动机、行为和绩效进行了分析，研究表明，提高产品质量、提高产品竞争力和经营效益是农业龙头企业与农民专业合作社的共同动机，不同的是，企业实施农业标准化的目的是为了提升企业品牌的需要，而农业合作社则是为了规范社员或非社员的行为。资金不足、农户标准化意识不强、标准化管理难度太大是影响产业化组织带动农户实施标准化生产的主要障碍。郝朝晖（2004）、吕志轩（2009）则认为现有市场条件下农民与产业化组织的利益冲突才是影响产业化组织带动农户发展的关键因素，因而必须完善农户与产业化组织的利益联结机制。孟庆珍（2009）、马柠馨和孟枫平（2012）从金融政策、政府财政制度等产业外部环境角度分析了外部政策环境对经营性服务组织行为的影响。魏百刚等（2009）基于湖北、河北实践循环农业合作社的实证分析表明，农民专业合作社能够提高农户对市场的谈判能力，通过提高组织化程度抵御生产风险、对农户进行生产监督等，以克服农户在生态循环农业发展上的不足。陈诗波（2009）实地调研了湖北省 6 个循环农业试点县 515 户农户，结果发现，“政府+协会+农户”及“政府+企业+协会+农户”的发展模式对提高农户生产技术效率具有更明显的效果。颜廷武等（2015）利用国家食用菌产业技术体系调查数据实证分析循环农业产业链中专业协会组织的运行绩效及其空间异质性，得出的结论认为，专业协会组织与农户建立了有效的衔接与协同发展机制，整体上处于“协调且一般有效”状态。温涛等（2015）认为合作社能够通过促进农村劳动分工和农业专业化发展进而带动农户增收。

目前已有研究主要定性地探讨了经营性服务组织带动农户实施农业技术、标准化等的经济效益，以及改善农业环境、带动农村就业、改良农业耕作等不易计量的社会效益和生态效益，而如何运用数量分析方法评价农业标准化推广的绩效、标准实施成本等的研究较少，特别是在生产作业标准层面，且目前测算带动的经济效益也仅仅是按主观判断法。另外，自 1995 年以来，先进省市，如浙江省政府在扶持农业生产转型的内容、形式乃至机制体制上发生了巨大变化，农业发展逐渐转向以农业标准化园区、技术示范区等为主要方式的新阶段，经营性服务组织带动农户的绩效已经是一个综合策略体的结果，其绩效应考虑实施的模式、实施主体与供应链成员关联的特征等其他因素，同时也为探索农业生产组织化提供依据。然而，目前我国新型农业经营主体发展水平差别明显，很多新型农业经营主体面临着技术与服务能力不强、管理与营销人才匮乏、利益联结机制不完善等问题（傅爱民和王国安，2007；徐旭初，2009；余丽燕等，2010；万宝瑞，2010；邓宗兵，2013），从而制约了其带动作用的实现及带动模式的演变。周立群和曹利群（2001）认为目前“农民专业合作社+农户”“公司+农户”两类方式较为常见，但前者受制于资金不足和缺乏抵押性资产，后者受制于契约不能有效约束当事人而存在缺陷，因此有必要引入组织中介，形成“农业龙头企业+农民专业合作社+农户”或“农业龙头企业+大户+农户”。王亚静和祁春节（2007）通过博弈分析表明，在契约不完全、存在机会主义倾向的前提下，中介组织的介入可以有效监督双方的履约行为。完全一体化是另一种产业化形式，纵向一体化实现了剩余控制权和剩余索取权的统一，内部的科层管理结构替代了产品交易市场，使得模式中各利益主体之间能形成稳定的博弈均衡（郭晓鸣等，2007）。苑鹏（2008）、黄宗智（2010）认为合作社获得了来自加工和销售的利润后更倾向于产业链环节间的联合。钟钰和陈金波（2016）同样认为农业产业化模式最终会演变为农民专业合作社一体化或农工商一体化模式。贾晋和蒲明（2010）认为，随着农产品市场化进程的发展，由于农业龙头企业自身规模的扩张及对食品安全问题的普遍重视，农业龙头企业必然选择一体化或者准一体化的契约形式。尽管一体化程度高的产业组织模式的纵向关系比较稳定，农民承担风险低，但维持这些纵向关系的治理成本较高；而产权一体化程度低的产业组织模式纵向关系不稳定，双方都存在机会主义动机，农民承担风险高，但维持纵向关系的治理成本低（龙方等，2011）。朱哲毅等（2016）的研究发现，由于需求量较小，农产品下游购买者对农产品质量安全要求低，农民专业合作社农资统购难以实现。钟真等（2016）通过对奶业农民专业合作社进行研究发现，社员间人际信任影响农民专业合作社的农产品质量安全控制。

总体来看，由于内部组织结构、产权结构、管理制度等方面的差异，农民专业合作社、家庭农场、农业龙头企业、专业大户，以及各类服务性经营主体在促进小农户与现代农业衔接中能够起到的作用应该是有差别的，因此，应该根据各类新型农业经营主体的优势，如农民专业合作社串联农户、农业龙头企业品牌与渠道建设等，实现多样化的促进带动方式，才能真正发挥新型农业经营主体的带动作用。上述研究成果为本书的开展奠定了坚实的基础。但就整体而言，无论是理论研究还是应用研究，目前在以下三方面有待深化研究：第一，随着现代农业进入高质量发展的新阶段，质量兴农、绿色兴农理念的不断深入，小农户在提升产品质量、采纳环境友好型生产方式等方面面临着哪些困难，新型农业经营主体在这些方面又有哪些优势？第二，新型农业经营主体应该如何发挥其在农产品质量安全管理与环境友好型生产中的优势，如何健全利益联结方式，实现多样化的带动、提升、转化方式？面对多样化的带动方式与利益分配方式，应该如何科学地评价新型农业经营主体的带动作用？高质量推进小农户生产绿色转型的典型模式有哪些？第三，如何优化政府与新型农业经营主体在促进小农户和现代农业有机衔接中的分工，如何优化政策设计，发挥各类新型农业经营主体所长，使小农户能够更快、更好地融入到优质安全农业中去，如何优化新型农业经营主体带动“小农户和现代农业发展有机衔接”的创新路径？

因此，在质量兴农与绿色兴农的发展理念下，随着工业化、城镇化快速推进，我国小农发展面临土地规模小、耕地细碎化，老龄化、兼业化严重，信息手段滞后等诸多挑战，改造传统小农经营，使之与现代农业接轨显得尤为迫切。那么，如何实现小农户与农业农村现代化的有机衔接？这一问题直接关系到我国能否完成从农业大国向农业强国的转变，也关系到中国特色社会主义乡村振兴战略能否顺利推进。

（三）有关公益性服务组织带动农户实现农业生产转型的研究

周洁红等（2015a）认为，基于农业推广的公共性，特别是适应气候变暖与减排等亲环境技术措施与管理标准具有公益性、高成本性和外部性的特点，加上农民的经济理性及受我国现有体制和市场发育程度的限制，我国亲环境生产技术及其标准化推广仍然不能完全靠市场，需要政府主导的、多元主体广泛参与的公益性农业推广体系。发达国家，如美国和日本的农业推广组织体系也证明了此观点。但当前政府主体公益性推广内在动力不足、服务效率低迷，难以为农户、专业大户、家庭农场和农民专业合作社等新型农业生产经营主体提供全方位、低成本、高效率、最便利的服务（孔祥智和楼栋，2012）。王慧军和李友华（2003）、周曙东等（2013）、黄祖辉和徐旭初（2005）、张燕（2011）、黄季焜等（2009）认为公益性服务组织内部的制度安排和人员的编排制度不完善、推广投资强度低、投资机制不健全，以及人员工资的短缺、资源供给渠道单一、农技人员知识结构得不到及时更新等因素是影响公益性服务组织服务功能发挥的主要因素，而刘佳磊（2010）、陈涛（2010）、张燕（2011）、满明俊等（2010）从农技推广人员的推广行为分析得出，农民的个人特征因素、风险偏好、技术的性质与类型、推广人才缺乏也是影响公益性服务组织行为决策的重要因素。

有效的技术推广需要农民参与到技术发展的交流中，未来公益性推广需要评判来自农民对亲环境技术的信息反馈。另外，现有农业社会化服务主要基于农户增产、增收的视角，侧重于农业技术标准，未来需要针对基于应对气候变暖与农产品安全视角的农业生产管理措施及相应服务体系，需要探索基于增收、农产品质量安全控制和环境保护等多功能的基层农业公共服务组织机构改革和人员激励。

四、农户气候变化适应措施研究

农户应对气候变化的对策主要分两大类：一类是被动适应环境的适应技术及相应的管理措施，旨在最大限度降低自然系统的损害或最大限度利用自然系统收益机会，更强调区域或农户尺度，是保障农产品数量安全的直接技术；另一类是主动适应技术及相应的管理措施，即农业生产利益相关者主动采用减少温室气体排放的技术，也就是“减排技术”，减排措施的效果一般要在几十年后才会显现，更强调有利于农产品质量安全与生态环境的保障。目前主要的减排措施有以下几种。①调整农业结构和种植制度适应气候变暖。主要针对气候变暖对农业的可能影响，在分析未来光、温、水资源重新分配和农业气象灾害的新格局上，改进作物品种布局，选用抗旱、抗涝、抗高温等抗逆品种（孙芳，2008；翟治芬，2012）。

主要包括：一是调整农作物播种期和收获期，充分利用有效积温；二是提高复种指数，通过提高土地利用率，延长对光热资源的利用时间，逐步形成粮食、饲料作物和经济作物协调发展的三元结构；三是调整作物的种植比例，在干旱地区减少高耗水作物的种植面积，增加耐旱作物的种植面积。②发展生物技术等前沿学科。重点开发农作物高光效育种、抗高温育种技术、选育抗逆品种等，开发节水灌溉技术与高效用水技术、可持续的肥料使用技术。基因技术会为气候变暖适应性技术提供更多的可能。③调整管理措施。因地制宜地采用农艺技术，包括各种耕作、覆盖和种植技术等。④加大农业基础设施建设。通过增加农业基础设施建设投入，尤其是加强渠系固化防渗、浅层地下水开发和配套工程建设，可提高灌溉水利用率，减少气候变暖带来的负面作用。一般而言，农户对气候变化采取适应性行为分为三个步骤：一是观察到气候变化；二是判断气候变化是否会影响农业生产；三是采取适应措施（Hanemann，2000；Kandlikar and Risbey，2000）。农户对气候变化的感知与气候变化适应性行为选择是提高其气候变化适应能力的微观基础。目前学术界关于农户能否辨别到气候变化的发生，得出的结论并不一致。例如，Maddison（2007）通过调查非洲许多国家的农户发现，虽然多数农户能够对气温和降水的变化有不同程度的认识，但部分农户认知的气候变化趋势却与实际或现实情况不符。Meze-Hausken（2004）也发现，埃塞俄比亚北部的降水并没有发生实际变化，但多数农户报告说该地区降水有减少的趋势。关于气候变化的影响方面，多数研究表明农户倾向于低估气候变化对农业的影响。例如，Lobell等（2005）通过对墨西哥西北地区的农户进行调查发现，虽然97%的农户认为近年来气温有变化，但只有38%的农户认为必须采取行动。

（一）有关农户适应气候变化的对策措施的研究

关于适应性措施的选择，目前有大量关于农户采取适应气候变化措施的文献研究，农户通常会采取物理措施（如开挖水渠、管道井、蓄水池等）和非物理措施（如购买作物保险、采用保护性耕作等）来应对气候变化（Wang et al.，2014；Huang et al.，2015），主要适应措施包括提升作物品种多样化（Bradshaw et al.，2004；Bryan et al.，2009；Chen et al.，2014）、调整播种和收割时间（Smit and Skinner，2002；Challinor et al.，2007；Deressa et al.，2009）、增加投入和改变种植密度（Smit and Skinner，2002；Seo and Mendelsohn，2008）、再播与固定苗床（Huang et al.，2015）、采用保护性耕作（Ding et al.，2009；周曙东和朱红根，2010；李安宁等，2006；唐利群等，2017）等。国内学者主要侧重于实现粮食增产的视角，重点强调了采用培育新品种、改变种植模式和生产布局等措施的重要性（周曙东和朱红根，2010；钱凤魁等，2014）。一般而言，农户通常会采取多种适应措施来应对气候变化，如调整播种时间（Falcon et al., 2004）、改变作物种植结构（Tubiello et al., 2002; Seo and Mendelsohn, 2008）、采用抗逆品种（Bai et al., 2015）、增加灌溉设施（Ngigi et al., 2005）、增加化肥农药等生产资料投入（周洁红等，2017）等。纵观国内外相关研究，影响农户气候变化适应性行为的因素主要可以总结为以下内容。净收益是农户气候变化适应性行为选择的前提条件。采取应对气候变化的适应性行为是存在成本的，而净收益是决定农户是否采取接受新的技术与管理方法等适应性行为的最重要因素（张蔚文等，2006；Burke and Lobell，2010；Nicholas and Durham，2012；Smit and Skinner，2002；张兵等，2011；祝华军和田志宏，2012；周洁红等，2015a）。围绕采用亲环境的农业生产方式，发展低碳农业，以及采用适应气候变化的生产技术，国内外进行了大量的研究（黄祖辉和米松华，2011；米松华，2013）。例如，齐振宏和王培成（2010）采用"囚徒困境"模型分析发现，不同主体是否选择合作，收益大小起决定性作用，只有不同主体预期到合作后收益大于不合作的收益时，不同主体才会选择合作。因此，要保障不同主体的收益，必须引入共生耦合的动力机制，即提高贴现因子、提高惩罚幅度、合理确定收益值。农户对气候变化的感知程度、个体特征及其社会经济属性、对农业政策的反应，是影响农户采取气候变化适应性行为的三个方面：①农户对气候变化的感知。目前学术界关于农户能否辨别到气候变化的发生，得出的结论并不一致。例如，Maddison（2007）通过调查非洲许多国家的农户发现，虽然多数农户能够对气温和降水的变化有不同程度的认识，但部分农户认知的气候变化趋势却与实际或现实情况不符。Meze-Hausken（2004）也发现，埃塞俄比亚北部的降水并没有发生实际变化，但多数农户报告说该地区降水有减少的趋势。一些国内学者通过利用历史气象资料数据，并且结合调查访问的方法，发现我国多数农户主要依赖于个人经验来认识和判断气候变化，并且多数农民对气候变化的感知十分明显（丁勇等，2011；谭智心，2011）。此外，云雅如等（2009）却发现我国农民的适应性行为存在着时滞现象，由于个人认知偏差和思维定式等，我国农户对气候变化的适应性行为更多地表现为一种被动性适应性行为。②农户通常会采取一系列适应措施来应对气候变化，如改变作物种植时间和调整作物品种（Falcon et al., 2004；Tubiello et al., 2002；Zhou et al., 2018）、扩大非农收入来源（Collier et al., 2008）、增加灌溉措施（Ngigi et al., 2005）等自发性适应性行为。其中，户主特征、家庭特征、技术属性、对技术的认知、组织模式、契约关系、社会资本、信息的可获得性等都是影响农户气候变化适应性行为选择的影响因素（Gebrehiwot and von der Veen，2013；吕亚荣和陈淑芬，2010；朱红根和周曙东，2011）。③农户对农业政策的反应。农业生产本身是温室气体等环境污染的一种重要来源，反过来，环境污染又会对农业生产造成不利影响。因此，为了控制农业环境污染，美国等发达国家通过征收农业税、出台耕作管理标准、制定尾水标准等政策来进行干预和控制（Shortle and Dunn，1986）。此外，农户对政府政策的可能反应还会受到个人认知、个人偏好、教育水平、资金可获能力、农场特征等个体特征的综合影响。而能否提升自身收益是决定农户是否遵守规制的关键因素（Caswell et al.，1998）。同样，Knowler 和 Bradshaw（2007）分析发现农户在采用生产耕作管理等措施时，新追加的投资成本，以及采用后所带来的预期收益都是农户着重考虑的重要因素。Antle（1983）通过分析农户对良好农业规范采用行为的成本收益发现，政府在技术推广标准和管理体系等方面发挥了重要作用。例如，美国为了鼓励更多农户采用保护性耕作措施，实施了推广教育等政策，此外，还分别从技术支持和成本分担等方面制定了政策（Ervin C and Ervin D，1982；Feder et al.，1985；Fuglie and Kascak，2001）。

总体而言，目前关于农户技术采用行为的研究为本书提供了更多更全面的分析视角和参考价值。我国农业领域在适应气候变暖方面取得了一些成果，但气候条件和经济水平多样，造成各地区农业脆弱性程度不同，气候变暖适应技术和措施具有明显的局地和区域效应。大尺度上农业适应与应对气候变暖的技术措施并不是小尺度上技术措施的简单累加，对不同尺度上采用或不采用某些农业技术措施的评价研究还较为缺乏，评价国家尺度时应考虑自然资源状况、人口状况、生态环境状况和经济发展水平等，在区域尺度上的关注点则侧重于各地区适合当地自然资源状况的农业种植结构、种植方式、灌溉方式及相应的配套措施等。另外，适应技术的有效推广取决于农民的态度与能力，因而，减少农业投入和提高农业产出，是他们采用某项技术的首要动力源泉。同时已有研究未区分不同气候变化适应性技术行为，也没有对不同农户的适应性行为进行区分，而技术本身属性和农户自身禀赋都是影响农户气候变化技术采用行为的重要因素，可能会导致估计结果存在较大偏差，因此需要更精细化的研究。

（二）有关农业减排技术路径和管理措施的研究

当前围绕着减排技术及其经济分析形成了大量研究成果。初步汇总农业减排技术路径文献包括种植实践、养分管理、废弃物管理、水资源与土壤管理、放牧管理、畜牧业管理 6 个大类 36 个小类（Bates，2001；Godwin et al.，2003；King et al.，2004；Moorby et al.，2007；NERA，2007；O'Hara et al.，2003；Smith et al.，2007，2008）。其中引用转载率较高的有以下两篇经典文献。第一，Smith 等（2007）集合了各国农业源温室气体减排最著名的 20 位学者和研究团队（含以中国科学院南京土壤研究所蔡祖聪为首的农业源温室气体研究团队），得到了农业源温室气体

6 个大类 20 个小类减排措施，包括通过耕地管理（含旱地和水田）减排 N_2O、CH_4、CO_2，通过畜牧业（含喂养实践和粪便管理）减排 N_2O、CH_4，发挥农业碳汇潜力（含牧场草场管理和退化耕地土壤有机质管理），以及发展生物质能源（含能源作物和固体液体粪便及其他农林废弃物），并根据各国农业生产系统实地和长期田间实验与监测，对各项措施的减排潜力进行了详细评价，该文献成为农业源温室气体减排技术路径选择方面重要的基础性文献。第二，MacLeod 等（2010）以英国种植业和农田土壤减排为研究对象，不仅对减排技术进行了系统汇总，而且通过专家评估和边际减排成本曲线（marginal abatement cost curve，MACC）对特定减排措施的技术可行性、成本有效性、减排潜力进行了评价和测算，从而筛选出具有技术和经济可行性的减排技术路径，该文献成为综合技术筛选和经济分析的跨学科研究的经典文献。农业减排潜力和不同减排措施成本有效性的经济分析多数依靠边际减排成本曲线，其中减排成本估算是重点和难点，常用的方法有一般均衡模型法和基于农户调查数据的线性规划模型法。国内，蔡祖聪（1999）、董红敏等（2008）、张福锁（2010）对我国种植业与畜产品的减排措施展开了大量的研究，指出优化农田养分管理（主要氮素管理）是发展低碳农业的关键。黄祖辉和米松华（2011）在汇整多学科文献和专家访谈的基础上，应用修正式德尔菲法筛选出农业源温室气体减排技术与管理措施的“最终清单”。

国内外农业减排技术路径和管理措施经济分析体现了农业科学、社会科学与经济科学等多学科交叉，与基于田野实验提出的减排技术路径基本类似，都侧重宏观层面，对微观主体的研究明显欠缺，且缺乏减排与农产品质量安全的关联研究。具体体现在：偏重减排技术的研究，很少考虑农户的接受能力与采纳的成本收益，即缺乏技术本身的实用性和经济性分析；缺乏通过微观调研获取农户对农业减排技术的实际采用情况，因而需要进一步研究影响农户采纳减排技术的重要因素。

（三）有关农业减排和适应气候变化协同的研究

鉴于农业与气候变化具有很强的耦合关系，减排与适应及两者协同已经成为气候变化文献中的主流词汇（Cohen et al.，1998）。在农业减排和适应气候变化协同中，农业对气候变化最为敏感，受影响最大，但农业生物对环境变化有很强的适应能力，利用该优势能降低适应气候变化的成本，同时实现减排增汇的目标（Parry et al.，2007）。Lambrou 和 Piana（2006）与 Scialabba 和 Müller-Llindenlauf（2010）也认为，尤其是发展中国家，适应气候变化应优于减排，并提出适应性措施最重要的是农户应尽可能利用自身资源以建立应对气候变化的弹性。具体包括三方面：一是有利于土壤和水资源保护（多样化轮作和作物覆盖、轮作豆科和有机肥还田补充土壤有机质、尽可能不燃烧废弃物、禁止过度放牧、生态集水和水资源循环利用）的农业生产方式；二是有利于生物与景观多样性（保护本地动植物基因资源及其赖以生存的微生物环境，授粉物种和虫害的天敌，多样化轮作和播种期减少病虫害发生，农林结合和种养结合及间作、套作、轮作，保持土地永久植被覆盖）的农业生产方式；三是强调利用地方知识→保护地方资源→形成地方适应性，特别强调农民合作组织在保护本地耕作知识和技能形成方面的重要作用。而这些适应措施，很大程度上又是减排技术措施。

（四）有关气候变化适应措施效果的研究

关于气候变化适应措施的效果问题，目前相关研究较少，一个较好的研究是 di Falco 等（2011）采用内生转换模型同时估计农户选择适应措施的影响因素及适应措施对单产的影响方程，以解决内生性问题。而国内对农户层面适应措施选择的研究不多，主要集中在认知方面。例如，谭智心（2011）通过对山东的农户进行调查发现，70%的农户认为近年来气候发生了变化，87%的农户认识到气候变化会对农业产生不利影响，而只有 48%的农户主动采取了适应措施。吕亚荣和陈淑芬（2010）的研究发现，影响农户对气候变化认知的主要因素包括性别、受教育程度、家庭人均收入等。朱红根和周曙东（2011）利用 Heckman Probit 两阶段选择模型，实证分析得出农户个人及家庭特征、社会资本、信息可获得性及地理位置都是影响农户对气候变化感知及其适应性行为决策的因素。农户作为最基本的生产主体，深入理解其对气候变化适应措施的选择，有助于理解行为主体对气候变化适应的微观机制，但目前对这方面的研究还比较缺乏。并且，很少有考察农户在缓减气候变化负面冲击上的适应性行为及采取适应性行为效果评估的研究。

总之，应对气候变化，稳定和促进我国农产品数量和质量安全是未来我国农业可持续发展的双重挑战。显然，从适应气候变暖技术措施与减排生产共赢的角度探寻应对气候变暖的农业发展战略和技术发展方向，协同应对气候变暖与农业减缓气候变暖的关系无疑是最理想的出路，即能否在减排中实现适应和应对气候变暖，或应对气候变暖措施也能带来减排效果，提升农产品质量安全？能否创新、集成我们的农业减排技术和传统低碳农业耕作制度等，并探索出能落实到生产过程中的管理措施或标准？以适应和低碳为特征的技术管理组合在现实生产体系中的经济性如何？社会科学、经济科学和农业科学的多学科结合的实际研究，特别是案例研究，是解决“农产品数量和质量安全、气候变暖、农业生产方式转型”复杂系统问题的核心，也是解决当前农业生产模式中存在的经济效益、社会效益、生态效益难以协调的问题的核心。

五、研究现状述评

当前国内外学者已经对气候变暖、农产品安全与农业生产的耦合机理进行了大量研究，证实当前农业生产所造成的环境的负外部性与农业面源污染交织在一起是气候变暖的重要原因，同时也从源头上威胁到农产品的质量与数量安全，提出了现有农业生产应转向以农产品安全、环境友好、农民增收为目标的现代生态农业或替代农业。且无论是发达国家还是发展中国家，都应以本国资源禀赋为基础，以适应或减排为未来发展主题，探寻出应对气候变暖、保障农产品安全的技术措施及相应的管理方案。在促进农业生产转型、协调环境持续发展与减少农民收入的损失等方面，当前各国，尤其是发达国家也已取得了很多成果，如在农业减排技术路径和管理措施经济分析的基础上通过政府补贴来推动新技术的采纳，建立了生态农业与食物质量安全，特别是与应对气候变化的技术组合、管理措施相结合的政策激励机制，将环境对食物安全管理政策的反应结合在一起进行研究。研究方法上，发达国家已建立了一套有效的农业生产转型的理论和实证研究体系，特别是在参与农业生产转型的农业产业链相关利益主体的行为研究分析框架与政策效果评估方法上展开了深入分析。这些研究为本书提供了坚实的理论基础。但应对气候变暖、保障食品安全政策，以及协同农民收入增加的政策设计本身是一个具有挑战性的研究领域，加上各地区气候变暖引起的农业生产潜力与农业资源有效供给的矛盾不一、经济社会发展条件不一，本书在吸收他国经验及借鉴前人研究的基础上，认为以下几方面仍有待完善和进一步思考。

第一，理解气候变暖对农产品安全的影响还需要更为全面的分析路径和更为成熟的建模。认识气候变暖影响农业的特征是探索应对气候变暖途径的科学基础，但在研究方法上，当前的研究以宏观模拟、预测为主，自然科学模型法无法模拟特定经济、社会背景下农民应对气候变暖的真实行为选择，而经济学模型则无法将气候变暖对农业生产的影响机理进行分析，容易导致研究结果偏离气候变暖对农业生产的真实效应。研究对象上，当前研究气候变暖对农业影响的机理及其对产业影响的趋势时，以关注粮食为主，较少关注经济作物，对农产品安全，则主要关注气候变暖对数量安全与作物品质的影响。发达国家现已基本解决因化学污染残留引起的农产品质量安全问题，而较少关注我国农业生产中应对气候变化导致化学污染残留增加，进而引起的农产品质量安全问题。研究内容上，在应对气候变暖保障农产品安全的思路上，当前研究更多地关注粮食稳产，较少关注利用气候变暖的有利因素，即基于气候变暖对粮食及经济作物生产的影响分析发现，通过农产品结构调整保障了农产品数量安全，但已有研究较少关注应对气候变暖对农产品质量安全的影响。而这种源头治理农产品质量安全理念不仅是解决当前经济作物，如蔬菜化学残留、畜产品抗生素残留的根本，更是改善我国生态、治理污染、实现粮食可持续增长的根本途径之一。总之，进入小康社会后，中国的农产品安全保障需要量与质安全的协同。

第二，完善应对气候变暖技术措施与管理方案组合的评估与筛选方法。气候变暖应对技术和措施具有明显的局地和区域效应。大尺度上农业适应与应对气候变暖的技术措施并不是小尺度上技术措施的简单累加，对不同尺度上采用或不采用某些农业技术措施的评价研究还较为缺乏，特别是如何真正实现大田尺度、区域尺度和国家尺度适应与应对气候变暖的相互一致，能否实现有利于质量安全的减排技术与保障数量安全的适应技术的协同，仍是今后研究的重点。另外，当前在评估应对气候变暖的各项技术组合的有效性时都比较关注技术本身的实用性和经济性，较少考虑对农户采纳能力及相应实施成本的综合评估。

第三，完善微观主体对应对气候变暖的生产体系、政策等的反应评估。尽管国内已开始通过微观调研获取农户应对气候变暖技术的实际采用情况、影响因素及少量的成本收益的信息，但都是基于横截面数据，缺乏动态变化研究，农户采纳技术与相应管理措施激励约束机制及成本收益分析未能全面科学地评估亲环境农业技术实施所带来的生态效益与社会效益，也未能涵盖农民对亲环境农业技术的支付意愿，仅仅核算了可由市场价格反映的部分，核算结果存在较大偏差。最主要的是，国内行为的测评都采用感知法，结果缺乏客观性。同时，当前研究也缺乏从产业链视角对推动农户采纳技术与管理的相关利益主体的行为、难点分析。

第四，研究学科的交叉性有待进一步加强。当前研究虽然指明了气候变暖对农业的影响及生产转型的方向，但揭示各种实现路径与农业生产转型的目标之间的关联机制并不清晰，由于气候变暖对社会经济系统的影响存在不确定性和外部性，传统经济学的理论和方法难以科学评估兼顾亲环境技术与农产品安全和农民收入的目标，因此，基于农业科学、社会科学、经济科学相结合的实际案例研究应是未来重点的研究方法。另外，系统完整的农业政策体系设计不能仅依据微观数据或仅依据宏观数据，因而需要研究者探索嫁接微观数据和宏观数据的模型。

第五，新型农业经营主体应该如何发挥其在农产品质量安全管理与环境友好型生产中的优势？如何健全利益联结方式，实现多样化的带动、提升、转化方式？面对多样化的带动方式与利益分配方式，应该如何科学地评价新型农业经营主体的带动作用？高质量推进小农户生产绿色转型的典型模式有哪些？如何优化政府与新型农业经营主体在促进小农户和现代农业有机衔接中的分工？如何优化政策设计，发挥各类新型农业经营主体所长，使小农户能够更快更好地融入到优质安全农业中去？如何优化新型农业经营主体带动“小农户和现代农业发展有机衔接”的创新路径？

第四节　本书研究框架

一、本书研究思路

本书在对重要的理论与国内外研究文献进行全面回顾、梳理与评述的基础上，重点考察1997～2018年中国气候变化的总趋势与呈现出的特征，并评估我国粮食安全的供求总况与现状、水稻安全供求总况与现状，进而分析气候变化影响下我国未来粮食安全将面临的主要问题与主要挑战。结合小农户采纳绿色农业生产方式面临的困境，围绕如何发挥各类新型农业经营主体带动小农户实现生产转型的优势，采用案例分析与实证分析相结合的方法，重点讨论不同新型农业经营主体在带动小农户实现生产绿色转型时的作用及其难点，科学评价新型农业经营主体带动小农户的作用效果，并从治理结构、利益联结方式等视角揭示不同经营主体带动小农户实施绿色生产发展的条件、差异根源。结合微观数据，从数量安全和质量安全双重安全视角，实证分析气候变化对稻农品种选用、采用保护性耕作及化肥农药施用三种关键性适应性行为的影响及其具体效应，且利用选择实验法实证分析了气候变暖对菜农化肥农药施用及亲环境生产行为的影响。综合“大食品安全观”的总体思路，构建基于“数量-质量”双重安全视角下农产品安全生产转型的制度设计，鼓励新型农业经营主体带动小农户实现生产转型，促进农业高质量生产由以数量为主转向数量、质量并重，更加注重效益，注重市场导向，推进粮食安全与环境持续发展。

二、主要逻辑关系

本书主要内容的逻辑关系如图1.2所示。第一，厘清气候变化、农产品安全与农业生产转型的耦合关系，科学评估气候变化对我国农产品安全的真实影响；第二，对农户应对气候变化，保障农产品数量、质量安全的适应性技术与管理措施实施推广的关键因素进行识别；第三，基于“数量-质量”双重安全视角，评估农户应对气候变化采取相关适应性技术与管理措施的适应效果；第四，结合新型农业经营主体带动小农户实现生产转型的作用评价与难点识别，纵、横向对比发达国家与我国新型职业农民教育培训的转型特征；第五，根据本书上述内容的内在逻辑关系，设计应对气候变化、保障农产品安全生产转型的政策框架体系。

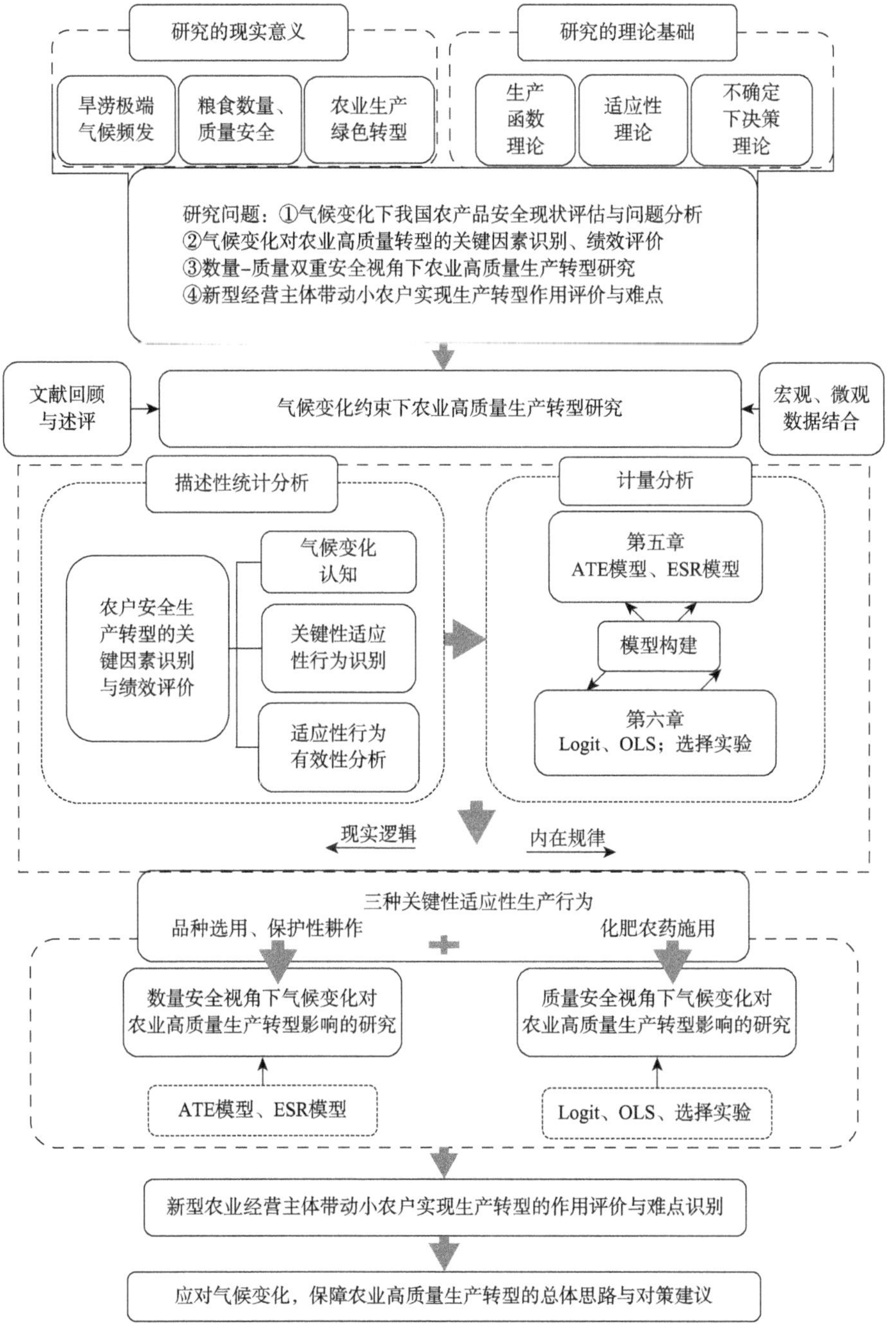

图 1.2 本书研究内容的逻辑关系图

OLS 即 ordinary least squares，普通最小二乘法

第五节 本书研究方法与数据来源

一、主要研究方法

基于生产函数理论、气候变化经济学理论、不确定条件下农户决策理论这三种理论，综合利用理论分析与实证分析、定性分析与定量分析等多种方法，全面深入地分析和系统考察气候变化对我国农产品安全的影响，并在此基础上系统分析农户对气候变化的适应性行为及评估适应效应。本书的主要研究方法如下。

（一）文献分析法

充分利用浙江大学图书馆和数字图书馆丰富的馆藏资源，通过官方数据、史料记载、新闻媒体、网络数据等多种途径，广泛搜集国内外关于气候变化与粮食生产的研究文献，系统分类与归纳整理分析已有文献和资料。在总结已有研究成果的基础上，找出现有研究存在的不足，进而提出本书的研究目标与研究内容。

（二）统计分析法

基于本书课题组开展的大规模的入户调查，利用大样本的农户调查数据，采用描述性统计方法对比分析稻农对极端气候变化的认知及基于认知采取的适应性行为，找出影响稻农极端气候变化感知和采取适应性行为的重要因素，为进一步的计量分析奠定基础。

（三）计量经济学方法

根据本书各章节的不同研究内容与研究目的，通过构建不同的计量经济模型，量化分析气候变化对农产品安全的影响。如第五章利用农户调查面板数据，克服农户极端气候变化适应性行为选择的内生性问题，分别采用 ATE 模型和 ESR 模型实证分析影响稻农品种选择和保护性耕作采用行为及效应，进而验证稻农气候变化适应性行为选择有效性的理论假设。第六章分别利用二元 Logit、OLS 模型和选择实验法，实证分析气候变化对稻农化肥农药施用行为及效应和气候变化对菜农采用亲环境安全农产品生产行为的影响。第七章应用案例分析和计量分析法，重点讨论不同新型农业经营主体在带动小农户实现生产绿色转型时的作用及其难点，科学评价新型农业经营主体带动小农户的作用效果，并从治理结构、利益联结方式等视角揭示不同经营主体带动小农户实施绿色生产发展的条件、差异根源。

（四）规范研究方法

基于数量安全和质量安全两个视角，从提高农户气候适应能力和保障国家粮食安全两大目标出发，提出应对气候变化、保障农产品安全的生产转型，鼓励新型农业经营主体带动小农户实现生产转型，促进农产品生产由以数量为主转向数量、质量并重，促进我国农业高质量生产和可持续发展，实现农业高质量生产转型，从而保证农产品安全，尤其是粮食安全的政策建议，为我国进一步制定气候变化适应战略提供有益借鉴。

二、数据来源

本书所用数据主要源于两大部分：一是来源于官方公布的宏观统计数据；二是来源于本书课题组开展的大规模微观农户调查数据。

（一）宏观统计数据

宏观统计数据主要源于《新中国农业60年统计资料》《中国统计年鉴》《中国农业年鉴》《中国农村统计年鉴》《全国农产品成本收益资料汇编》，以及我国国家气象科学数据中心数据、中国气象局的《中国气候公报》等权威官方出版物。

（二）微观农户调查数据

对农户的入户调查主要采用结构式问卷访谈法，本书课题组于2013年6月初步完成了问卷设计，并结合预调研结果对问卷进行了相应的修改。问卷初稿设计形成后，首先采用德尔菲专家法，通过咨询浙江大学农业与生物技术学院教授等5位水稻研究与技术推广专家①的意见，对问卷中涉及的专业术语及专业知识进行改进。其次，本书课题组于2013年6月底对杭州市萧山区的30位水稻种植户进行了预调研，这有利于进一步调整和改进问卷，其主要目的在于调查稻农对问卷所提问题的理解程度和接受程度，从而检查问卷数据收集的可得性，以便进一步调整和改进问卷。最后定稿的问卷主要从四大方面对农户的信息进行了全面收集，具体如表1.1所示，最终定稿的关于稻农气候变化认知与适应性行为的调查问卷

① 浙江大学农业与生物技术学院张国平教授，浙江大学中国农村发展研究院杨万江教授，浙江省农业科学院金庆生、符建荣研究员，台州市黄岩区粮食作物省级首席专家林海忠。

详见附录一。

表 1.1 问卷设计的主要内容

问卷主要构成部分	主要调查内容
被调查稻农及家庭基本情况	主要涉及户主年龄、文化程度、打工或经商及担任村干部经历、是否是水稻科技示范户、家庭劳动力数量（总劳动力、农业劳动力、常年在外务工劳动力）、家庭收入结构（总收入、农业收入占总收入比重、水稻收入占总收入比重）。这部分信息在农户个人一级收集
被调查村基本情况	主要包括村水稻种植情况、村民人均年收入和主要收入来源、村交通和通信条件、村地理特点和土壤肥力、水稻轮作情况、水稻认证和测土配方施肥及保护性耕作情况。这部分信息获取在农户个人一级或水稻种植大户处收集
关于稻农水稻生产经营基本情况	主要包括家庭耕地情况（总耕地、流转情况、水稻种植比重）、水稻种植经验、水稻农机具和机械化程度、各单项生产成本所占比重、销售渠道、参加农业产业化组织情况、水稻种植技术信息来源与参加水稻培训次数和乡镇技术人员指导次数、水稻生产经营过程中的主要困难和今后水稻生产的打算。这部分信息在农户个人一级收集
关于稻农极端气候变化认知及适应性行为选择情况	通过文献检索和专家咨询，整理出一套基于粮食数量安全的应对气候变化的适应性行为清单，把稻农气候变化适应性行为分为主动适应性行为和被动适应性行为两大类共八种主要适应性行为（如生产要素投入、品种选择、技术采用）而展开，问卷主要由气候变化认知及采取的适应性行为、水稻品种采纳、技术采纳等方面日常管理和相关技术采纳意愿等问题组成。这部分信息在农户个人一级收集

为了进一步反映农户对气候变化认知和适应能力的变化，本书课题组于 2019 年 8～12 月重新对 4 个水稻主产省的农户展开追踪调查，按照第一轮 2∶3∶3∶2 的抽样比例，分别对湖南、四川、浙江和江苏 4 省的农户展开追踪调查，但受到经费和时间的限制，以及第一轮农户调查通信信息收集不完全等影响，第二轮追踪调查共得到 143 份有效问卷。

微观农户调查数据以水稻、蔬菜种植户为调查对象，主要来源于本书课题组开展的大规模、大样本的微观农户调查数据，共包括三套主要调查数据。第一，水稻种植户数据来源于本书课题组 2016 年、2019 年分两轮在全国 4 个水稻主产省开展的大规模农户调查，样本农户来源于湖南、江苏、四川、浙江 4 省 24 县（市）68 个村，剔除无效样本后，最后共得到有效样本 1200 户，样本分布情况见表 1.2。第二，蔬菜种植户数据来源于本书课题组 2016 年 3～10 月对浙江省菜农展开的有关适应气候变暖对农资使用的影响及亲环境的生产转型的相关调研，共发放问卷 768 份，共收回有效问卷 605 份，有效率 78.78%，其中选择实验问卷 230 份，有效率 89.84%。第三，课题组于 2017 年 6 月～2018 年 8 月对浙江省范围内 100 家合作社、56 户家庭农场、11 家龙头企业、312 位合作社农户及 129 位小农户进行实地访谈，围绕有机衔接现代绿色农业这一中心，重点讨论小农户面临的阻碍、新型农业经营主体的优势及发挥其作用的难点。

表 1.2 样本基本分布情况

省份	市/县	村	户数
湖南	长沙	2	34
	岳阳	3	57
	益阳	2	40
	衡阳	2	35
	永州	2	35
	邵阳	1	30
浙江	杭州	3	57
	嘉兴	4	71
	绍兴	3	52
	湖州	3	47
	金华	4	59
	温州	3	28
四川	成都	4	77
	南充	3	75
	达州	3	55
	绵阳	4	70
	资阳	3	55
	宜宾	4	70
江苏	苏州	3	50
	泰州	2	34
	南通	3	50
	宿迁	3	50
	盐城	2	35
	连云港	2	34
合计	24	68	1200

注：样本户数为 1200 户

第六节 本书研究内容与可能的创新点

一、本书主要研究内容

基于以上研究思路，本书主要章节安排及主要内容安排如下。

第一章为绪论。该章提出本书的研究背景，主要包括学术背景和政策背景，进而介绍本书的出发点，并梳理相关理论基础与国内外研究。以生产函数理论、气候变化适应性理论和不确定性条件下农户决策理论为理论基础，梳理国内外已有气候变化、农产品安全及生产转型三者耦合关系的相关研究，对现有国内外研究文献进行详细且系统的梳理和评述。明确研究对象，提出研究目的，阐述研究意义，并总结本书的创新，提出全书的整体结构。

第二章为气候变化下我国农业高质量生产的现状与问题分析。该章首先重点考察近 30 年来中国气候灾害变化的总趋势与呈现出的显著特征，基本判断出气候变化造成中国粮食减产的基本事实。中国气象灾害呈现的种类多、频率高、强度大的特征对中国未来粮食生产转型仍将产生巨大威胁。一方面，我国农作物受灾率和成灾率不断增加，农作物受灾趋势与成灾趋势均呈现出明显上升的趋势。另一方面，干旱、洪涝作为典型极端气候灾害，与粮食减产量有显著关系。其中，高温干旱对我国水稻生产有着显著的负面影响。目前，中国粮食生产仍存在诸多制约因素，例如，人增地减的趋势不可逆转、粮食单产提高难度加大、粮食生产区域严重失衡等问题。生产面积缩减与耕地质量下降并存、种植比较效益低、机械化水平低、抗逆稻种种植比例不高、组织化程度弱、农业产业化水平较低等一系列因素约束了农户的自然灾害抵御能力。因此，未来气候变化可能成为制约我国农产品，特别是粮食生产能力的主要宏观因素，更可能成为制约我国长期的粮食安全和社会可持续发展的重要因素。

第三章为气候变化对农业高质量生产转型的关键影响因素识别与绩效评价。该章以对浙江省、江苏省、湖南省和四川省四个省份水稻种植户的调查为基础，利用大规模的农户调研截面数据，借鉴国外学者的研究思路，采用描述性统计分析、计量分析和定性分析相结合的方法，系统分析了浙江省、江苏省、湖南省和四川省四省稻农对气候变化的认知、采取的适应性行为及影响稻农气候变化适应性行为的重要因素，实证分析了影响稻农气候变化适应性行为的关键因素，并从经济学角度出发，利用交互式回归模型评估了稻农气候变化适应性行为的有效性，从而识别出了稻农的三种关键性适应性行为（增加化肥或农药投入、选用抗逆新品种、采用保护性耕作）。

第一，稻农倾向于选择易操作、成本低和利已的适应性行为，如“增加化肥或农药投入”、“调整农时”、“选用抗逆新品种”和“采用保护性耕作”。对于稻农而言，较高沉没成本的“购买农业保险”，耗费大、投资高的“修建基础设施”，具有较强环境效益的“改善农田周边生态环境”等措施超出了其支付能力，采纳比例低，更多由村集体或者乡镇政府承担。

第二，气候变化感知、水稻收入占家庭总收入比重、所在地存在气象信息服务等是稻农采取适应性行为的关键因素。调研中稻农家庭水稻收入比重越高，稻农在水稻种植过程中对气候变化的感知可能越强，气候变化的风险潜在损失越大，从而对气候变化越关注。由于水稻收入占家庭总收入比重较大，稻农也更愿意尝试适应性行为来减少气候变化对水稻生产的负面影响。气象信息服务不仅能有效提高稻农对气候变化的感知意识和水平，而且对促进稻农采取气候变化适应措施也有重要作用。此外，气候变化感知、水稻收入占总收入比重、气象信息服务和种地类型对水稻成本收益的影响显著为正，表明在其他条件不变的情况下，水稻收入占总收入比重、气象信息服务、稻农对极端气候的感知和种地类型会对水稻的经济收益产生显著积极影响。

第三，有效的稻农适应性行为包括"增加化肥或农药投入""选用抗逆新品种""采用保护性耕作"。其中，稻农"增加化肥或农药投入"与水稻成本收益比例呈现出显著的负相关关系，这说明在遭遇异常气候时，如遭遇病虫害爆发，稻农普遍倾向于加大对农药的使用频率和使用密度等不科学的用药方式或粗放式的要素投入，导致生产资料的浪费和生产成本的增加。"选用新品种"对水稻成本收益比例的影响显著为正，说明其有利于提高水稻产量，增加水稻种植收益。"采用保护性耕作"与水稻成本收益比例呈现正相关关系，说明了采用保护性耕作适应极端气候的有效性。

第四章为数量安全视角下气候变化对农业高质量生产转型影响的研究。该章将基于农产品数量安全视角，选取水稻为研究对象，综合利用 2016 年、2019 年两轮对 4 个水稻主产省的 1057 份调查数据与 143 份追踪调查数据，考察了农户对气候变化的感知，以及影响稻农适应气候变化技术与管理措施采纳的意愿，实证分析了气候变化下稻农采用抗逆品种、保护性耕作等措施对减少水稻产量损失的贡献，进而进行了气候变化对农产品数量安全生产转型的关键因素识别及效应评估研究。

第一，稻农提高抗逆品种的采用频率以应对极端气候，但水稻单产仍明显低于正常年份。严重程度越高的极端气候对水稻产量造成的减产损失越大，抗逆品种采纳者水稻产量损失低于未采用者，抗逆品种对于减少水稻产量损失所做出的贡献显著。同时，不同生产投入要素是影响稻农决定是否采用抗逆品种的重要因素，其他因素还包括农户个体特征、农场特征、水稻新品种推广、技术指导服务的可获得性。

第二，在假定 Hicksian 技术中立的条件下，利用工具变量（instrumental variable，IV）评估了抗逆品种采用对水稻单产的平均处理效应。实证结果发现，相较于轻度极端气候（受灾减产比例为 10%～30%），中度极端气候（受灾减产比例为 30%～50%）和重度极端气候（受灾减产比例为 50%以上）对水稻单产的影响更为严重。与未采用抗逆品种的稻农相比，采用抗逆品种提高了 15.5%的水稻单产水平，即在极端气候年份里，采用者比未采用者的水稻产量损失更少，反映了抗逆品种用于应对极端气候造成更多产量损失的有效性。因此，稻农通过采用抗逆品种来应对以干旱和洪涝为主的极端气候事件，可视为稻农适应极端气候的应对行为之一，而以往研究经常忽略了这个问题。

第三，稻农在干旱或洪涝年份里采用保护性耕作的频率更高，以减少水稻产量损失。研究发现，生产投入要素、农户个体特征和农场特征是影响稻农采用保护性耕作的重要因素。其中，抗旱、抗涝技术服务的可获得性显著正向影响稻农对保护性耕作的采用行为，户主水稻种植年限和稻田土壤质量类型则对稻农采用保护性耕作行为存在负向影响，可能是由于稻农的水稻种植年限越长，越倾向于依赖自身经验提高水稻单产。由于水稻种田质量越好，水稻的生长条件就越优越，水稻就越不容易受到极端天气的影响，因此有优质土壤质量的稻农对保护性耕作的采用意愿就更低。年份虚拟变量的估计参数均显著为正，反映了近 10 年来稻农对保护性耕作的采用比率明显上升，说明随着我国极端天气事件的频繁发生，稻农为了减少极端天气对水稻产量造成的损失，确实增加了对保护性耕作的采用数量。

第五章为质量安全视角下气候变化对农业高质量生产转型影响的研究。该章基于农产品质量安全视角，分别选取水稻、蔬菜为研究对象，从微观农户视角出发，利用 1200 份水稻种植户调查数据和 768 份蔬菜种植户调查数据，实证分析了气候变化对农户的化肥农药施用情况的具体影响，以此来衡量气候变化对农产品质量安全的影响，进而探究农户适应气候变化的行为、采纳确保质量安全亲环境技术的接受意愿、突破亲环境技术的难点及进行对其的效应评估。

第一，极端气候对水稻蔬菜种植户的化肥农药施用行为具有挤进效应，从而影响农产品的质量安全。以农户的化肥农药施用情况来衡量气候变化对农产品质量安全的影响，结果表明，气候变化感知程度高的农户会增加化肥农药的施用。在其他条件不变的情况下，与没感知到极端气候对水稻种植影响的稻农相比，感知到极端气候影响很明显的稻农平均多施用 3.42 千克/亩[①]的化肥农药，可知极端气候对稻农的化肥农药施用行为具有挤进效应。此外，农户的风险态度、是否加入农民专业合作社、是否参加施肥培训显著影响农户的化肥农药施用行为。不确定条件下，风险偏好型的水稻种植户为了追求产量最大化或收益最大化，平均增加了 2.54 千克/亩的化肥农药施用量，而风险规避型的水稻种植户减少了平均约 0.80 千克/亩的化肥农药施用量。

第二，稻农普遍感知到气候变化存在，极端气候加剧了水稻病虫害，促使他们采纳不同的田间管理技术。调研发现，稻农对诸如增加化肥农药等投入、增加劳动投入、修建和完善基础设施等管理措施的采纳程度较高，对于需要花费更多时间和劳动力且需要专业指导的新栽培管理技术和新品种，一般都持有保留态度；相较于稻农，菜农偏好尽可能高的补贴金额、相对较低水平的化肥农药施用要求

① 1 亩≈666.67 平方米。

技术，而对使用要求高的化肥农药减量组合新技术的尝试意愿较低。

第三，面对气候变化，稻农和菜农不愿意选择亲环境的适应措施的现象普遍存在。未采纳适应措施的主要原因包括：①认识不清、能力不足。当前水稻、蔬菜种植劳动力群体文化程度较低，平均年龄较高，新技术接受能力不足。②环境友好型生产效益较差。高昂的人工费迫使绝大多数农户不愿意采用亲环境友好技术。以浙江省菜农为例，实施安全友好型生产管理的生产成本将会提升 30%～45%，每年 1500～3000 元/亩，但在当前的市场体系下，安全友好型生产所能带来的市场收益很难实现。③市场准入制缺失阻碍优质安全农产品溢价的实现。经济新常态的一个重要特征就是消费者消费日趋理性，消费者对农产品质量安全的要求越来越高，也愿意对安全优质的农产品支付较高价格，但必须以满足消费者对农产品产地环境、生产过程等方面更完整、更准确的信息要求为前提。④政府基层公共服务提供不足。稻农抵御自然灾害能力较差，除资金扶持和农田基本建设外，应对气候变化的水稻技术研发和示范、基层农技推广人员科技推广和田间指导示范作用、气象信息服务、农民培训力度等仍需政府进一步推进。⑤缺乏现代经营主体带动。当前农户参加农业产业化组织的比重较小，现代农业经营主体，如农民专业合作社，由于激励力度不够，尚不能很好地克服合作社集体行动的困难。

第六章为新型农业经营主体带动小农户实现生产转型的作用评价与难点识别。该章通过 2017 年 6 月～2018 年 8 月实地访谈浙江省范围内 100 家合作社、56 户家庭农场、11 家龙头企业、312 位合作社农户及 129 位小农户，基于有机衔接小农生产与现代绿色农业发展这一中心目标，结合小农户采纳绿色农业生产方式面临的困境，围绕如何发挥各类新型农业经营主体带动小农户实现生产转型的优势，科学评价新型农业经营主体带动小农户的作用效果，并从治理结构、利益联结方式等视角揭示不同经营主体带动小农户实施绿色生产发展的条件、差异根源。主要结果如下。

第一，现代农业经营主体参与有助于推动亲环境生产管理技术采纳，但当前作用差别明显：首先，农业龙头企业、家庭农场、农民专业合作社三类经营主体在绿色生产技术或管理方面的作用比较明显，从亲环境友好产品认证、规范施肥施药及生产档案记录等行为看差别较大；其次，农业龙头企业质量安全控制综合效果最好，家庭农场虽刚刚起步，但质量安全控制仍优于合作社；最后，治理结构差异是导致质量安全控制差异的重要原因，具有集体决策、民主管理、社员利益最大化为导向等治理特征的合作社在带动方面明显逊于权责明晰、治理规范的农业龙头企业和家庭农场。

第二，三类新型农业经营主体在推动现代农业绿色发展过程中具有不同的比较优势。农业龙头企业的优势体现在相对充裕的资本、全面的管理投入，以及较优的市场营销能力和竞争力。农民专业合作社具有规模化经营、带动提高小农户组织化程度方面的天然优势，但在内部组织管理上仍存在问题。家庭农场兼具企业和家庭经营的特性，能充分保障农户自身利益并具备较高的劳动生产效率，但易受外部环境的影响，经营风险较高。

第三，从治理结构的视角揭示并强化三类组织在带动小农户应对气候实施适应性技术与安全友好生产能力方面的功能。①农业龙头企业。立足内部管理制度建设和渠道开拓上的优势，建立以市场需求为导向的农产品全面、系统的品控体系，增加效率并降低成本，进而通过营销手段完成对消费者的宣传教育。通过品控体系探索以创新经济激励方式为动力的组织管理制度，建立与农户的合作及处理与农户的利益分配关系。②农民专业合作社。首先，将内部治理规则的建立与完善作为合作社带动能力建设的重点，逐步实现治理的规范化；其次，发挥内部监督在品控中的作用，适当限制社员退出自由以保证合作社初期稳定运营，促进内部成员在质量安全控制上形成真正的“合作”；最后，以品牌化促进生产标准化，以产品质量塑造产品差异，实现产品溢价，补偿绿色生产技术和管理的投入成本，确保合作社能够逐步发展完善。③家庭农场。目前，受雇佣劳动力成本和土地流转租金增加的压力，家庭农场面临着大规模、高成本、低收益的窘迫局面，部分家庭农场的土地经营规模超出了其经营能力。除了完善内部流程管理，家庭农场通过“家庭农场+合作社”模式，组建经营服务社或联合农业生产类型相同或相近的家庭农场组成利益共同体，开展农业专业化生产、企业化管理、社会化服务和产业化经营的组织形式完善内部运营管理，着眼于全产业链，优化以提升市场竞争力为目标的合作社服务。

第七章为高质量农业生产转型的职业农民培育。应对气候变化实现农业的高质量生产转型，仅依靠传统小农户是无法实现的，需要现代农业经营主体带动，因此，培养爱农业、懂技术、善经营的新型职业农民是实现农业高质量生产转型的重中之重。但与现代高质量农业发展对农业农村人才的迫切需求相比，“缺人”局面尚未根本扭转，青壮年劳动力留农、务农内生动力不足的问题突出。高质量农业发展仍然缺少高素质劳动者支撑，需要一批拥有安全高品质农产品生产能力、田园生态系统维护能力、产业要素聚合管理能力、跨产业发展能力的新型职业农民作为主力军。

第八章为应对气候变化、保障农业高质量生产转型的总体思路与对策建议。该章基于主要研究结果和研究发现，提出要树立“大食品安全观”的总体思路，构建基于“数量-质量”双重安全视角下农业高质量生产转型的制度设计，鼓励新型农业经营主体带动小农户实现生产转型，促进农产品生产由以数量为主转向数量、质量并重，更加注重效益，注重市场导向，推进粮食安全与生态环境可持续发展。

要实现中国农产品高质量生产转型，必须以资源要素利用方式、生产体系、社会化服务、农业制度为核心，推进以农业科技创新为动力的资源要素利用方式转变、以农村信息化为突破的农业社会化服务体系转变、以农业制度创新为引擎的政府农业职能转变。在制度设计方面，需要统筹运用财政、货币、价格、收储、流通、贸易、基建等政策工具，制定专项扶持农业生产发展的综合性政策措施；加强重要农业投入品生产和市场运行调度，全面保障农业生产资料市场供给稳定；加大新型农业经营主体“新基建”支持力度，全面提升其风险应对能力和综合竞争力；加大对外依存度高的重要农产品贸易的监测和预警，及早制定应对预案。

二、可能的创新与不足

纵观国内外现有研究，目前关于气候变化适应性行为措施效果评价的研究成果较多，但从微观农户角度系统分析农户应对气候变化、保障农业高质量生产转型的适应性行为，识别影响农户气候变化适应性行为的重要因素，尤其是关于评估农户适应性行为有效性的研究还不足。本书的创新主要有以下三点。

（一）本书研究视角的创新

第一，已有研究多是从气候变化层面探讨对农产品安全生产的影响，缺少从微观层面，即农户视角，分析气候变化对农产品尤其是对粮食和蔬菜生产的影响。本书强化了对微观主体（农户）适应性行为的研究。技术本身的实用性和经济性，需要通过微观调研获取农户的实际情况，以及通过分析影响农户采纳适应性行为的重要因素来深入了解，适宜技术的有效推广取决于农户的态度与能力。因此，本书以研究微观层面农户适应气候变化而采取的适应性行为为主，以宏观制度层面的适应和宏微观主体之间的协同增效效应为辅来提出政策建议，以期提高农户气候变化适应能力。第二，从新型农业经营主体带动小农户实现生产转型的视角，结合第五章和第六章小农户采纳绿色农业生产方式面临的困境，应用案例分析和计量分析法，科学评价新型农业经营主体带动小农户实现生产转型的作用效果，并从治理结构、利益联结方式等视角揭示不同经营主体带动小农户实施绿色生产发展的条件、差异根源。

（二）本书研究内容的创新

本书将不确定性纳入农户生产投入决策行为分析框架中，有机结合气候变化适应性理论和不确定性条件下农户生产决策理论，分析在不确定条件下稻农对气候变化的适应性行为差异，是对已有研究的深化和扩展。此外，本书在对第四章稻农适应性行为有效性分析的基础上，识别得出了农户适应气候变化采用的三项关键性适应性行为。基于此，分别从品种选择、技术采用、要素投入三个角度，量化分析了“数量–质量”双重安全视角下气候变化对农业高质量生产转型的影响及效应，进而评估了三种关键性适应性行为应对气候变化的具体效应，从而扩展和补充了已有关于气候变化适应性的研究，丰富了该领域的研究内容。最后，从新型农业经营主体带动小农户实现生产转型的视角，科学评价了新型农业经营主体带动小农户实现生产转型的作用效果与难点，揭示了不同经营主体带动小农户实施绿色生产发展的条件、差异根源及作用效果。

（三）本书研究方法的创新

第一，数据采集与抽样方法上。本书突破过去研究中主要使用单一的宏观统计数据或样本量很小的微观调研数据，综合利用气象灾害数据和大规模的农户调查数据，估计了气候变化对我国农产品产量的影响和农户适应性行为的有效性，并考虑了内生性问题，运用 ATE 模型和 ESR 模型，分别估计了气候变化对农户关键性适应性行为的影响及其效应。此外，在抽样方法上，本书通过设计一个涵盖了两个不同年份（正常年份和极端气候年份）的问卷，分别调查了稻农在不同年份的生产行为，分析了气候变化下稻农的适应性行为，从而弥补了现有文献中无法将农户日常生产实践行为同适应气候变化行为加以区分的不足（Lobell，2014），有利于识别稻农为应对气候变化而采取的“真正适应性行为”。

第二，计量方法上。本书克服了农户适应性行为选择的内生性问题，通过利用大规模、大样本的农户调查面板数据，分别采用 ATE 模型和 ESR 模型联合估计了影响稻农采取适应性行为的关键因素及适应性行为的具体效应，进而验证了稻农气候变化适应性行为选择有效性的理论假设。此外，利用选择实验法和案例分析法，分别测算与评估了气候变化下菜农实施亲环境安全生产行为的意愿与新型农业经营主体带动小农户实现生产转型的作用效果，一定程度上实现了方法上的创新，丰富了已有研究成果。

（四）本书研究的局限性

首先，由于数据收集困难，本书简单将干旱和洪涝这两种气候事件视为气候变化的代理变量，但是现实生活中影响我国农产品生产的气候事件还包括风雹、低温、台风等灾种，因此，本书可能低估气候变化对我国农产品的影响程度，导致了估计有偏，后续研究应该考虑扩大灾种范围和天气数据的时间跨度。其次，由于数据和时间限制，本书只分析了普通农户对气候变化的适应性行为，而随着新型农业经营主体的不断壮大，如专业大户、家庭农场等，这将对农业适应气候变化的方式产生深远影响，因此，未来有必要区别分析不同主体适应气候变化机制及行为的差异。最后，本书只对单项或某一种具体适应性行为的适应效应进行了评估，并未对多项适应性行为的配套采用进行联合估计，后续研究有待进一步改进和完善。

第二章 气候变化下我国农业高质量生产的现状与问题分析

近年来，我国粮食生产保持稳定，粮食产量连续 5 年保持在 6.5 亿吨以上。按照国家统计局的数据：2019 年粮食总产量达 13 277 亿斤，比 2018 年增产 119 亿斤，创历史最高水平，实现创纪录的“十六连丰”，且连续 5 年稳定在 1.3 万亿斤以上。在 13 277 亿斤的粮食总产量中，三大主粮（水稻、小麦和玉米）的比例合计超过 90%，达到 11 997 亿斤，粮食生产持续向好、向优，其中农业科技功不可没，2019 年我国农业科技进步贡献率达到了 59.2%。但是随着极端气候灾害发生频率和强度的不断增加，尤其是干旱和洪涝灾害，其已经给中国农业高质量生产造成了严重的损失。未来气候变暖可能成为制约我国农产品，特别是粮食生产能力的主要宏观限制因素，气候变暖将严重威胁中国长期的粮食安全和社会持续发展。就水稻生产来说，其受制于城镇化、工业化、农业结构调整及受到气候变化的影响，种植面积难以增加，我国南方水稻产量，特别是籼稻单产及质量有所下降。同时考虑到我国农业生产抵御自然灾害能力较差等因素，气候变化对一个地区乃至全国农产品数量和质量安全问题的影响不可忽视，尤其在当前中国面临着不断骤降的耕地面积、不断恶化的生产环境，以及不断增加的粮食需求这三种矛盾交织的严峻形势下，深入探讨气候变化对中国农产品生产的影响，系统分析与评估气候变化背景下我国粮食安全的供求总况与现状，以及我国未来粮食安全将面临的主要问题与主要挑战，有利于正确认识和判断中国农产品生产抗风险能力的总体态势，为中国及时应对粮食危机提供决策基础。那么，中国气候灾害究竟呈现出怎样的变化规律与显著特征？影响中国农业生产的主要气候灾害有哪些？目前我国粮食安全的供求总况与现状如何，以及气候变化下未来我国粮食安全将面临哪些问题与挑战？

基于此，本章首先重点考察 1991～2020 年中国气候灾害变化的总趋势与呈现出的显著特征，提高对中国气候变化趋势的宏观认知，基本判断出气候变化造成中国粮食减产的基本事实。其次，在气候变暖的大背景下，分别对我国粮食安全的供求总况与现状、我国水稻安全的供求总况与现状进行评估，进而分析气候变化影响下我国未来粮食安全将面临的主要问题与主要挑战。同时考虑到当前我国农业产业化水平不高、耕地面积减少及质量下降趋势明显、农产品抵御自然灾害能力较差等因素，气候变化对一个地区乃至全国农产品数量和质量安全问题的影响不可忽视，特别是农户，他们作为我国最基本的社会单元和生产单元，是气候变化影响最直接的感知者，他们对气候变化的感知及适应能力，是我国现阶段保障粮食数量和质量安全，实现向亲环境生产转型的关键。因此，本章为下文进一步从微观层面分析农户对气候变化的认知及气候适应性行为做好了铺垫。

第一节　我国气候变化总趋势及特征分析

一、气候变化引发的我国农业受灾趋势

表 2.1 的统计结果表明，1991～2020 年我国主要灾种的农作物受灾面积总计高达 1 196 213 千公顷，平均每年农作物受灾面积约为 39 874 千公顷。从不同灾种情况来看，干旱、洪涝、风雹和冷冻这四种主要灾种的受灾面积总计高达 1 137 227 千公顷，平均每年为 37 908 千公顷，干旱、洪涝、风雹和冷冻的受灾面积占农业自然灾害受灾总面积的 95%。其中，洪涝受灾面积和干旱受灾面积约占我国总受灾面积的 77%。这些足以说明气象灾害是我国主要的农业自然灾害，尤其是干旱灾害和洪涝灾害两种气象灾害。因此，本章将重点分析干旱灾害和洪涝灾害，并选取干旱灾害和洪涝灾害两种气象灾害来反映我国极端气候的严重程度。从表 2.1 进一步分析可知，近 30 年以来我国干旱造成的农业受灾面积占总受灾面积的 49.99%，洪涝灾害第二（26.75%），第三为风雹灾害（9.46%），冷冻灾害第四（8.87%），其他灾害第五（4.93%）。

表 2.1　1991～2020 年我国主要灾种的农作物受灾面积、成灾面积情况

单位：千公顷

面积	灾种					合计	年均
	干旱	洪涝	风雹	冷冻	其他		
受灾面积	597 983	319 984	113 196	106 065	58 986	1 196 213	39 874
成灾面积	311 838	175 947	56 457	47 623	28 559	620 425	20 681

注：1991～2019 年数据来源于《中国农村统计年鉴》，2020 年数据来源于国家统计局，但风雹、冷冻、其他灾种三类数据缺失

由此可见，干旱灾害和洪涝灾害，尤其是干旱灾害已经给我国农业生产带来了严重的负面影响，威胁着我国农作物产量。

从表 2.2 可以看出，1991～2020 年，我国年平均农作物播种面积约为 157 066.49 千公顷，农作物年均受灾面积为 39 873.77 千公顷，农作物年均受灾率约为 25.69%，农作物年均成灾面积 20 680.83 千公顷，农作物年均成灾面积约占受灾面积的 51%。因此，可以看出，我国每年大约会有 25.69%的农作物播种面积会受到农业气象灾害的不利影响，并且超 50%的农作物受灾面积会导致农作物减产三成甚至三成以上。因此，可以初步判断出，农业气象灾害引起了我国每年粮食生产的大范围减产，农业气象灾害已经造成了我国农业的严重损失，并已经威胁到我国的粮食产量和粮食安全。

表 2.2　1991～2020 年我国农作物受灾情况

年份	总播种面积/千公顷	年均受灾面积/千公顷	年均成灾面积/千公顷	受灾率	成灾率	成灾面积占受灾面积比
1991～1995	148 890.74	51 300.80	26 098.40	34.46%	17.53%	50.87%
1996～2000	154 945.80	51 046.20	27 566.00	32.94%	17.79%	54.00%
2001～2005	154 360.00	45 918.20	25 546.40	29.75%	16.55%	55.63%
2006～2010	154 181.40	42 942.60	22 350.20	27.85%	14.50%	52.05%
2011～2015	163 503.00	27 088.80	12 655.40	16.57%	7.74%	46.72%
2016～2020	166 518.00	20 946.00	9 868.60	12.58%	5.93%	47.11%
平均值	157 066.49	39 873.77	20 680.83	25.69%	13.34%	51.06%

注：1991～2019 年数据来源于《中国农村统计年鉴》，2020 年数据来源于国家统计局

二、气候变化引发的我国农业成灾趋势

表 2.1 显示，1991～2020 年我国主要灾种的农作物成灾面积约为 620 425 千公顷，平均每年的农作物成灾面积约为 20 681 千公顷；其中，洪涝、干旱、风雹和冷冻灾害总成灾面积约为 591 866 千公顷，高达我国自然灾害成灾总面积的 95%，年均为 19 729 千公顷。

表 2.2 显示，1991～2020 年，我国农作物成灾面积占农作物受灾面积的比例为 50%左右，并且一直居高不下。换言之，我国每年约有 50%的农作物受灾面积将会导致农作物减产 30%及以上。1991～2000 年，我国年均农作物受灾面积为 51 173.50 千公顷，年均成灾面积为 26 832.20 千公顷，受灾率和成灾率分别为 34%和 18%。而 2001～2010 年，我国年均农作物受灾面积约为 44 430.40 千公顷，我国年均农作物成灾面积约为 23 948.30 千公顷，我国年

均农作物受灾率为29%，我国年均农作物成灾率为16%。因此，相比于1991～2000年，2001～2010年的我国年均农作物受灾面积、年均农作物成灾面积及成灾率仍出现小幅度下降的趋势。其后2011～2020年，我国的年均农作物受灾面积、年均农作物成灾面积、年均农作物受灾率和年均农作物成灾率均呈现出下降的趋势，但成灾面积占受灾面积比在50%左右波动。因此，可以看出，在全球变暖和极端气候事件频发的背景下，我国农业气象灾害的影响范围在一定程度得到有效缓解，但灾害造成的破坏程度与20世纪90年代（50.28%）相比并没有很大改善，有效控制灾害对农业生产、社会经济影响仍然迫在眉睫。

三、气候变化引发的我国农业干旱灾害的特征

从表2.1可以看出，1991～2020年，单从农作物干旱受灾情况来看，我国农作物干旱受灾总面积占我国自然灾害受灾总面积的49.99%，干旱受灾总面积为597 983千公顷，年均约为19 933千公顷；我国农作物干旱成灾面积约占受灾面积的52%，干旱成灾总面积约为311 838千公顷，年均约为10 395千公顷。

从表2.3可以看出，1991～2020年，我国年平均农作物干旱受灾面积约为19 932.77千公顷，干旱受灾率约为13%，干旱年均成灾面积约为10 394.60千公顷，干旱成灾率约为7%，干旱成灾面积占受灾面积的百分比高达51.06%。由此可知，干旱是我国主要的气象灾害，对我国农业生产已经造成了广泛的影响，直接导致了农作物产量的严重损失。我国年均农作物干旱受灾面积在1991～2000年约为27 147.10千公顷，年均干旱成灾面积为13 843.40千公顷，年均农作物干旱受灾率为约18%，而成灾率则约为9%，干旱成灾面积约占干旱受灾面积的51%。而2001～2010年，我国年均农作物干旱受灾面积约为22 350.80千公顷，干旱受灾率为14%，年均干旱成灾面积约为12 686.60千公顷，成灾率为8%，干旱成灾面积约占干旱受灾面积的57%。与1991～2000年相比，我国年均农作物干旱受灾面积、年均农作物干旱成灾面积、年均农作物干旱受灾率、年均农作物干旱成灾率均有所下降，然而，我国年均干旱成灾面积占干旱受灾面积的百分比却相应增加了约6个百分点。2011～2020年，我国农作物的受灾面积、成灾面积持续呈下降趋势，同时受灾率和成灾率也均表现出略微下降的总体趋势，但成灾面积占受灾面积比仍处于高水位，基本与20世纪90年代初持平。

表 2.3　1991～2020 年我国农作物干旱受灾情况

年份	总播种面积/千公顷	年均受灾面积/千公顷	年均成灾面积/千公顷	受灾率	成灾率	成灾面积占受灾面积比
1991～1995	148 890.74	26 574.00	12 743.40	17.85%	8.56%	47.95%
1996～2000	154 945.80	27 720.20	14 943.40	17.89%	9.64%	53.91%
2001～2005	154 360.00	23 745.80	13 660.60	15.38%	8.85%	57.53%
2006～2010	154 181.40	20 955.80	11 712.60	13.59%	7.60%	55.89%
2011～2015	163 503.00	12 525.20	5 500.00	7.66%	3.36%	43.91%
2016～2020	166 518.00	8 075.60	3 807.60	4.85%	2.29%	47.15%
平均值	157 066.49	19 932.77	10 394.60	12.87%	6.72%	51.06%

注：1991～2019 年数据来源于《中国农村统计年鉴》，2020 年数据来源于国家统计局

四、气候变化引发的我国农业洪涝灾害的特征

从表 2.1 可以看出，1991～2020 年，单从农作物洪涝受灾情况来看，我国农作物洪涝受灾总面积约占我国自然灾害受灾总面积的 26.75%，洪涝受灾面积约为 319 984 千公顷，年均约为 10 666 千公顷；我国农作物洪涝成灾面积比例高达受灾面积的 55%，洪涝成灾总面积约为 319 984 千公顷，洪涝成灾面积年均约为 175 947 千公顷。

从表 2.4 可以看出，1991～2020 年我国年均洪涝受灾面积约为 10 666.13 千公顷，我国年均农作物洪涝受灾率为 7%，而我国年均农作物洪涝成灾面积约为 5 864.90 千公顷，年均农作物洪涝成灾率约为 4%，洪涝成灾面积占受灾面积的平均高达 54%，洪涝灾害也是我国的主要气象灾害之一，已经严重威胁稻我国农业产出水平。具体而言，在 1991～2000 年，我国年均农作物洪涝受灾面积为 14 866.50 千公顷，成灾面积为 8590.80 千公顷，我国年均农作物洪涝受灾率约为 10%，我国年均农作物洪涝成灾率约为 6%，成灾面积约为受灾面积的 58%。之后的 2001～2010 年，我国年均农作物洪涝受灾面积约为 10 586.50 千公顷，成灾面积约为 5 660.10 千公顷，我国年均农作物洪涝受灾率约为 7%，年均农作物洪涝成灾率约为 4%，因此，洪涝成灾占受灾面积的比例高达 53%。相比于 1991～2000 年，我国年均洪涝受灾面积减少了 4280.00 千公顷，成灾面积减少了 2930.70 千公顷，洪涝受灾率下降了 3 个百分点、洪涝成灾率下降了 2 个百分点，成灾占受灾比下降了 5 个百分点。由此可见，在 20 世纪 90 年代我国的洪涝灾害形势比较严峻，到 2011～2020 年，我国的洪涝灾害开始呈现略微下降的趋势。总体来看，近十几年来，洪涝灾害已给我国农作物造成了比较严重的产量损失。

表 2.4 1991～2020 年我国农作物洪涝受灾情况

年份	总播种面积/千公顷	年均受灾面积/千公顷	年均成灾面积/千公顷	受灾率	成灾率	成灾面积占受灾面积比
1991～1995	148 890.74	16 093.60	9 207.40	10.81%	6.18%	57.21%
1996～2000	154 945.80	13 639.40	7 974.20	8.80%	5.15%	58.46%
2001～2005	154 360.00	11 156.80	6 617.00	7.23%	4.29%	59.31%
2006～2010	154 181.40	10 016.20	4 703.20	6.50%	3.05%	46.96%
2011～2015	163 503.00	6 737.60	3 575.00	4.12%	2.19%	53.06%
2016～2020	166 518.00	6 353.20	3 112.60	3.82%	1.87%	48.99%
平均值	157 066.49	10 666.13	5 864.90	6.88%	3.79%	54.00%

注：1991～2019 年数据来源于《中国农村统计年鉴》，2020 年数据来源于国家统计局

第二节 水稻主产省气候变化总趋势及特征分析

由于本章只对浙江省、江苏省、湖南省、四川省四个省份的水稻种植户开展了入户调查，故本章所指水稻主产省主要指浙江省、江苏省、湖南省、四川省四个省份。考虑到干旱和洪涝是影响中国农业生产最主要的极端气候灾害，故下文只选取了浙江省、江苏省、湖南省、四川省四个省份关于农作物受灾面积、成灾面积、干旱灾害和洪涝灾害的情况并进行了具体分析。

一、气候变化下我国水稻的受灾特征

图 2.1～图 2.4 为 2001～2018 年湖南省、四川省、浙江省、江苏省 4 个省份农作物受灾面积灾情的统计。从图 2.1～图 2.4 可以看出，2001～2018 年，干旱和洪涝是影响农作物的首要气象灾害，湖南省、四川省、浙江省、江苏省 4 个省份的农作物受灾面积呈现出波动大、面积广的总趋势。总体来看，2001～2018 年，虽然我国灾患不断，但湖南省、四川省、浙江省、江苏省 4 个省份农作物受灾面积呈现出下降的趋势。这可能是因为随着时间的推移，中国农业生产抵抗一般自然灾害的能力也得到了不断提高。另外，值得注意的是，从农作物受灾面积来看，在 2013 年，湖南省、四川省、浙江省、江苏省四个省份的农作物干旱受灾面积分别高达 2076 千公顷、800 千公顷、636 千公顷、223 千公顷，这说明 2013 年我国南方地区很可能出现了大面积的干旱灾害。另外，有数据显示，2016 年 6 月，我国长江中下游和太湖流域出现了持续强降雨的现象，湖南省、江苏省等 28 省（区、市）1508 个县遭受了

洪涝灾害，房屋倒塌 14.72 万间，受灾人口 6074 万人，直接经济损失 1469 亿元。[①]

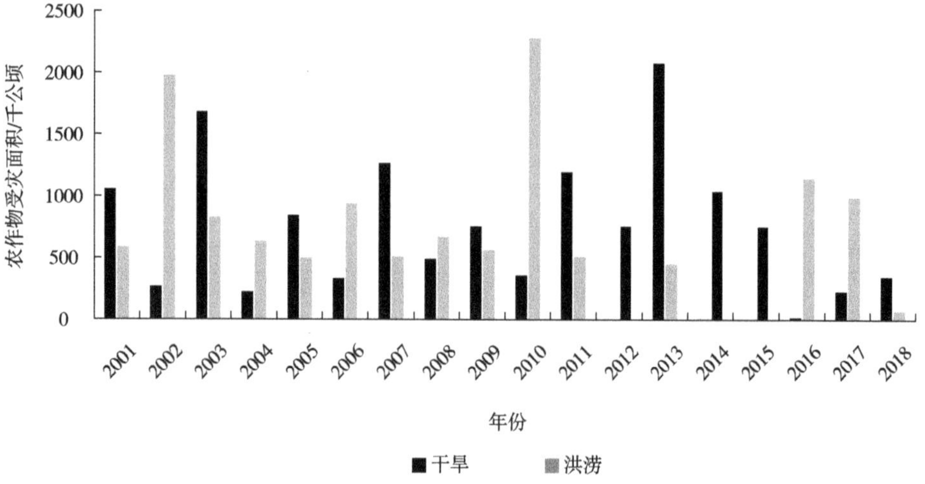

图 2.1　2001～2018 年湖南省农作物受灾面积情况

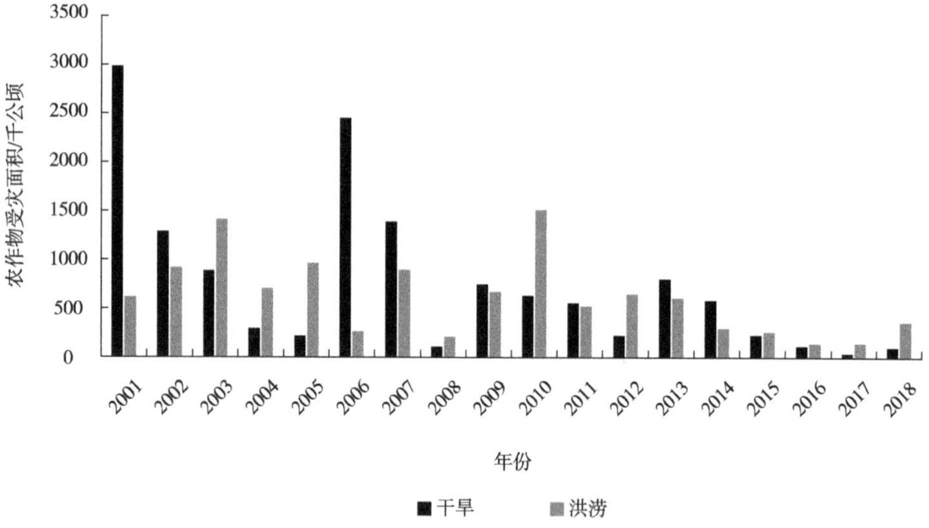

图 2.2　2001～2018 年四川省农作物受灾面积情况

① 《国家防总：今年以来 28 个省份遭受洪灾损失约 1469 亿》，http://www.xinhuanet.com/politics/2016-07/15/c_129148256.htm，2016 年 7 月 15 日。

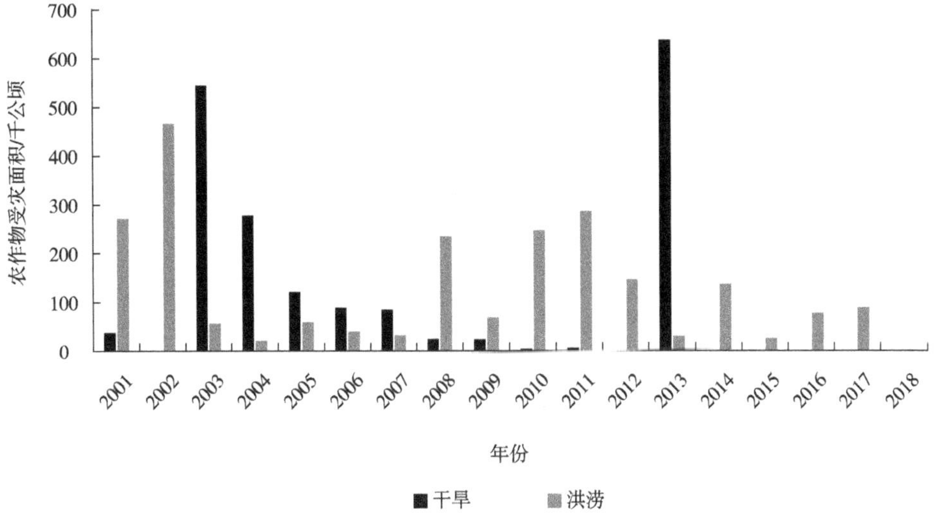

图 2.3　2001～2018 年浙江省农作物受灾面积情况

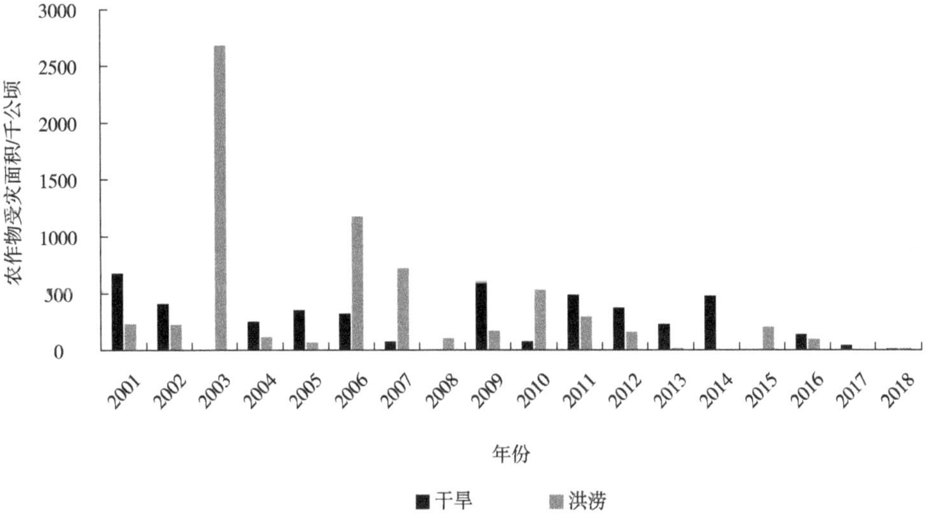

图 2.4　2001～2018 年江苏省农作物受灾面积情况

二、气候变化下我国水稻的成灾趋势

图 2.5～图 2.8 为 2001～2018 年湖南省、四川省、浙江省、江苏省 4 个省份农作物成灾面积灾情的统计。从图 2.2～图 2.4 可以看出，同受灾面积的趋势大体一致，2001～2018 年，湖南省、四川省、浙江省、江苏省 4 个省份的由干旱和洪涝导致的农作物成灾面积也呈现出波动大、面积广、种类多的总趋势。总体来看，

近十几年来，湖南省、四川省、浙江省、江苏省 4 个省份农作物成灾面积也呈现出下降的趋势。此外，值得注意的是，从农作物成灾面积来看，在 2013 年，湖南省、四川省、浙江省、江苏省四个省份的农作物干旱成灾面积分别高达 1135 千公顷、199 千公顷、247 千公顷、117 千公顷。但总体而言，2001～2018 年这 18 年以来，湖南省、四川省、浙江省、江苏省 4 个省份的农作物成灾面积大概保持与受灾面积同比例的变化趋势。

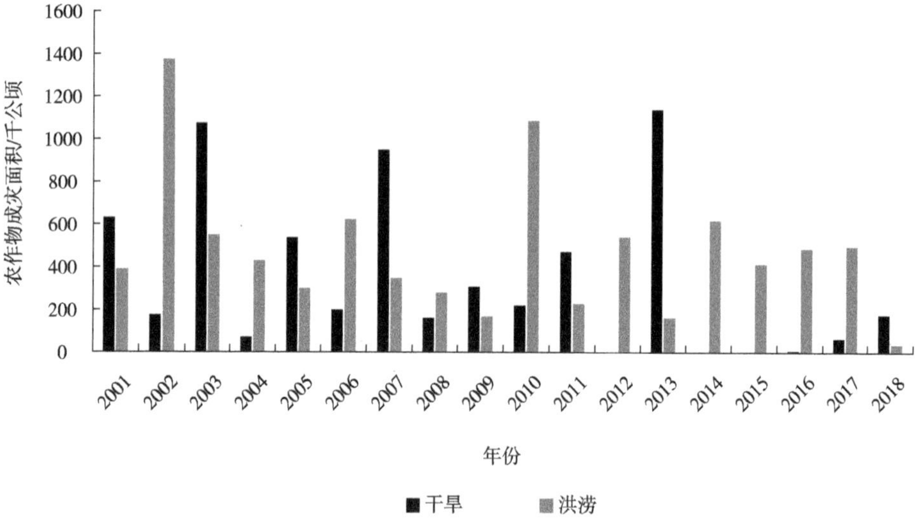

图 2.5　2001～2018 年湖南省农作物成灾面积情况

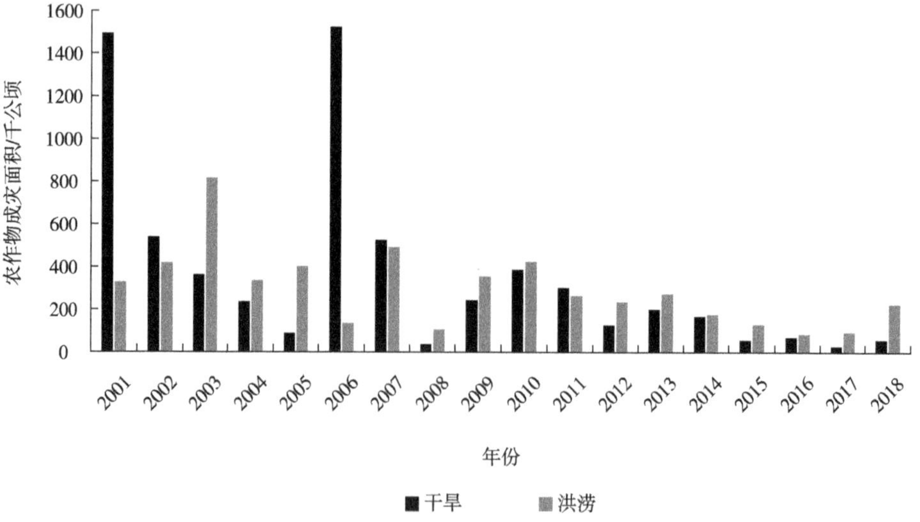

图 2.6　2001～2018 年四川省农作物成灾面积情况

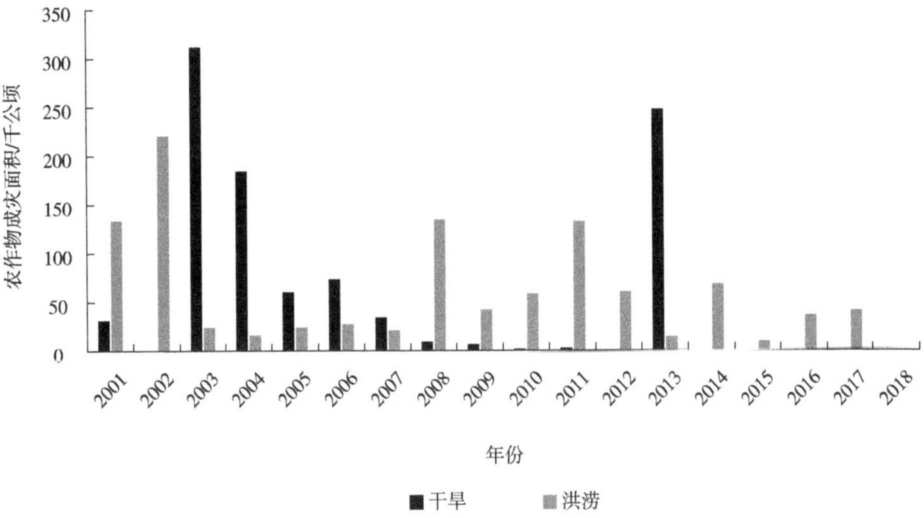

图 2.7　2001～2018 年浙江省农作物成灾面积情况

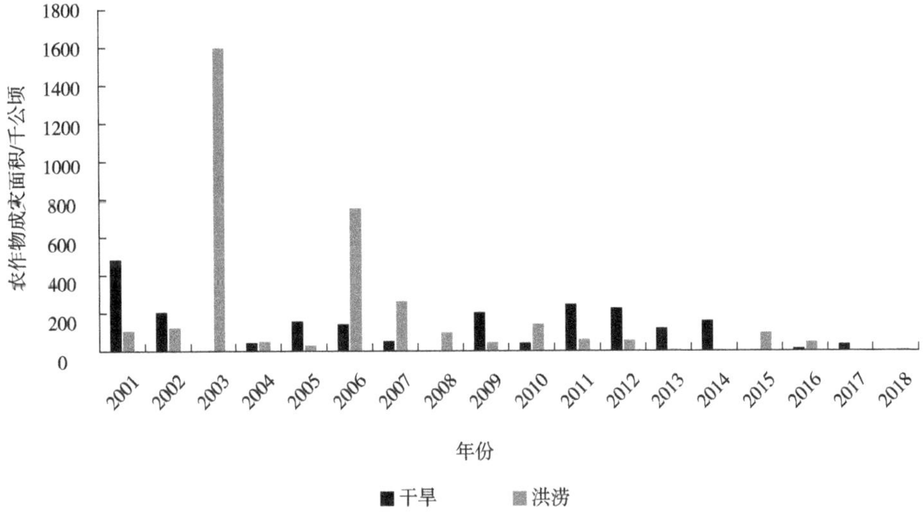

图 2.8　2001～2018 年江苏省农作物成灾面积情况

三、我国水稻遭受的干旱灾害特征

受全球变暖和极端气候事件频发的影响，中国水稻主产区生产面临的主要天气风险是干旱、洪涝、寒灾等极端气象灾害，但不同稻作区的主要极端气候灾害也会有所区别，因地而异。例如，江南的早稻育秧期易受春季低温阴雨的影响，晚稻的抽穗扬花易受寒露风的影响，东北水稻易受夏季低温的影响，华南及江淮地区的水稻易受高温干旱、洪涝、霜冻等灾害性天气的影响。虽然我国南方地区降水比较多，但也容易出现伏旱和秋旱，尤其是极端高温天气严重影响了水稻的抽穗结实率，进而直接影响水稻的开花结果，很容易导致水稻的减产。但总体而言，干旱灾害和洪涝灾害是影响中国水稻生产的最主要的两种极端气候灾害。图 2.9 描述了 2002～2017 年中国各省区市高温干旱和洪涝两种极端天气的发生情况，表 2.5 和表 2.6 分别描述了 2001～2018 年 4 省农作物干旱受灾面积情况和 2001～2018 年 4 省农作物洪涝受灾面积情况，具体分析如下。

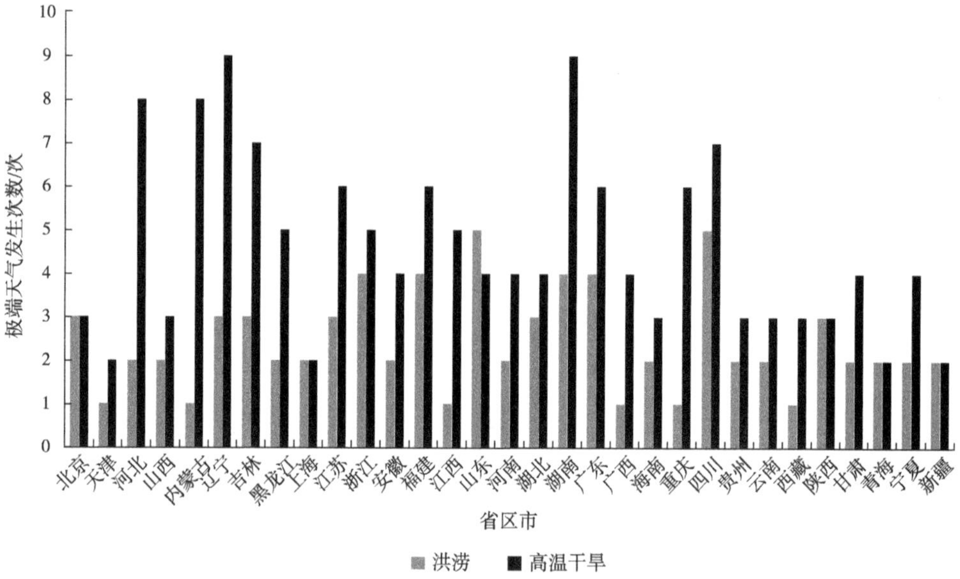

图 2.9　2002～2017 年各省区市极端天气事件统计

表 2.5　2001～2018 年 4 省农作物年均干旱受灾面积情况 单位：千公顷

年份	浙江省	江苏省	湖南省	四川省
2001～2005	194.60	333.80	809.00	1129.60
2006～2010	43.40	211.00	635.40	1062.80
2011～2015	128.00	309.20	653.40	475.00
2016～2018	0.00	59.00	192.33	82.33
平均值	101.67	247.06	614.78	754.67

资料来源：《中国农村统计年鉴》

表 2.6　2001～2018 年 4 省农作物年均洪涝受灾面积情况 单位：千公顷

年份	浙江省	江苏省	湖南省	四川省
2001～2005	173.60	659.60	901.40	919.40
2006～2010	123.00	537.40	989.20	706.20

续表

年份	浙江省	江苏省	湖南省	四川省
2011～2015	123.40	132.20	700.00	463.60
2016～2018	54.33	34.33	733.33	213.33
平均值	125.72	374.94	841.83	615.89

资料来源：《中国农村统计年鉴》

受极端气候事件频发的影响，与洪涝灾害相比，高温干旱事件在中国的发生频率更高，说明中国更加容易遭受极端高温干旱事件的影响。一般而言，6 月、7 月、8 月这几个月是中国发生高温干旱的高频期，这段时间恰逢中国水稻成长的关键期。因此，相比于洪涝灾害，干旱灾害在我国的发生频率更高、持续时间更长，对我国水稻生产的影响更大，干旱灾害造成的水稻产量损失也更为严重。

从图 2.9 可以看出，2002～2017 年中国共计发生了 144 起极端高温干旱事件，中国各省区市遭受的干旱灾害次数最为频繁，各省区市干旱的发生频率约占总样本比例的 65.5%。其中，湖南省和辽宁省的高温干旱发生次数高达 9 次，占总数的 12.5%。近年来，伏旱和秋旱天气在湖南省和浙江省等地区的频频发生，造成了当地粮食的巨大损失。此外，根据陈洪滨等系列研究和中国气象局《中国气候公报》的相关资料，全国 20 个省市 65%在 2009 年普遍发生了严重高温干旱事件。图 2.9 显示，在浙江省、江苏省、湖南省、四川省 4 个省份中，干旱灾害的严重程度依次为湖南省、四川省、江苏省、浙江省。

进一步从表 2.5 可以看出，2001～2018 年，从 4 省农作物干旱受灾情况来看，四川省农作物干旱受灾情况最严重，平均每年农作物干旱受灾面积约为 754.67 千公顷，其次为湖南省，其平均每年农作物干旱受灾面积约为 614.78 千公顷，江苏省平均每年农作物干旱受灾面积约为 247.06 千公顷，浙江省平均每年农作物干旱受灾面积最小，仅约 101.67 千公顷，大约是湖南省干旱受灾面积的 1/6。因此，进一步说明了 4 省农作物的干旱灾害的严重程度从高到低依次为四川省、湖南省、江苏省、浙江省，同时也大致与图 2.9 关于 2002～2017 年各省区市极端天气事件统计的结果一致。

四、我国水稻遭受的洪涝灾害特征

洪涝灾害是影响浙江省、江苏省、湖南省、四川省 4 个省份水稻主产区的第二大极端气候灾害，其分布具有地域性，主要集中在我国的长江中下游地区。由于易受西太平洋副热带高压的影响，每逢 6～7 月，华东地区的江苏省、浙江省和华中地区的湖南省经常会出现阴雨绵绵或暴雨天气，进而引发洪涝灾害。高温干旱与洪涝灾害是影响这三个地区水稻生产的主要气象灾害。而对于西南地区的四川省，由于受季风的影响非常明显，西南地区的水稻在生长过程中经常会遭受干旱和洪涝两种自然灾害。由于每年影响我国季风的强弱不同，因而非常容易引发这个地区干旱和洪涝灾害的发生。从图 2.9 可以看出，与高温干旱的发生频率相比，洪涝灾害事件远远低于高温干旱的发生概率，四川省、湖南省等省份的洪涝灾害发生次数最多。图 2.9 显示，在浙江省、江苏省、湖南省、四川省 4 个省份中，洪涝灾害发生频率最高的是四川省，发生频率最低的是江苏省，湖南省和浙江省基本持平。

进一步从表 2.6 可以看出，2001～2018 年，从 4 省农作物洪涝受灾情况来看，湖南省农作物洪涝受灾面积最严重，平均每年农作物洪涝受灾总面积约为 841.83 千公顷，其次为四川省，其平均每年农作物洪涝受灾总面积约为 615.89 千公顷，江苏省平均每年农作物洪涝受灾总面积约为 374.94 千公顷，浙江省平均每年农作物洪涝受灾面积最小，仅约 125.72 千公顷，大约是湖南省洪涝受灾面积的 1/7。因此，同上文分析的 4 省农作物干旱受灾情况一样，4 省农作物洪涝受灾情况的严重程度依次为湖南省、四川省、江苏省、浙江省，基本符合图 2.9 的统计结果。

第三节　气候变化下我国粮食安全供求总况与现状评估

过去几十年，我国以一个负责任大国的姿态向世界表明，我们可以养活自己。2019 年，我国粮食总产量为 13 277 亿斤，比 2018 年增产 119 亿斤，且连续 5 年稳定在 1.3 万亿斤以上。根据《中国农业产业发展报告 2020》，2019 年，中国稻谷、小麦和玉米三大谷物的自给率达到 98.75%，为经济社会稳定发展和抵御突发事件冲击提供了坚实保障。总体而言，我国粮食安全形势持续向好，为国家长治久安奠定了坚实的物质基础。但同时也要看到，我国粮食产需中长期仍将维持紧平衡态势，影响粮食生产稳定发展的隐患不断增多，确保国家粮食安全这根弦一刻也不能放松。从生产形势看，粮食生产基础还不牢固，资源环境约束加剧，种粮比较效益依然偏低，粮食播种面积下降势头已经凸显，稳定发展粮食生产压力较大。从需求形势看，粮食消费总量仍将保持增长，随着生猪生产逐步恢复，南方饲料养殖大省饲用玉米消费将逐步上升。从流通形势看，粮食主销区和产销平衡区产需不平衡加剧，粮食生产进一步向主产区集中，跨区域粮食流通量将进一步增加，粮食市场大幅波动的风险依然存在；有的主产区市场机制作用发挥不充分，政策性收储压力较大。这些问题成为新形势下影响我国粮食安全的潜在风险隐患。然而，2019 年底一场突如其来的疫情又一次引发了国人对粮食安全的担忧。在疫情冲击下，越南、哈萨克斯坦、塞尔维亚、阿尔及利亚等多国纷纷限制农产品出口，全球粮食安全遭遇严峻挑战。

一、我国粮食安全供求总况

（1）中华人民共和国成立以来粮食生产情况。1949～2019 年的 71 年间，我国粮食总产量由 11318 万吨增加到 66384 万吨，增长了 4.87 倍；在人口增长约 2.5 倍的情况下，人均粮食占有量由 418 斤增加到 948 斤，特别是 2003～2015 年的 13 年间，我国粮食总产量由 43 070 万吨增加到 62 144 万吨，13 年共计增加粮食 19 074 万吨，实现了世所罕见的“十三连增”，取得了举世瞩目的成就。

（2）当前我国粮食供求情况。2007 年，我国粮食总产量首次突破 1 万亿斤大关，达到 10032 亿斤。2008～2019 年，粮食总产量在 1 万亿斤基础上呈增长趋势，分别达到 10574 亿斤、10616 亿斤、10929 亿斤、11424 亿斤、11792 亿斤、12039 亿斤、12 140 亿斤、12 429 亿斤、13 209 亿斤、13 232 亿斤、13 158 亿斤、13 277 亿斤，2019 年比 2007 年共计增加 3245 亿斤。但在粮食产量增加的同时，我国粮食进口总量却也呈逐年增长趋势，粮食自给率不断下降，2008 年已经跌破了 95%自给率的目标。据中国海关统计数据，2019 年，我国粮食净进口 2064 亿斤，多个粮食品种进口量创新纪录。从数据上看，玉米、小麦、大豆等粮食品种进口量都较 2018 年有不同程度的上涨，其中，进口玉米 96 亿斤，较 2018 年增加 36%；进口小麦 70 亿斤，同比增加 12.5%；进口大豆 1770 亿斤，同比增加 0.5%。同时，稻米、大麦、高粱、干酒糟及其可溶物（distillers dried grains with solubles，DDGs）等粮食作物进口量较 2018 年有不同程度的减少，其中，进口大米 67 亿斤，同比减少 17.3%，进口大麦 118.6 亿斤，同比减少 13%，进口高粱 16.6 亿斤，同比减少 77.2%，进口木薯 56.8 亿斤，同比减少 41%，但总体上粮食自给率进一步跌至 83%。

随着中国经济的不断发展、城镇化和工业化不断推进，中国粮食生产的代价越来越大，粮食需求不断上涨。一方面，从生产投入的角度来看，中国粮食生产成本随着物资成本、劳动力成本和土地成本的不断提高而持续走高。农机化肥等物质投入尚可通过补贴减轻价格上涨的压力，但农民工工资不断增加造成种田机会成本高，劳动力成本不断提升；中国农业土地细碎化程度高，目前扩大规模经营主要通过土地转包的形式实现，土地有升值预期导致转包土地的租金近年来不断提高。粮食供求长期处于紧平衡、国内粮食生产成本快速攀升等原因，推动了近年来中国粮食价格普遍高于国际市场。从资源约束的角度来看，中国无论是水资源还是土地资源都约束着中国粮食生产的扩张，特别是华北、西北等地区的粮食生产，其农业用水量大且低效，过度开采地下水支持农业生产是不可持续的。中国城镇化发展将继续占用农业土地，耕地面积几乎不可能扩大。因此，就粮食生产而言，无论是从现实生产的角度还是从资源约束的角度来看，中国与国外主要粮食生产国相比，已经缺乏比较优势。未来中国扩大粮食生产的难度越来越大。另一方面，从需求角度来看，城镇化加快、人民收入水平提高，造成了饮食需求发生变化，食物构成中直接食用的谷物（稻谷、小麦等）比重下降，肉、蛋、奶等动物性食品，水果、蔬菜等植物性食品比重提高，特别是动物性食品比重增速较快。动物性食品需求增加直接导致了玉米等饲料粮需求的增加，也就是整个粮食需求的增加。未来饲料粮需求的增加将快于口粮需求的下降，因此从需求角度来看，中国粮食需求将持续增加。

综上所述，从供给和需求两个方面来看，中国粮食需求增加快于生产增加，粮食供需结构性矛盾突出，产需有缺口，粮食进口量将进一步增加。

二、我国粮食安全现状评估

确保粮食安全是中国农业政策的首要目标。纵观中国各个时期的粮食政策，均是中央政府基于农业政策相关利益主体诉求，从土地、贸易、流通、生产、人口等方面应对粮食压力所采取的具体行动。中华人民共和国成立以来，中央政府为缓解粮食供给压力，陆续出台了系列政策。

我国的粮食安全概念与国际通用的粮食安全概念有一定差别，是指谷物（主要是大米、小麦、玉米）、豆类、薯类的国内供求程度，也可以说是狭义的粮食安全概念。粮食安全状况可以通过一定的指标反映出来。参照国际惯例，并结合我国的实际情况，选择以下 4 个主要指标用来衡量我国的粮食安全状况。

（一）粮食总产量波动系数

粮食总产量波动系数是一个反映宏观、供给的粮食安全指标。根据国家统计局农村社会经济调查总队调研结果，我国粮食总产量波动系数一般在 3%左右，低于世界平均水平，可以说是世界上最低的。这主要是因为我国地域辽阔，各地自然条件迥异，一方歉收往往为另一方丰产所弥补。同时，我国长期以来在农业方面的大量投入有效缓解了自然条件对粮食生产的不利影响。“十二五”以来，农田有效灌溉面积占比、农业科技进步贡献率、主要农作物耕种收综合机械化率分别达到 52%、56%和 63%，良种覆盖率超过 96%，现代设施装备、先进科学技术支撑农业发展的格局初步形成。从这方面说，中国粮食的安全水平是非常高的。

（二）粮食自给率

粮食自给率是一个反映宏观、供给、现实的粮食安全指标，指一国粮食总产量占总消费量的比重，与此相关的另一个指标是粮食外贸依存度。一般而言，粮食自给率大于95%，即表明一国已基本实现了粮食自给；自给率大于90%，即达到了可以接受的粮食安全水平；自给率小于90%，粮食供求的风险就会增大。改革开放以来，我国粮食自给率一般都在95%以上，但在2003年时自给率下降为88.3%，2004年以后又恢复到95%以上，至2008年再次跌破95%，2009年为92.5%，2010年为90.6%，2011年和2012年为88%左右，跌破了90%的警戒线，2014年又跌至85%左右。2019年，我国粮食总产量为13 277亿斤，比2018年增产119亿斤，且连续4年稳定在1.3万亿斤以上。

（三）人均粮食占有量

人均粮食占有量是一个反映微观的、现实需求的粮食安全指标，也是衡量粮食安全的核心指标。根据国家统计局公布的我国第六次人口普查数据，截至2010年11月1日0时，中国大陆总人口为13.4亿人，比2000年第五次人口普查增加7390万人，年均增长0.57%。如果继续按照这一人口自然增长率计算，2019年底中国大陆总人口约为14.1亿人。结合2019年我国粮食总产量计算，人均粮食占有量为941.6斤，高于800斤的粮食安全标准线。

（四）粮食储备率

粮食储备率是一个反映宏观的、应对未来各种风险的粮食安全指标，指一国的粮食库存量占总消费量的比重。据统计，我国粮食储备率在20世纪90年代平均达到34.8%，1998～2002年更是高达40%以上。进入21世纪以来，除2003年略低于20%以外，其他年份的粮食储备率大都远远高于联合国粮食及农业组织（Food and Agriculture Organization of the United Nations，FAO）确定的17%～18%的最低安全水平，这也侧面反映了我国较高的粮食安全水平。

三、我国粮食安全面临的主要问题

（一）人增地减的趋势不可逆转

人口的刚性增长是推动我国粮食需求增长的最基本和最重要的因素之一。据测算，至2030年，中国大陆人口总数将达到约15亿人，比2019年增加9000万人。即使按照人均粮食占有量800斤计算，到2030年，仅人口增长一项，就使我国粮食需求量绝对增加720亿斤，年均约65亿斤。

另据统计，2000～2010 年的 11 年间，我国耕地面积由 19.24 亿亩减少到 18.26 亿亩，净减少 9800 万亩，年均减少 890.9 万亩。全国已有约 700 个县（区）的人均耕地面积低于 FAO 确定的 0.8 亩的警戒线。虽然近年来耕地面积减少速度有所放缓，但仍呈净减少的趋势。随着今后我国经济的高速发展及农村城镇化水平的不断提高，耕地面积减少将是一个不可避免的长期趋势，也构成了我国粮食生产能力的最大威胁。

（二）粮食单产提高的难度越来越大

一是农业基础设施依然薄弱，继续扩大粮食生产的水土资源约束加剧。目前我国中低产田面积仍然占到耕地总面积的 60%以上，水资源总量逐年减少，时空分布严重不均，且受水土资源匹配条件制约，继续大幅增加有效灌溉面积的潜力有限。二是农业生产力增速呈下降趋势。2013～2015 年，我国粮食因单产提高增加的产量占同期粮食增加总量的比重分别为 86%、80%和 68%。农业科研和技术推广体系建设滞后，全局突破性、区域带动性强的新品种、新技术储备不足。三是农业生态环境日益恶化，特别是农业面源污染和耕地质量下降问题凸显。我国粮食连续增产除了依靠科技进步，还依靠大量使用化肥和农药。2011 年以来，我国年化肥施用量（折纯）平均每亩约 64 斤，是世界平均水平的 4.1 倍，位居世界第一；农药施用量也达到每年 6 亿斤。根据经济合作与发展组织（Organization for Economic Co-operation and Development，OECD）与 FAO 发布的《2013—2022 年农业展望》，目前我国受不同程度污染的耕地已占到 20%。此外，我国用于生产粮食的氮肥（氮含量）使用量从 2002 年的 2893 万吨，增加到了 2012 年的 4498 万吨，10 年增加 55.48%，每公顷的化肥施用量接近 500 公斤，为世界平均水准的 5 倍左右，如此大规模施用化肥造成了严重的空气和水污染，以及土地肥力下降等环境问题（于晓华，2015）。四是小规模的农业生产经营方式同劳动生产率提高和农业现代化的矛盾日益突出。目前，我国农作物生产体系主要由 2 亿多个小农户组成，户均耕地面积只有 9 亩左右，单户分散经营模式严重制约着农业现代化的进程，提高劳动生产率、实现粮食增产及农民增收的难度极大。

（三）食物消费结构的改变使粮食需求快速增加

我国经济的快速增长，必然推动人均收入水平的相应提高，进而推动居民食物消费结构高级化。国家统计局资料显示，1990 年我国人均大米消费量为 176 斤，之后逐渐下降到 2000 年的 150 斤和 2012 年的 110 斤；人均小麦消费量也从 1990 年的 146 斤下降到 2000 年的 130 斤和 2012 年的 90 斤，而同期人均间接消费量却在快速增加。可以预见，食物消费结构改变将会取代人口增长成为我国粮食需求增加的首要压力。同时，伴随着能源价格上涨和生物燃料产业崛起，工业用粮需求也会快速增长，工业用粮与人、畜争粮的矛盾将日益突出。

（四）粮食生产区域之间严重失衡

一是粮食剩余省份逐年减少，缺粮省份逐年增加，余粮省份从 20 世纪 50 年代的 21 个已减少为当前不足 10 个。二是余粮区和缺粮区相对集中地成片分布，产销分化特征更加明显。2017 年，13 个粮食主产省粮食产量占全国的 78%，粮食净调出量 3400 亿斤。与此同时，京、津、沪、浙、闽、粤、琼 7 个主销区的自给率由 2003 年的 42%下降到 2017 年的 32%。三是“粮食大县、经济小县、财政穷县”问题严重制约着主产区经济社会的全面发展，不利于调动地方政府重视粮食生产的积极性。四是主产区粮食仓容不足和外运不畅问题突出。基层收纳库房老化、年久失修的问题日益显现，主产区粮食物流节点少，粮食流通成本加大，增加了粮食供求平衡的难度，对粮食安全也构成了一定的威胁。五是粮食的结构性紧缺导致部分重要农产品外贸依存度畸高。随着畜禽和水产品需求的不断增长，我国玉米由过去的平衡有余转向供应偏紧，2010 年，我国成为玉米净进口国，当年进口 31.4 亿斤，2017 年增至 145.76 亿斤。《中国农业产业发展报告 2020》显示，草地贪夜蛾可能使我国玉米产业在 2020 年面临减产风险。草地贪夜蛾原产于美洲边带地区，该物种从 2019 年 1 月 11 日在中国云南被首次发现之后，截至 2019 年 10 月 8 日，草地贪夜蛾已侵入中国西南、华南、江南、长江中下游、黄淮、西北、华北地区的 26 个省区市 1518 个县，玉米发生虫灾面积为近 1600 万亩。农业农村部在 2020 年 2 月发布的《2020 年全国草地贪夜蛾防控预案》预计 2020 年发生面积在 1 亿亩左右。2020 年，中国玉米产业可能面临草地贪夜蛾导致的减产和进口增加风险，预计全国玉米产量损失小于 2.5%。[①]除此之外，我国每年大豆进口量从 1995 年的 5.88 亿斤，骤增至 2017 年的 1962.06 亿斤，23 年间进口量增加近 332.68 倍，外贸依存度已达 80%。同时，近年来每年还要进口约 13.67 亿斤大豆油，相当于 200 多亿斤大豆。如果 2017 年我国大豆全部改由国内供给，按 2017 年大豆单产每亩 247.1 斤计算，需要占用 5.5 亿亩耕地和耗用 2056 亿吨水，相当于我国耕地面积的 30%和农业用水总量的 38%，这必将使谷物供应急剧减少、口粮严重不足。由此可见，结构性紧缺导致的部分重要农产品外贸依存度畸高，已经成为影响我国粮食安全的一个不容忽视的因素。因此，未来保障中国粮食安全，需要积极利用国际农产品市场，扩展我国粮食供求平衡能力。宜继续完善农产品供应

① 《新冠肺炎、非洲猪瘟、草地贪夜蛾……这些因素对我国农业影响几何？》，https://baijiahao.baidu.com/s?id=1668553974570172583&wfr=spider&for=pc，2020 年 6 月 4 日。

链，稳定产销利益联结。应以生产合作、互利双赢的进口新思路保障中国粮食进口稳定可持续。具体粮食贸易方面，需要优化出口贸易结构，积极开拓内销渠道，增加饲料粮进口和优势品种农作物出口；与国外主要粮食生产国的合作方面，需要加强农产品进口和工业产品出口的密切配合，提高农产品有效供给水平。

第四节　气候变化下我国水稻安全供求总况与现状评估

水稻是我国播种面积最大、总产量最多、单产最高的粮食品种，在粮食生产和消费中历来处于主导地位。世界范围内，水稻种植的集中度非常高，亚洲水稻播种面积和产量均占全球的九成左右。我国是世界水稻生产大国，水稻种植面积仅次于印度，约占世界水稻总面积的18.56%，2018年占国内粮食作物种植面积的25.8%；平均单产逐年增加，2018年平均单产7.03吨/公顷，比世界平均单产高49.2%。水稻产量居世界第一，约占世界水稻产量的27.4%，占2018年国内粮食总产量的32.24%左右。因此，水稻供求和品种结构的平衡对我国粮食供求结构的平衡有举足轻重的意义。

一、我国水稻生产情况

我国是世界水稻播种面积第二大国家，从水稻播种面积来看，2017年全国水稻播种面积为30 747千公顷，2018年全国粮食播种面积为30 189千公顷（表2.7），呈下降趋势。

表2.7　2010～2018年水稻播种面积前10位地区　　单位：千公顷

地区	2010年	2011年	2012年	2013年	2014年	2015年	2016年	2017年	2018年
全国	29873.0	30057.0	30137.0	30312.0	30310.0	30784.0	30746.0	30747.0	30189.0
黑龙江	2768.8	2945.6	3069.8	3175.6	3205.5	3147.8	3203.3	3948.9	3783.1
江苏	2234.2	2248.6	2254.2	2265.7	2271.7	2291.6	2294.8	2237.7	2214.7
安徽	2245.4	2230.8	2215.1	2214.1	2217.3	2234.9	2265.5	2605.2	2544.8
江西	3318.4	3317.7	3328.3	3338.0	3339.5	3342.4	3316.3	3504.7	3436.2
湖北	2038.2	2036.2	2017.9	2101.2	2144.0	2188.5	2131.0	2368.1	2391.0
湖南	4030.5	4066.3	4095.1	4085.0	4120.7	4114.1	4085.5	4238.7	4009.0
广东	1952.7	1940.9	1949.4	1908.8	1893.3	1887.3	1888.6	1805.4	1787.4
广西	2094.4	2078.5	2057.6	2046.6	2026.2	1983.9	1959.8	1801.7	1752.6
四川	2004.5	2007.9	1997.8	1990.7	1991.8	1990.8	1990.0	1874.9	1874.0
云南	1021.0	1073.5	1082.9	1152.7	1144.7	1134.8	1130.0	870.6	849.6

资料来源：《中国统计年鉴》

以 2014 年为例，水稻播种面积最大的 10 个地区约占全国 80%的种植面积。我国水稻种植主要集中在东北平原、长江流域和东南沿海三大区域，分别约占全国水稻种植面积的 12%、64%和 22%。随着水稻生产日益向主产区集中，稻谷的商品率也不断提高。据统计，2018 年国内稻谷商品率为 84.7%，较 2007 年提高了 62.8 个百分点，主要是粳稻的商品率大幅提升。

从总产上看，根据 2018 年 12 月国家统计局发布的数据，2018 年全国水稻产量为 21 213 万吨，近年来除 2013 年、2016 年和 2018 年水稻产量略微降低，始终处于增长状态（表 2.8）。2013 年水稻产量较上一年减少 63 万吨，减幅为 0.31%，主要原因是 2013 年我国南方中晚稻产区遭遇高温少雨大气，部分地区中晚稻的移栽、结实受到影响。

表 2.8　2010～2018 年水稻产量前 10 位地区　　单位：万吨

地区	2010 年	2011 年	2012 年	2013 年	2014 年	2015 年	2016 年	2017 年	2018 年
全国	19 576.0	20 100.0	20 424.0	20 361.0	20 651.0	21 214.0	21 109.0	21 268.0	21 213.0
黑龙江	1 843.9	2 062.1	2 171.2	2 220.6	2 251.0	2 199.7	2 255.3	2 819.3	2 685.5
江苏	1 807.9	1 864.2	1 900.1	1 922.3	1 912.0	1 952.5	1 931.4	1 892.6	1 958.0
安徽	1 383.4	1 387.1	1 393.5	1 362.3	1 394.6	1 459.3	1 401.8	1 647.5	1 681.2
江西	1 858.3	1 950.1	1 976.0	2 004.0	2 025.2	2 027.2	2 012.6	2 126.2	2 092.2
湖北	1 557.8	1 616.9	1 651.4	1 676.6	1 729.5	1 810.7	1 693.5	1 927.2	1 965.6
湖南	2 506.0	2 575.4	2 631.6	2 561.5	2 634.0	2 644.8	2 602.3	2 740.4	2 674.0
广东	1 060.6	1 096.9	1 126.6	1 045.0	1 091.6	1 088.4	1 087.1	1 046.3	1 032.1
广西	1 121.3	1 084.1	1 142.0	1 156.2	1 166.1	1 137.8	1 137.3	1 019.8	1 016.2
四川	1 512.1	1 527.1	1 536.1	1 549.5	1 526.5	1 552.6	1 558.2	1 473.7	1 478.6
云南	616.6	668.7	644.6	667.9	665.9	659.7	671.9	529.2	527.7

资料来源：《中国统计年鉴》

2014 年，南方水稻产区遭遇持续低温阴雨等不利天气，局部水稻，特别是早籼稻单产及质量有所下降。但随着后期气象条件好转，晚稻长势较好，2014 年水稻总产量稳定略增。其中，早籼稻产量 3401 万吨，较上年减产 12.5 万吨；中晚籼稻产量约 10 225 万吨，同比增长 1.44%；粳稻产量约 7020 万吨，同比增长 2.93%。形成这种局面主要是受种植效益相对较好的刺激，东北特别是黑龙江，其粳稻迅速发展，成为我国新的水稻主产区。而籼稻主产区在南方，受制于城镇化、工业化及农业结构调整，种植面积难以增加，相反却有下降的趋势，导致产量徘徊不前。

2015 年我国水稻产量的增加得益于单产水平的提高。从各品种分布比例来看，2015 年我国水稻各品种种植结构基本与上年持平。根据国家统计局数据，2015 年我国早籼稻产量为 3369.1 万吨，较上年减产 31.9 万吨，约占水稻总产量的 16%；中晚稻产量 17 454.9 万吨，较上年增产 213.9 万吨。

从单产上看，2018 年全国水稻单产 7026.6 千克/公顷，较 2017 年增加 109.7 千克/公顷；2017 年较 2016 年增加 51.1 千克/公顷（表 2.9）；2010～2018 年全国水稻单产总体上呈现不断增长的趋势。2010～2014 年，除 2011 年单产最高为吉林外，其余年份单产最高均为新疆，其中 2014 年更是突破 8900 千克/公顷，达到 8924.7 千克/公顷。内蒙古 2010～2018 年单产始终处于前十，但 2013 年和 2014 年单产出现大幅下滑，而河南 2011～2016 年单产一直处于稳中有增的状态，自 2012 年进入全国单产前十。我国三大水稻主产区中，东北平原单产水平比全国高 10%，主要种粳稻；长江流域种植面积最大，以籼稻为主，可以种植单季稻（中稻）或者双季稻（早晚稻），北部区域有少量粳稻，平均单产比全国高出 4%；东南沿海基本种植籼稻，可种植一季到三季，由于生长周期较短，平均单产低于全国水平 9%。中国水稻平均单产处于世界领先水平，但近几年增长缓慢，主要是要在产量与品质中做出取舍，未来对高产优质兼顾的品种需求量极大。

表 2.9　2010～2018 年水稻单产前 10 位地区（按 2018 年排序）　单位：千克/公顷

地区	2010 年	2011 年	2012 年	2013 年	2014 年	2015 年	2016 年	2017 年	2018 年
全国	6 553.1	6 687.3	6 776.9	6 717.2	6 813.2	6 891.3	6 865.8	6 916.9	7 026.6
天津	7 088.6	7 535.2	7 671.2	7 678.6	7 378.0	7 378.3	7 557.1	7 414.5	9 375.9
新疆	8 819.1	8 583.6	8 583.8	8 885.6	8 924.7	9 835.3	8 626.8	8 889.9	9 267.8
江苏	8 091.9	8 290.5	8 429.2	8 484.4	8 416.6	8 520.2	8 416.4	8 457.6	8 841.0
山东	8 299.5	8 353.4	8 345.4	8 415.9	8 251.6	8 178.5	8 328.3	8 252.5	8 661.2
宁夏	8 413.5	8 438.6	8 457.9	8 392.2	7 912.9	8 171.9	8 394.4	7 923.1	8 531.0
上海	8 322.6	8 378.9	8 477.6	8 518.2	8 546.7	8 598.0	8 600.0	8 544.3	8 493.0
湖北	7 643.0	7 940.8	8 183.8	7 979.2	8 066.7	8 273.9	7 947.2	8 066.7	8 220.9
内蒙古	8 112.8	8 655.6	8 208.3	7 378.1	6 709.3	6 736.5	6 415.1	6 704.3	8 099.7
河南	7 503.2	7 437.3	7 599.5	7 575.2	8 136.1	8 102.4	8 277.1	8 136.4	8 081.9
吉林	8 441.0	9 020.5	7 587.0	7 751.5	7 865.1	8 272.2	8 378.7	8 389.5	7 696.9

资料来源：《中国统计年鉴》

注：由于数据经四舍五入，可能略有误差

二、我国水稻消费与需求分析

（一）水稻消费总量分析

人均消费水平稳中趋降，但总量有增长前景。近年来，因饮食结构调整，我国人均大米消费持续保持略减态势，加上宏观经济放缓，国内大米消费持续低迷。我国水稻消费主要是口粮消费、饲料用粮和工业用粮等，据国家粮油信息中心统计，2018 年，我国水稻消费途径中食用消费仍占 85%左右，其中，晚籼稻和粳稻

90%以上加工成口粮。近年来国内水稻口粮需求基本保持稳定，2015 年食用消费 16 920 万吨，较上年度下跌 380 万吨，跌幅为 2%；随着散养规模的缩小及玉米价格低迷，饲料用粮需求量由 2014 年的 1130 万吨下降至 1020 万吨。由于稻谷价格相对处于高位，工业用粮数量有所下降。而钟甫宁（2011）分析，此前由于人口结构的变化，即使每一年龄组的人均食品消费量都有所增加，全部人口的加权平均消费量仍有可能减少；就业结构的变化和各行各业劳动强度的下降导致人均热量摄入量需求下降，食品需求增速减缓甚至短期内绝对量减少；而无论是人口结构变化还是就业结构变化的速度都在趋缓并逐渐稳定，降低食品消费需求的作用将逐步消失，今后人口增长和收入增加对食品消费需求的刺激作用将重新占据主导地位。加上我国放开三孩政策的实行，今后人均食品消费的增长速度有可能反弹，消费总需求的增长可能加速。

（二）水稻需求总量分析

第一，我国水稻供需持续宽松。2003～2005 年我国水稻供给量少于水稻需求量，水稻产不足需；2006 年起我国水稻产量超过了水稻需求量；2019 年我国水稻产量 21 213 万吨，当年进口大米 254.6 万吨，折合水稻约 364 万吨（按出米率 70% 计算），供应总量 21 577 万吨。2019 年国内水稻总消费量 19 330 万吨，当年出口大米 274.8 万吨，折合水稻 392.6 万吨，需求合计 18 937.4 万吨。2019 年我国水稻供需平衡有余，当年结余 2639.6 万吨，粳籼水稻均呈供大于求态势，期末库存量持续增加。据国家粮油信息中心预计①，2020 年水稻产量 20 477 万吨，进口折合水稻约 322 万吨，水稻总供应量 20 799 万吨。2020 年国内水稻总消费量预计 20 009 万吨，出口 386 万吨，总需求量约 20 395 万吨。全年继续供大于求，库存将继续增加。第二，品种和质量矛盾比较突出，区域差异较大。早、中、晚水稻供需不均衡，在水稻总量平衡和略有盈余的情况下，早稻和中稻的供求关系比较宽松，晚稻供给相对偏紧。普通、优质水稻供需不均衡，随着人民生活水平的提高，城乡居民对水稻的消费需求由过去的数量温饱型向质量营养型转变，对优质籼米和东北粳米的需求增加很快，南方早籼稻产量虽高但食用口感和市场适销性较差，有较大积压。

三、我国水稻贸易情况分析

很长一段时间，我国一直是水稻出口国，水稻生产一直坚持自给自足的方针，

① 资料来源：国家粮油信息中心官网（http://www.grainoil.com.cn/）。

进口和出口主要是用于品种调剂。2012 年以后，由于国内外水稻价格倒挂，我国由水稻出口国一跃成为主要的水稻进口国。2010～2014 年，我国累计进口水稻 821 万吨，累计出口水稻 239 万吨（表 2.10）。

表 2.10　2010～2019 年中国水稻进出口情况　　单位：万吨

进出口数量	2010 年	2011 年	2012 年	2013 年	2014 年	2015 年	2016 年	2017 年	2018 年	2019 年
进口量	39.00	60.00	237.00	227.00	258.00	345.00	356.00	399.25	308.00	254.60
出口量	62.00	52.00	28.00	48.00	49.00	43.30	48.00	119.68	208.90	274.80

据统计，2015 年末，越南 5%破碎率大米进口到南方港口的完税价格为 3108 元/吨，相近规格广州市场国产普通早籼米批发价为 3800 元/吨，二者差价为 692 元/吨。而 2015 年全年进口大米与国内大米一直维持着高价差，峰值一度超过了 1300 元/吨。2015 年，我国从越南进口大米 194.3 万吨，占全年进口总量的 58%；从泰国进口 91.3 万吨，占全年进口总量的 27%；从巴基斯坦进口 33.6 万吨，占全年进口总量的 10%；三者合计超过 95%。

近年来，由于国内大米价格较高，国际竞争力下降，出口日益困难。2014 年我国出口朝鲜、日本和蒙古国的大米分别为 6.4 万吨、2.5 万吨和 1.95 万吨，分别占总出口量的 15.2%、5.9%和 4.7%。2015 年前 8 个月，我国出口大米 14.2 万吨，同比增长 5%，总量依然保持在较低水平。

我国出口大米多为粳米，进口大米多为低端籼米。虽然年进口量不到国内总消费量的 2%，但对国内大米供求的负面影响却越来越大。我国水稻本就供应过剩，在廉价的进口大米的冲击下，国内水稻市场压力增大，国家不得不频繁启动托市收购来稳定稻米市场。大米大量进口对我国的大米加工业也造成了较大冲击，加剧了产能过剩。同时，低端大米的流向是从沿海向内陆、从销区向产区，与原有的水稻流向相反，这加重了我国产销区间的不平衡现象。

我国大米产量位居世界第一位，历史上一直是大米主要出口国，在国际大米贸易市场上占据重要的地位，然而这种情况从 2012 年开始出现逆转。主要原因是近几年全球大米产量高企，价格稳中下降，而国内大米价格在原粮价格不断上涨的带动下逐步走高，国内外大米价格出现倒挂，进出口形势也随之出现转变。由图 2.10 可见，2012 年我国大米进口量一举从 2011 年的 58 万吨增加至 235 万吨，增幅高达 305%；而相应的出口量却较 2011 年减少了一半，仅为 28 万吨。至此，我国从大米净出口国家转变为大米净进口国家。

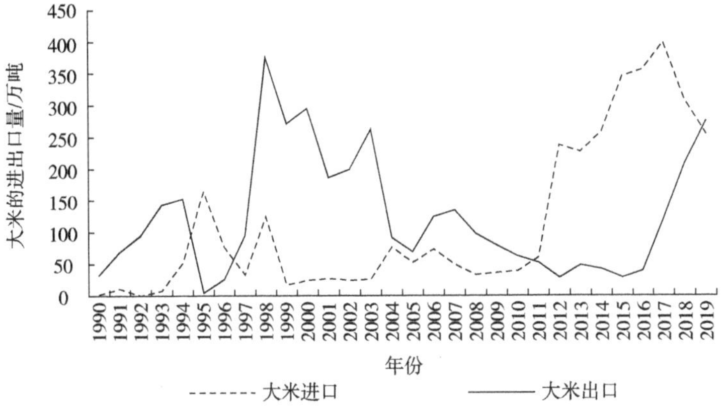

图 2.10　1990～2019 年我国大米进出口情况

资料来源：中国海关总署

2016 年，我国大米进出口出现双增趋势。海关数据显示，2016 年我国通过海关渠道进口大米高达 353 万吨，较上年增加 18 万吨，再创历史新高；出口量 39.5 万吨，较上年增加 10.9 万吨，净进口量达到 313.5 万吨。大量进口米加剧了国内稻米市场的供应压力。

进入 2017 年，这种情况有所转变。1 月大米进口量出现下滑，而出口量则大幅增长。海关数据显示，2017 年 1 月我国进口大米 24.44 万吨，同比减少 4.28 万吨，减幅 14.9%；出口大米 9.26 万吨，同比增加 7.04 万吨，增幅 317.12%。出口增加的主要原因是开辟了新的大米出口国家。以往我国内地大米出口主要以优质米为主，出口国家（地区）主要集中在韩国、朝鲜、日本、蒙古国和中国香港等，2016 年大米月度出口均价约 900 美元/吨，而 2017 年 1 月大米出口均价才 402.53 美元/吨，不足上年大米出口均价的一半。我国出口的国家中，出口量排名前四的国家均为非洲国家，其中，科特迪瓦 4.6 万吨、塞拉利昂 1.8 万吨、塞内加尔 1.5 万吨、纳米比亚 0.25 万吨，出口这四国的大米合计 8.15 万吨，占我国大米出口总量的 88%。大量低价大米的出口，增加了我国大米出口的市场竞争力。

2017 年中央一号文件中提出，要统筹利用国际市场，优化国内农产品供给结构，鼓励扩大优势农产品出口，加大海外推介力度。加强农业对外合作，推动农业走出去。这对国内大米产业来说，也是难得的发展机遇。2017 年 2 月中粮集团为落实国家“一带一路”倡议的实施，通过张家港口岸向非洲的塞拉利昂和塞内加尔出口 82 万袋共计 3.2 万吨的大米，已经迈出了向非洲出口大米的步伐；中粮岳阳米业与美国洛杉矶华人商会合作，用湖南水稻替代泰国、越南白米，出口 40.3 万吨湘米到美国，中断了近 13 年的湘米出口业务重启，湘米进军国际市场。2017 年，大米进出口形势开局良好，进口米对国内大米市场的影响整体有限，从那之后受国内宏观经济形势、水稻收购政策、进出口政策影响，大米进口速度放缓仍是大概率事件，大米出口已经迈出了调整的步伐，在国家推进农业供给侧结构性改革的大背景下，充分利用国际市场，加速我国水稻市场去库存化进程是应有之意。

当前我国水稻市场整体供需宽松，去库存压力较大。从生产端看，水稻产量持续维持高位水平，供给充足；从消费端看，随着人民生活水平的提升，食品消费结构出现显著变化，对主粮的需求呈下降趋势，大米口粮消费整体呈稳中下降趋势，再加上工业消费相对有限，在供需宽松的格局下，如何从进出口端发力，合理利用国际市场，减少大米进口量，增加大米出口量，改善水稻供需结构，促进国内水稻产业的健康、有序发展是一项长期艰巨的工程。

四、我国水稻生产存在的主要问题

（一）耕地面积缩减趋势明显，耕地质量下降较快

受农业结构调整、生态退耕、自然灾害损毁和非农建设占用等影响，我国水稻种植面积近 2 年的下降趋势明显。廖西元等（2011）、于晓华等（2012）也指出了我国耕地面积不断下降的状况。受干旱、陡坡、瘠薄、洪涝、盐碱等多种因素影响，中低产田约占 2/3，加之我国是世界上施用农药和化肥较多的国家，加速了耕地质量的下降。据国家统计局数据，2019 年我国农作物亩均化肥用量 21.7 公斤，远高于世界平均水平（8 公斤/亩），是美国的 2.6 倍。农药施用量总体也呈上升趋势。据统计，2012～2014 年农作物病虫害防治农药年均使用量 31.1 万吨，比 2009～2011 年增长了 9.2%。过量施肥、过量施用农药，不仅增加了水稻生产成本，也影响了水稻质量安全和生态环境安全。

（二）种植比较效益较低，稻农积极性不高

2008 年以来国家连续 7 次提高最低收购价，农户种植水稻的收益得到了保障，促进了我国水稻的连续丰收，但却不能改变我国水稻种植比较效益偏低的状况。从单位面积效益来看，目前水稻种植效益不如种蔬菜、水果等经济作物，也不如外出打工，种植水稻的劳动力也持续流失（吴娟，2012）。农民种粮积极性不高，绝大多数农民只是因为非农收入不稳定，即将土地作为最后的社会保障手段才继续耕种土地，但留在家里干农活的基本为妇女和老人，甚至还有部分农民将土地撂荒（虞国平和朱鸿英，2009）。

（三）基础设施薄弱，抵御自然灾害能力较差

2020年，我国农田水利基础设施十分薄弱，农业抵御自然灾害能力弱，有效灌溉面积仅略高于50%，靠天吃饭的局面仍未根本改变。一方面，农田设施老化。2020年，全国大型灌区骨干工程完好率为60%，中小灌区干支渠完好率仅为50%左右，大型灌溉排水泵站老化破损率达75%，特别是田间渠系不配套，“毛细血管”不通畅，农田灌溉“最后一公里”薄弱，一些地方“旱不能浇、涝不能排”的问题突出。另一方面，气象灾害和生物灾害频发。这些年，极端天气越来越多，突发性、暴发性灾害多发。2000年以来，全国平均每年因自然灾害损失粮食800多亿斤。

（四）机械化种植水平低，与发达国家仍有差距

近年来，我国的水稻耕种收综合机械化水平有了显著提升，初步统计，2016年全国水稻机插、机收、机耕面积分别达2亿亩、3.9亿亩、4.5亿亩，水稻耕种收综合机械化水平达到66%，比2010年提高8个百分点。但与发达国家在20世纪80年代就实现了全程机械化相比仍有不小差距。

（五）优质稻种植比例低，稻米生产重数量轻质量

发展优质稻是当前世界水稻生产的潮流，但我国优质稻的种植比例仍不高，稻米生产偏重数量而轻视质量，市场上大多出售的是普通稻。普通稻种植易于管理、产量高，效益相对好于优质稻，且有最低收购价托底；优质稻产量低，种子、农药及管理等成本高，常规优质稻的抗性差，且托底价与普通稻相同，因此，优质稻种植比例难以大幅提升。

（六）组织化程度低，农业产业化水平较低

农业生产组织化程度低，农业生产主要以小农经营为主，仍停留在小而全的小农经济状态，以家庭为单位的农户分散经营，经营规模长期凝固化，制约了农业的规模化经营，没有形成集约经营、规模效益。由于土地流转难度大、规模种粮大户少，连片种植优质稻的难度更大。农业产业化资金基础不足，社会资本在涉足农业时比较谨慎，没有形成凝聚效应，难以产生规模效益，导致整体市场竞争力偏弱。

第五节　气候变化下我国粮食安全面临的问题与挑战

一、气候变化对粮食安全的影响

目前多数研究是将低分辨率的大气环流模式（general circulation model，GCM）和作物模式相连接，模拟未来气候变化对各区域粮食产量的影响（Rosenzweig and Parry，1994；林而达等，1997）。我国学者在区域气候模式研究方面做了大量的研究工作，熊伟（2001）利用中国随机天气模型，将 IPCC 最新推荐的气候模式 HadCM2 和 ECHAM4 与作物模式 CERES2R ICE3.5 相连接，模拟了未来 4 种气候情景下中国主要水稻产区产量的变化趋势，结果表明在未来气候情景下，中国水稻产量表现为不同程度的减产趋势，若不采取温室气体减排措施，2050 年中国水稻产量相较 2030 年，减产程度将更加明显。姚凤梅等（2007）应用 PRECIS 区域气候模式输出和作物模式相连接模拟未来气候变化对我国主要稻区水稻产量的影响，结果表明在 A2 气候变化情景下，中国水稻产量总体减少，其中，长江流域以南、华南早稻产量减少 10%～40%，长江流域以北减少 8%～40%，东北单季稻产量减少 12%～35%，长江流域以南、华南晚稻产量减少 10%～30%；在 B2 气候变化情景下，水稻产量亦总体减少，其中，东北单季稻减少 10%～20%，长江流域以南、华南早稻产量减少 10%～40%，长江流域以南、华南晚稻产量减少 10%～30%，长江流域以北单季稻减少 10%左右。熊伟等（2006）利用最新温室气体和 SO_2 排放方案，通过区域气候模式和区域作物模型模拟未来我国小麦产量变化，结果表明，2080 年两种温室气体排放方案下（A2 和 B2）①，我国雨养小麦普遍减产，平均减幅为 21.7%和 12.9%，仅华北和长江中下游冬麦区部分区域增产。张建平等（2015）采用气候模式 BCC-T63 与作物模式 WOFOST 相结合的研究方法，在多年试验数据和模型适宜性验证的基础上，模拟分析了未来 100 年（2000～2100 年）气候变化情景下我国主要粮食作物发育和产量变化趋势，结果表明，东北地区玉米生育期会缩短，其中，中熟玉米生育期平均缩短 3.8 天，晚熟玉米生育期平均缩短 1.4 天，产量也会相应地下降，中熟玉米平均减产 3.3%，晚熟玉米平均减产 2.7%，华北地区冬小麦的生育期平均缩短 8.4 天，产量平均减产 10.1%；

① 根据 IPCC 报告，在 A2 情景系列（国内或区域资源情景）中，未来世界的发展很不均匀。主题是自力更生、保护区域特性，强调家庭价值和当地传统。不同地区间人口出生率的趋同极为缓慢，因而导致全球人口的持续增长。经济发展主要是区域性的，人均经济增长和技术变化的速度要慢于其他情景系列。在 B2 情景系列（区域可持续发展情景）中，未来世界着重于局地性解决经济、社会和环境的可持续发展。全球人口增长，但增长速度比 A2 情景系列慢，经济发展速度中等。

南方早稻生育期平均缩短 4.9 天，晚稻生育期平均缩短 4.4 天，早稻的产量变化范围为 1.9%～9.5%，平均减产 3.6%，晚稻的产量变化范围为 2.2%～7.3%，平均减产 2.8%。熊伟等（2008）采用区域气候模式与 CERES2Maize 模型相结合的方法，模拟了基准气候（1961～1990 年）和 A2、B2 两种温室气体排放方案下 2011～2100 年我国雨养和灌溉玉米产量，初步预测了未来不同气候情景下玉米产量的变化状况，结果表明，如果保持现有的玉米生产状况，气候变化将导致我国玉米主产区的玉米单产普遍降低、总产下降，给玉米生产带来一定经济损失，A2 气候变化情景对我国玉米产量的负面影响要大于 B2 情景。马洁华等（2010）依据全国种植制度气候区划指标、冬小麦和双季稻种植北界指标及雨养冬小麦—夏玉米稳产种植北界的降水量指标，以 1981 年为时间节点，把 20 世纪 50 年代至 2007 年分为 2 个时间段，分析和比较后一时段气候变暖对全国种植制度北界、冬小麦种植北界、双季稻种植北界、雨养冬小麦—夏玉米稳产种植北界的可能影响，以及种植北界的空间位移对作物产量的可能影响。结果表明，与 1950～1980 年相比，1981～2007 年一年二熟制种植北界，空间位移变化最大区域在陕西省、山西省、河北省、北京市和辽宁省。一年三熟制种植北界，空间位移变化最大的区域为湖南省、湖北省、安徽省、江苏省和浙江省。在不考虑品种变化、社会经济等方面因素的前提下，这些区域由一年一熟变成一年二熟，主体种植模式的粮食单产平均可增加 54%～106%；由一年二熟变成一年三熟，主体种植模式的粮食单产平均可增加 27%～58%。

二、我国未来粮食安全面临的主要问题与挑战

（一）我国未来粮食安全面临的主要问题

我国未来粮食生产在气候变化下将面临三个突出问题：一是粮食生产会变得不稳定，粮食产量波动变大，如果不采取相应的适应性措施，水稻、小麦、玉米三大粮食作物均将以减产为主；二是粮食生产结构和布局会发生变动，作物种植制度可能产生较大变化；三是农业生产条件会发生改变，农业生产成本因气候变化会大幅度增加。未来气候变暖可能成为制约我国农产品，特别是粮食生产能力的主要宏观限制因素，气候变暖将严重威胁各国，特别是中国长期的粮食安全和社会持续发展。

（二）我国未来粮食安全面临的主要挑战

目前我国粮食正呈现总产、库存、进口“三量齐增”的新现象，结构性矛

盾突出，产需有缺口，国内外粮价倒挂，玉米替代品进口激增，加上农业资源短缺、开发过度，农业污染加重，在资源和环境的双重硬约束下，气候变化给农业生产带来了极大的不确定性，无论是从现实生产的角度还是从资源约束的角度来看，气候变化使中国未来扩大粮食生产的难度越来越大，农民增收、农业增效、农村发展都面临新挑战。从长远看，中国粮食供求紧平衡的趋势不会变，保障国家粮食安全的压力不会减。目前，我国粮食安全面临五大挑战：第一，粮食增收难度加大。粮食生产“十二连增”后，进一步发展粮食生产的制约因素不断增多。第二，粮价下行压力较大。国内外粮食价格倒挂，依靠托市收购促农增收的空间越来越小。第三，粮食需求难有起色。世界经济增长动能恢复尚需时日，国内经济下行压力仍然较大，粮食下游产品需求不旺。第四，粮食流通补短板的领域仍然较多。例如，收储设施仓容建设速度还赶不上粮食收储数量增长、物流通道不畅难以满足精准调控需要、基层国有粮食企业经营发展还面临较大困难等。第五，以家庭为单位的小规模生产影响粮食安全目标实现，生产转型难度大。通过对当前农业生产的各个方面进行分解，发现主要存在以下问题影响转型的推进与农产品安全目标的实现：①农民的生态或低碳意识薄弱（张海英，2011；林梅等，2012），整体素质较低（杜华章，2011），生产方式“高碳”特征并形成技术锁定（黄钦海和李沙娜，2010；林梅等，2012），经营分散且经营规模小。②农业技术支撑能力不足，技术推广体系改革滞后（黄钦海和李沙娜，2010；林梅等，2012）。③市场体系不完善，社会化服务程度低（周应恒等，2015；尹成杰，2008；曾福生和李小卉，2002；曹承忠等，2008；何安华等，2012）。④农业生态环境恶化，农业发展资源约束加强，基础设施不完善。⑤我国转型大背景下城乡差距拉大带来农业边缘化，农村青壮年劳动力流失（李明贤，2010；黄钦海和李沙娜，2010；杜华章，2011）。因此，要真正实现农业生产的转型，就必须将落脚点放在生产者身上，结合其所处的技术、经济、社会背景，深入探索解除技术锁定、实现农业技术更新的条件，量化农户转型成本与收益，保障农民在转型中受益。

鉴于当前我国农产品生产仍以家庭为单位的小规模生产为主，农业生产仍是部分农户的主要收入来源，因此，有必要就农业生产过程中农户对气候变化的感知和有效的适应性行为进行定量研究，因为农户作为我国最基本的社会单元和生产单元，是气候变化影响最直接的感知者。农户对气候变化的感知是采取合理适应性行为的前提，其正确与否关系着一个地区乃至全国农产品的数量和质量安全问题。因此，从农户视角加强对气候变化相关领域的科学研究，探寻农户对气候变化的感知及影响农户采纳适应气候变化关键技术的影响因素，不仅有助于提高农户应对和适应气候变化的能力，促进农业增效、农民增收，还将为政府进一步调整和完善政策、保障国家农产品安全等提供科学参考。

第六节 本 章 小 结

本章首先重点考察近 30 年来中国气候灾害变化的总趋势与呈现出的显著特征，基本判断出气候变化造成中国粮食减产的基本事实。其次，在气候变暖的大背景下，分别对我国粮食安全的供求总况与现状、我国水稻安全的供求总况与现状进行了评估，进而分析了气候变化影响下我国未来粮食安全将面临的主要问题与主要挑战，主要得出以下几点结论。

（1）无论是受灾面积、成灾面积、干旱灾害和洪涝灾害，中国气候灾害发生频率呈现波动上升的总趋势，干旱和洪涝是影响最严重的两种极端气候灾害。中国极端气候灾害呈现出种类多、频率高、强度大的特征。一方面，从极端气候灾害变化的总趋势来看，中国农作物受灾趋势与成灾趋势均呈现出明显波动中下降的趋势，但成灾面积与受灾面积比仍持续处于高位。另一方面，从主要极端气候灾害来看，中国主要遭遇干旱、洪涝这两种主要极端气候灾害，中国农业灾情与粮食减产量之间有着显著的相关关系，极端气候灾害尤其是高温干旱对我国水稻生产有着显著的负向影响。

（2）从供给和需求两个方面来看，目前中国粮食需求增加快于生产增加，粮食供需结构性矛盾突出，产需有缺口，粮食进口将进一步扩大。我国粮食安全面临人增地减的趋势不可逆转、粮食单产提高难度加大、粮食需求快速增加、粮食生产区域严重失衡等主要问题，水稻生产主要面临耕地面积缩减与耕地质量下降、种植比较效益低、抵御自然灾害能力差、机械化水平低、优质稻种植比例不高、组织化程度低、农业产业化水平较低等主要问题。总体而言，目前我国农业高质量生产的总体情况不容乐观，尤其是在当前中国耕地面积缩减、粮食生产条件恶化、粮食需求增加三种矛盾交织，以及在资源与环境双重约束、价格与成本双重挤压、极端气候加剧三重挑战的形势下，农产品抵御自然灾害能力较差，未来我国农产品生产尤其是粮食生产面临诸多问题与挑战，气候变化对一个地区乃至全国农产品数量和质量安全问题的影响不可忽视。因此，系统分析气候变化对农业高质量生产的影响刻不容缓。

（3）气候变化下中国未来粮食生产将面临粮食产量波动变大、粮食生产结构和布局发生变动、农业生产成本因气候变化大幅度增加三大主要问题，粮食增收难度加大、粮价下行压力较大、粮食需求难有起色、粮食流通补短板的领域仍然较多、粮食生产转型难度加大五大主要挑战。因此，未来气候变化可能成为制约我国农产品，特别是粮食生产能力的主要宏观限制因素，还限制了中国长期的粮食安全和社会可持续发展。

考虑到我国当前农业产业化水平不高、耕地面积及质量下降趋势明显、农产品抵御自然灾害能力较差等因素，气候变化对一个地区乃至全国农产品数量和质量安全问题的影响不可忽视，特别是农户，他们作为我国最基本的社会单元和生产单元，是气候变化影响最直接的感知者，他们对气候变化的感知及其适应能力是我国近阶段保障粮食数量和质量安全、实现向亲环境生产转型的关键。因此，本章为下文进一步从微观层面分析农户对气候变化的认知及气候适应性行为做好了铺垫。

第三章　气候变化对农业高质量生产转型的关键影响因素识别与绩效评价

农业生产与气候变化之间的关系集中体现在亿万农户应对气候变化的适应性行为上。农户作为农业生产的基本主体，他们对气候变化的感知情况是其做出适应性行为的前提，其适应性行为选择是提高其气候变化适应能力的微观基础。因此，必须将落脚点放在农户身上，考察农户微观主体对气候变化的认知情况，以及气候变化适应性行为特征，深入探索稻农气候变化适应性行为的微观机制，考察农户对气候变化的感知，分析农户对气候适应性行为的选择，识别出影响或阻碍农户气候变化适应性行为选择的关键因素，以及评估适应性行为的有效性，这不仅有助于提高农户应对气候变化的能力，对促进我国农业可持续发展和保障粮食安全也具有重要意义。

基于以上考虑，本章建立在对湖南省、四川省、江苏省和浙江省四个省份水稻种植户的入户调查的基础上，利用大规模的农户调研面板数据，综合利用定性分析、描述性统计分析和计量经济学分析多种方法，系统分析稻农对气候变化的认知情况、对适应性行为的采用情况及影响稻农气候变化适应性行为的重要因素，实证分析影响稻农气候变化适应性行为的关键因素，并且评估适应性行为的有效性，从而识别出稻农的三种关键性适应性行为（选用新品种、采用保护性耕作、增加化肥农药投入），为下文进一步从农产品数量安全和质量安全双重视角，分析气候变化对农业高质量生产转型适应性行为的关键因素识别与效应评估做好铺垫。

第一节　调查区域及样本特征描述

一、调查区域选取

综合考虑水稻生产的地域差异和我国水稻生产的现实问题，由于人力、物力、财力的限制，为了入户调查的方便性与可操作性，本章仅选取了 11 个水稻主产省中的湖南省、四川省、浙江省、江苏省 4 个省份作为样本区域。之所以选取以上 4 个省份，主要基于以下几点考虑。

（1）从 4 个水稻主产省的水稻产量来看，4 省水稻产量占 11 个水稻主产省产量的 45%以上。如图 3.1 所示，自 2000 年以来，4 个水稻主产省的水稻产量基本保持稳定增长的趋势，4 省的水稻单产也基本保持稳定增长的变化趋势（图 3.2）。

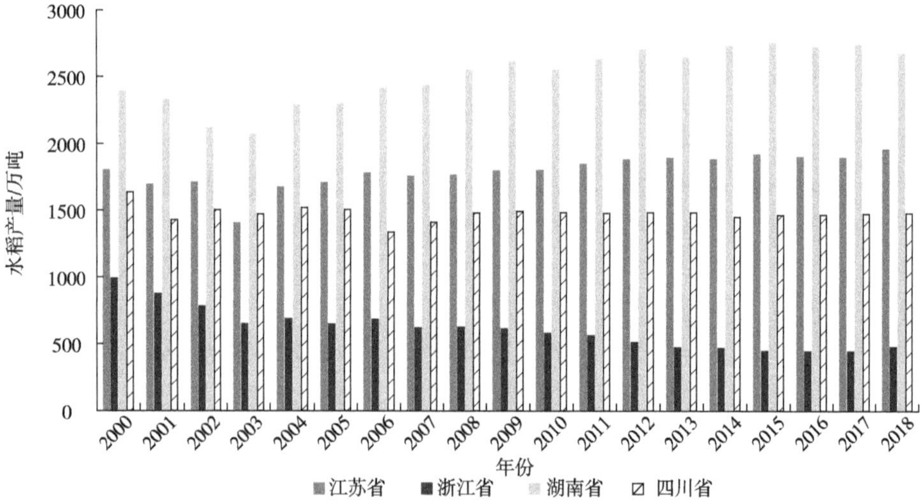

图 3.1　2000～2018 年四省水稻产量变化趋势图

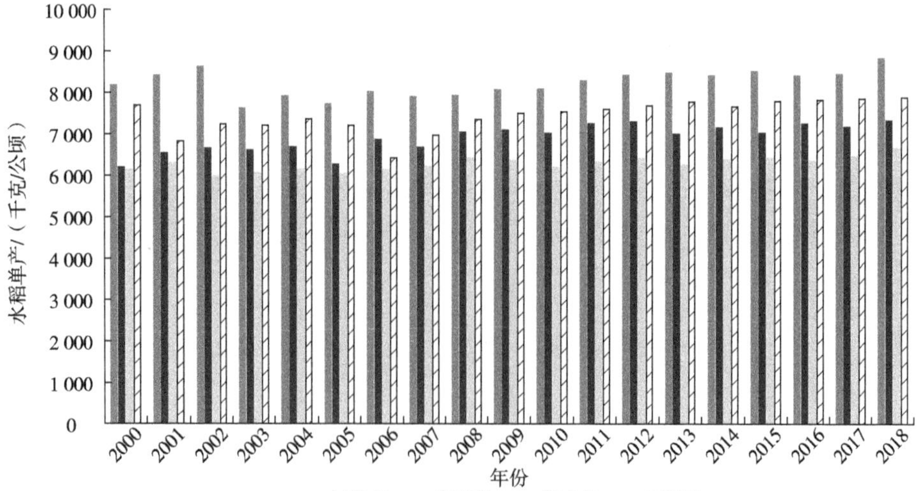

图 3.2　2000～2018 年四省水稻单产变化趋势图

（2）从水稻生产集中度来看，水稻生产集中度可以用于反映和衡量区域水稻生产对全国的贡献程度，一般可以把水稻生产集中度趋势分为收缩型、扩张型、稳定型及波动型四种类型。因此，本书将分别用水稻产量和水稻生产集中度两个指标，综合考察 4 个省份水稻生产的绝对量和相对量变化状况。在湖南省、四川省、浙江省、江苏省这 4 个省份中，由于受自然禀赋和社会条件等综合因素的影响，每个省份的水稻生产状况差别很大。从图 3.3～图 3.6 可以看出，湖南省、江苏省的水稻生产集中度趋势代表了稳定型，四川省的水稻生产集中度趋势代表了波动型，浙江省的水稻生产集中度趋势则作为收缩型的典型代表。整体而言，自改革开放以来，湖南省和江苏省水稻产量占全国总产量的比例保持稳定趋势，四川省水稻生产集中度整体呈波动下降趋势，而浙江省两条水稻生产趋势线整体呈现出明显的下降趋势，印证了浙江省作为全国第二大粮食主销区的事实。

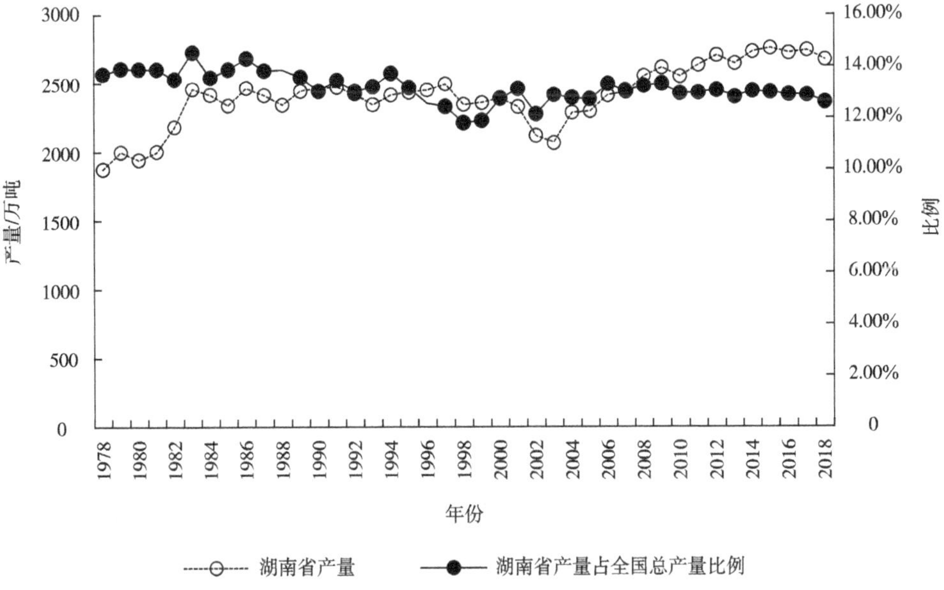

图 3.3　1978～2018 年湖南省水稻生产集中度变化趋势

（3）结合四省的实际情况来看，湖南省作为我国南方水稻生产大省之一，它在水稻新品种选育、改良及推广等方面一直名列前茅。此外，湖南省也是我国遭受干旱灾害最严重的省份，水稻生产经常受到高温干旱等极端气候的影响，高温干旱发生频次在全国居于首位。四川省不仅是我国种子供应基地，也是我国杂交水稻制种的优势区域，无论是制种面积，还是制种产量，四川省都位居全国第一，稳居全国生产优势地位，在全省乃至全国水稻用种方面发挥着

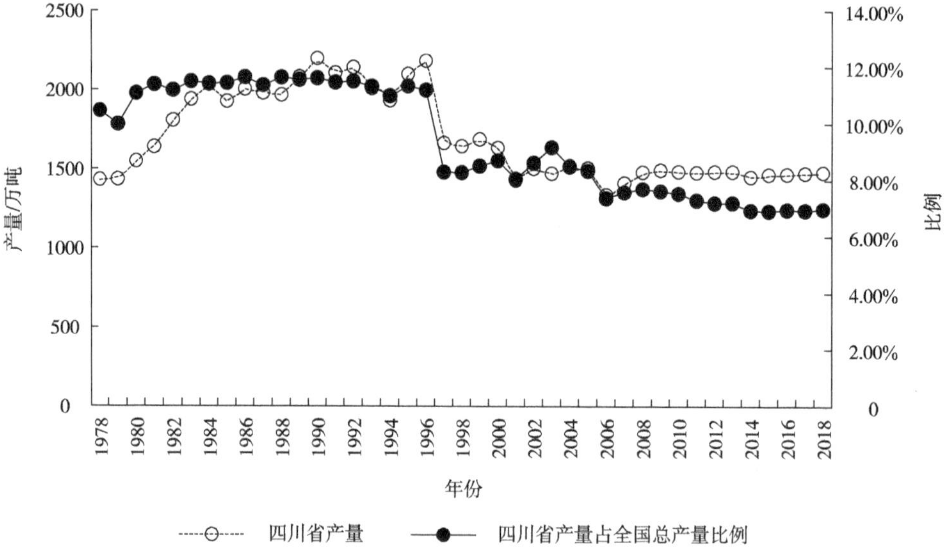

图 3.4　1978～2018 年四川省水稻生产集中度变化趋势

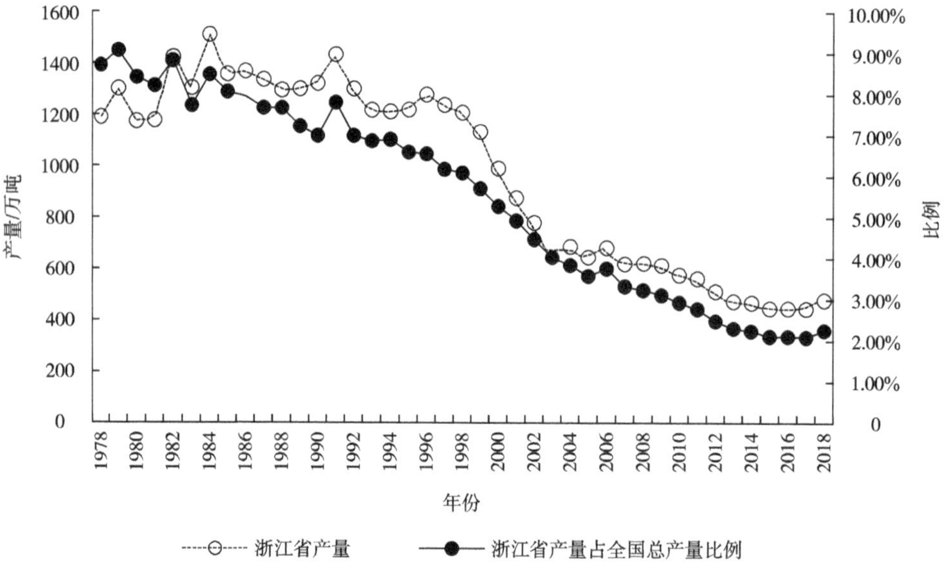

图 3.5　1978～2018 年浙江省水稻生产集中度变化趋势

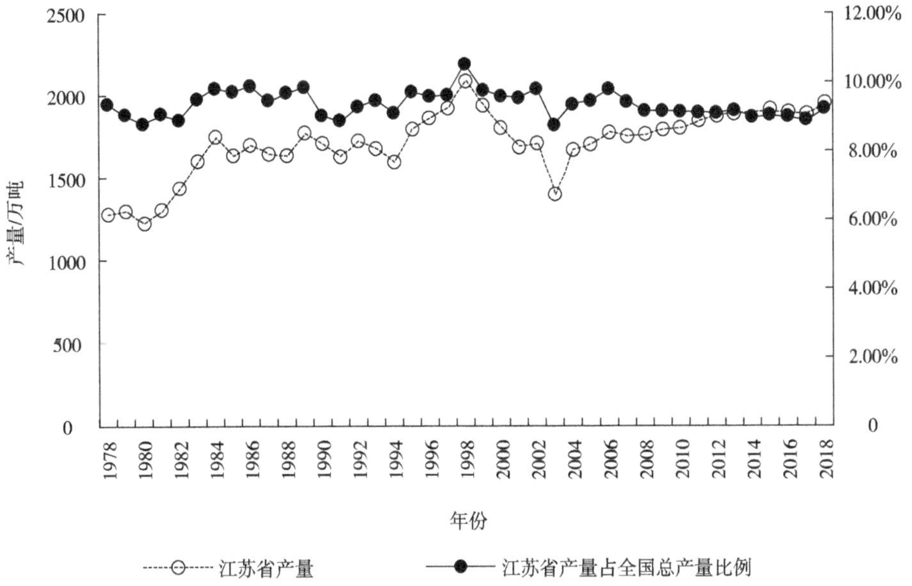

图 3.6　1978～2018 年江苏省水稻生产集中度变化趋势

举足轻重的作用。但同时，四川省也经常遭受干旱灾害、洪涝灾害，每年干旱、洪涝灾害给四川省的水稻产量造成了严重损失。江苏省作为我国水稻科技大省，其科技贡献率高达 50%，水稻单产水平一直稳居全国第一（徐德利，2009），而干旱灾害和洪涝灾害也是影响江苏省水稻生产的最主要的两种极端气候灾害。就粮食自给率而言，浙江省不到 45%（李凤博等，2011），并且目前浙江省水稻生产面临三大主要问题：一是稻农的成本收益效益较低。近年来，浙江省水稻生产面临耕地减少、歉收及不断上涨的生产成本三重矛盾，种粮积极性不高，一些地区频频出现双改单甚至撂荒耕地的情况。二是浙江省稻农的户均耕地面积比较少，限制了水稻生产规模的扩大，因而难以实现水稻生产的规模效益。三是浙江省近年来极端高温事件频繁发生，干旱极端气候事件给农业生产造成了重大损失。

二、问卷设计及样本特征描述

本章采用结构式问卷对水稻种植户开展入户调查，本书课题组于 2013 年 6 月完成了问卷设计、预调查及最后的修改。在此基础上，本书课题组于 2019 年 8～12 月重新对 4 个水稻主产省的农户展开追踪调查，按照第一轮 2∶3∶3∶2 的抽样比例，分别对湖南、四川、浙江和江苏 4 省农户展开追踪调查，但由于受到经费和时间限制，以及第一轮农户调查通信信息收集不完善等的影响，第二轮追踪调查共得到 143 份有效问卷。最后定稿的问卷主要包括以下四个方面。

第一部分是关于被调查稻农及家庭基本情况。主要包括户主特征（性别、受教育程度、水稻种植年限等）和农场特征（家庭规模、农业劳动力、家庭年总收入、土壤质量类型、水稻种地类型、是否为水稻科技示范户等）。这部分信息主要在农户个人一级收集。

第二部分是被调查村基本情况。主要包括村水稻种植情况、土壤肥力、村民人均年收入、水稻轮作情况、测土配方施肥，以及保护性耕作情况、村交通和通信条件。这部分信息在农户个人一级或水稻种植大户处收集。

第三部分是稻农水稻生产经营基本情况调查。主要包括水稻生产投入情况、水稻生产成本构成、水稻机械化程度、销售渠道、水稻培训、水稻种植技术，以及水稻生产面临的主要困难等。这部分信息主要在农户个人一级收集。

第四部分是关于稻农气候变化认知及基于认知的适应性行为选择情况。重点围绕主动适应性行为与被动性适应性行为两大类、八种主要适应性行为（如生产要素投入、品种选择、技术采用）而展开，主要由极端气候变化认知，以及采取的适应性行为、水稻品种采纳、技术采纳等方面的日常管理和相关技术采纳意愿等问题组成。这部分信息主要在农户个人一级收集。

问卷设计初稿形成后，首先，通过咨询浙江大学农业与生物技术学院教授等 5 位从事水稻研究和技术推广中心粮食作物省级首席专家①的意见，对问卷问项和术语加以改进。其次，2013 年 6 月底在杭州市萧山区开展了 30 份预调查，进而验证稻农对所提问题的理解程度和接受程度等。最终定稿的稻农气候变化适应性行为调查问卷详见附录一。

从第一轮 1057 份有效调查问卷看（表 3.1），81%的被调查稻农为男性，平均年龄为 48.35 岁，样本农户的平均受教育程度为初中，从事水稻种植的平均年限为 20 年，有丰富的种植经验。被访稻农家庭平均农业劳动力仅为 2 人，说明了调查区域内存在农户兼业化现象。进一步从家庭收入结构来看，样本农户家庭年均总收入集中在 5 万～10 万元，占 71.35%；其中，稻农的水稻收入占比平均为 10%～25%，进一步说明大部分样本农户属于水稻兼业户，且未加入任何产业组织形式。平均水稻种植面积为 15.44 亩，但农户类型多集中在 20 亩以下，且以种单季稻为主，稻田土壤肥力中等偏好，水稻亩产平均为 447.07 千克/亩。

---

① 浙江大学农业与生物技术学院张国平教授，浙江大学中国农村发展研究院杨万江教授，浙江省农业科学院金庆生、符建荣研究员，台州市黄岩区粮食作物省级首席专家林海忠对问卷涉及的专业知识和术语给予了修正。

表 3.1　样本特征基本描述（样本户数：1200）

变量名称	定义（或单位）	均值		标准差	
		第一轮 N=1057	第二轮 N=143	第一轮 N=1057	第二轮 N=143
户主性别	1=男；0=女	0.81	0.69	0.39	0.25
户主年龄	岁	48.35	45.24	11.74	8.94
受教育程度	1=小学及以下；2=初中；3=高中；4=大专；5=本科及以上	2.08	3.57	0.94	1.21
水稻种植年限	从事水稻种植的年数（年）	20.02	17.63	13.33	11.24
家庭农业劳动力数量	人	2.13	2.01	0.92	0.87
家庭年均总收入	1=＜5 万元；2=5 万～10 万元；3=10 万～15 万元；4=15 万～20 万元；5=≥20 万元	2.11	2.35	1.13	1.23
水稻收入占比	1=＜10%；2=10%～25%；3=25%～50%；4=50%～75%；5=≥75%	1.93	2.01	1.21	1.34
水稻种植面积	亩	15.44	12.91	126.51	97.62
水稻面积占总面积比重	%	77.14	65.14	26.80	23.15
水稻亩产量	千克/亩	447.07	570.67	115.35	132.13
稻田土壤肥力	1=较好；2=一般；3=较差	1.90	2.03	0.39	0.42
水稻种地类型	1=单季；2=双季	1.25	1.84	0.45	0.67
农户类型	1=＜5 亩；2=5～20 亩；3=20～100 亩；4=≥100 亩	1.85	1.96	1.08	1.32
加入产业组织类型	1=合作组织+农户；2=龙头企业；3=专业市场；4=其他	3.98	3.67	1.28	1.12

从第二轮 143 份追踪调查问卷看，69%的被调查稻农为男性，平均年龄为 45.24 岁，样本农户的平均受教育程度为高中，从事水稻种植的平均年限为 17.63 年。被访稻农家庭平均农业劳动力数量、家庭年均总收入、水稻收入占比基本与第一

轮调查结果持平。但是平均水稻种植面积略有下降，从 15.44 亩下降到 12.91 亩，农户类型多集中在 20 亩以下，且以种双季稻为主，稻田土壤肥力中等偏好。值得注意的是，稻农的水稻亩产比第一轮有了显著提高，从平均为 447.07 千克/亩上升到 570.67 千克/亩，水稻单产同比增加了 28%，这主要得益于农业技术进步、水稻品种改良及农业生产服务水平提高等因素。

第二节　稻农对气候变化的认知分析

一、气候变化的认知

本章通过设计问卷，采用结构式访谈形式调查了稻农对气候变化的认知情况，用问项“近 10 年，极端气候变化（干旱、洪涝等）是否明显？”来反映稻农对当地气候变化的认知情况，若稻农回答“明显”或“较为明显”，则反映稻农对气候变化有一定程度上的认知；反之，则表示稻农缺乏对气候变化的认知，具体分析如下。

（一）稻农对气候变化的认知差异

表 3.2 反映了第一轮（样本户数：1057）不同特征的稻农对气候变化认知的基本情况。从受访稻农的统计结果发现，其中 867 位（82.02%）稻农认识到了干旱、洪涝等极端气候变化，剩余不足 18%的稻农认为没有变化。在认识到气候变化的稻农中，从性别来看，大约 82.12%为男性，女性仅占 17.88%。从年龄来看，除 60 岁以上的稻农认知水平略微低外，80%不同年龄阶段的稻农对极端气候变化有一定的认知。此外，受教育程度与稻农对极端气候变化的认知程度成正比，具有更高教育水平的稻农，对极端气候变化的认知度更高。通常认为，稻农的水稻种植年限越长，对极端气候变化的认知越强烈，但从我们的调查统计结果来看，二者并没有明显的相关性，甚至出现了截然相反的结论，表 3.2 反映了务农年限 50 年以上的稻农认知到极端气候变化的比例仅占 2.88%，而务农年限在 20 年以下的比例高达 53.98%。这可能是由于被访者本身对极端气候变化主观感受差异而造成的。此外，第一轮调查结果显示：78.30%的被访问者认为当地近 10 年我国温度和降雨量发生了明显变化，46.09%的稻农感知到了气温变暖的趋势，22.67%的稻农感知到极端气候现象发生的频次和严重程度不断增加，28.85%的稻农感知到降雨量增加，仅有 2.39%的稻农认为近 10 年来我国降雨量减少了。

表 3.2　稻农对气候变化的认知情况（样本户数：1057）

特征	组别	认知到气候变化		未认知到气候变化		小计/人
		人数/人	占比	人数/人	占比	
性别	男	712	82.12%	144	75.79%	856
	女	155	17.88%	46	24.21%	201
户主年龄	30 岁以下	18	2.08%	0	0	18
	30～40 岁	70	8.07%	18	9.47%	88
	40～50 岁	324	37.37%	81	42.63%	405
	50～60 岁	242	27.91%	27	14.21%	269
	60 岁以上	213	24.57%	64	33.68%	277
受教育程度	小学及以下	395	45.56%	125	65.79%	520
	初中	350	40.37%	50	26.32%	400
	高中	77	8.88%	11	5.79%	88
	大专	32	3.69%	4	2.11%	36
	本科及以上	13	1.50%	0	0	13
水稻种植年限	10 年以下	215	24.80%	24	12.63%	239
	10～20 年	253	29.18%	56	29.47%	309
	20～30 年	194	22.38%	55	28.95%	249
	30～40 年	115	13.26%	18	9.47%	133
	40～50 年	65	7.50%	16	8.42%	81
	50 年以上	25	2.88%	21	11.05%	46

表 3.3 反映了第二轮（样本户数：143）不同特征的稻农对气候变化认知的基本情况。从受访稻农的统计结果发现，117 位（81.82%）稻农认识到了干旱、洪涝等极端气候变化，略低于第一轮的调查结果（82.02%）。在 117 位认识到气候变化的稻农中，从性别来看，大约 73%为男性，女性仅占 27%，相比于第一轮调查结果，女性对气候变化的认知更加敏锐。从年龄来看，80%不同年龄阶段的稻农对极端气候变化有一定的认知，除 60 岁以上的稻农以外。此外，受教育程度越高，稻农对极端气候变化的认知程度就越高，稻农的水稻种植年限与对极端气候变化的认知并没有呈现出明显的相关性，第二轮的调查结果与第一轮调查结果基本一致。此外，第二轮调查结果显示：82.15%的被访问者认为当地近 10 年我国温度和降雨量发生了明显变化，50.67%的稻农感知到了气温变暖的趋势，32.89%的稻农感知到极端气候现象发生的频次和严重程度不断增加，35.85%的稻农感知到降雨量增加。这说明，相比于第一轮调查结果，随着时间的推移，稻农对气候变化的感知与影响越来越敏感。

表 3.3　稻农对气候变化的认知情况（样本户数：143）

特征	组别	认知到气候变化		未认知到气候变化		小计/人
		人数/人	占比	人数/人	占比	
性别	男	85	72.65%	14	53.85%	99
	女	32	27.35%	12	46.15%	44
年龄	30 岁以下	3	2.56%	0	0.00%	3
	30～40 岁	10	8.55%	2	7.69%	12
	40～50 岁	45	38.46%	10	38.46%	55
	50～60 岁	31	26.50%	5	19.23%	36
	60 岁以上	28	23.93%	9	34.62%	37
受教育程度	小学及以下	51	43.59%	19	73.08%	70
	初中	49	41.88%	5	19.23%	54
	高中	10	8.55%	2	7.69%	12
	大专	5	4.27%	0	0.00%	5
	本科及以上	2	1.71%	0	0.00%	2
务农年限	10 年以下	27	23.08%	5	19.23%	32
	10～20 年	34	29.06%	8	30.77%	42
	20～30 年	37	31.62%	10	38.46%	47
	30～40 年	16	13.68%	2	7.69%	18
	40～50 年	1	0.85%	0	0.00%	1
	50 年以上	2	1.71%	1	3.85%	3

（二）稻农获取气象信息的渠道

为了进一步分析影响稻农对气候变化认知的差异，本章进一步调查了稻农获取气象信息渠道的具体情况。从稻农获取气象信息的渠道来看（图 3.7），在第一轮调查的 867 位认知到气候变化的稻农中，35.8%的稻农表示主要通过电视广播、报刊、电脑网络等途径来获取气象信息，18.7%的稻农依赖自身生产生活经验、靠自身摸索来获取气象信息，15.7%的稻农则通过与其他专业大户的交流获取气象信息，14.3%的稻农主要依靠政府部门的宣传获取气象信息。总的来说，样本调查区域内稻农认知气候变化的途径多样，除了依靠各类新闻媒体、政府宣传等途径，一些稻农也凭借自身的经验和自我摸索获取气象信息，并且发挥了很重要的作用。而第二轮调查结果显示（图 3.8）：在 117 位认知到气候变化的稻农中，57.34%的稻农主要通过与周围邻居交流获取气象信息，46.15%的稻农依靠各类新闻媒体，如电视广播、报刊、电脑网络等多种途径获取气象信息。这说明社会网络与电视媒体在农户日常生产行为中发挥着不可替代的作用，尤其是随着数字农村的不断推进，网络对农户生产行为的影响越来越重要。

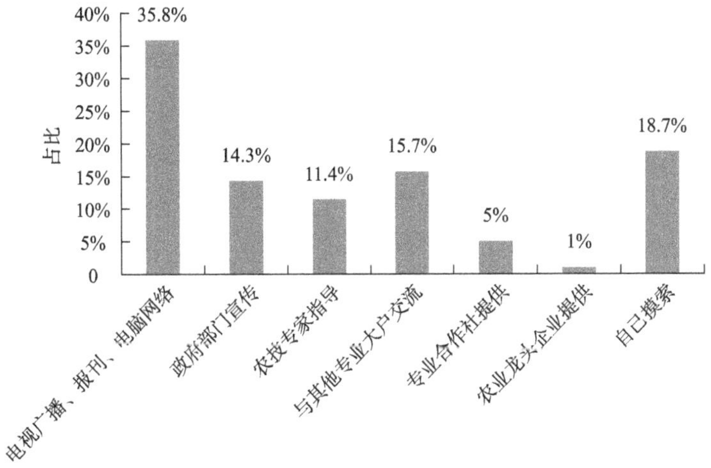

图 3.7　稻农获取气象信息的渠道（样本户数：867）

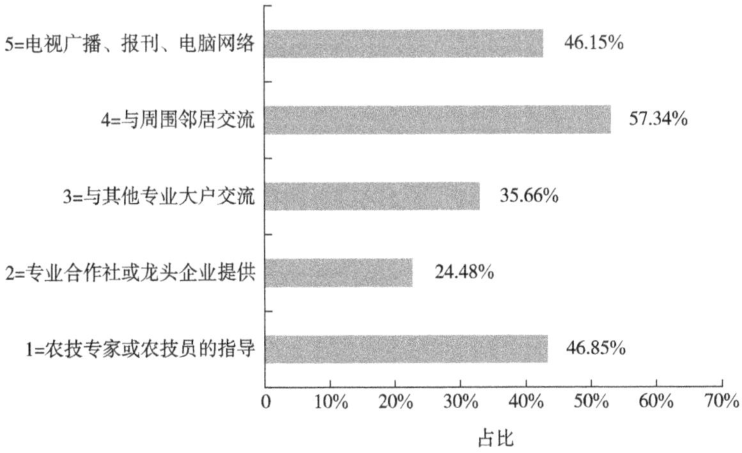

图 3.8　稻农获取气象信息的渠道（样本户数：117）

二、气候变化对水稻种植影响的认知

由于气候变化在一定程度上影响了水稻产量、稻田管理、耕作方式、种植熟制、灌溉等方面，因此在调查了稻农对气候变化认知的基础上，本书课题组进一步调查了稻农关于“气候变化对水稻种植的影响”的认知情况。

（一）气候变化对水稻种植的影响

第一轮调查结果显示，稻农关于“气候变化对水稻种植的影响”也表现出积极的回应。其中，一半以上的稻农（50.61%）认为气候变化对水稻种植的影响“十分明显”，24.28%的稻农认为“比较明显”，将近 3/4（74.89%）的稻农认为气候变化给我国水稻种植造成了重要影响。第二轮调查结果进一步显示：58.74%的稻农认为气候变化对水稻种植的影响“十分明显”，36.36%的稻农认为“比较明显”，高达 95%的稻农认为气候变化给我国水稻种植造成了不可估量的影响。这说明，绝大多数调查区域的稻农已经认识到了气候变化会对我国水稻生长产生不同程度的不利影响。

（二）气候变化对水稻种植影响的主要体现

调查结果显示，气候变化对我国水稻种植的影响主要表现在极端天气增多、病虫害增加、产量波动更大、耕种时间改变及无霜期增加等几大方面。从图 3.9 可以看出，样本调查区域内，27.01%的稻农认为极端天气对我国水稻种植的影响程度最大，31.99%的稻农则认为病虫害增加对水稻种植的影响程度最大，16.09%的稻农认为极端气候改变了水稻的耕作时间，14.94%的稻农认为极端气候给水稻产量造成了更大波动，8.24%的稻农则认为气候变化导致无霜期增加。此外，图 3.10 报告了水稻生产过程中遭受的主要气象灾害，58.04%的稻农报告了水稻生产过程中遭受的主要气象灾害是干旱灾害，48.95%的稻农则报告了水稻生产过程中遭受的主要气象灾害是洪涝等自然灾害，34.27%的稻农报告了水稻生产过程中遭受的主要气象灾害是台风暴雨，且近年来我国这三大类极端气象灾害的发生频次和强度呈现不断增加的趋势，给水稻种植带来的不利影响日益严重。由此可见，由气候变化引发的干旱、洪涝等自然灾害确实给我国水稻种植造成了严重的影响，并且调查区域内的稻农也普遍认识到了干旱、洪涝等极端气候对水稻种植产生了诸多不利影响。

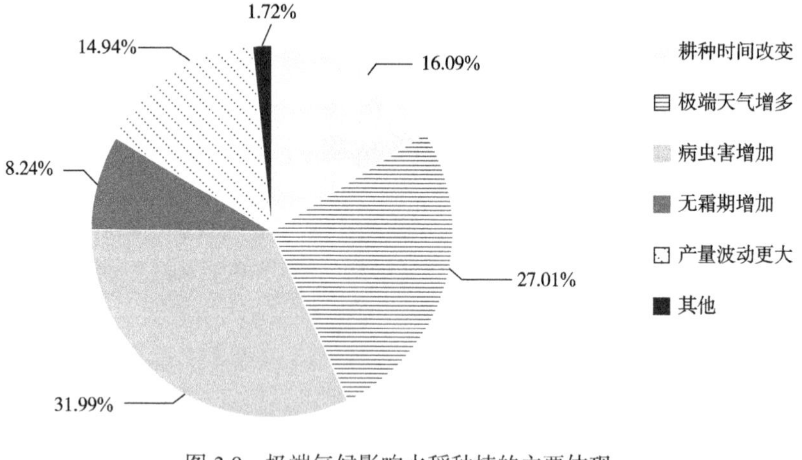

图 3.9　极端气候影响水稻种植的主要体现

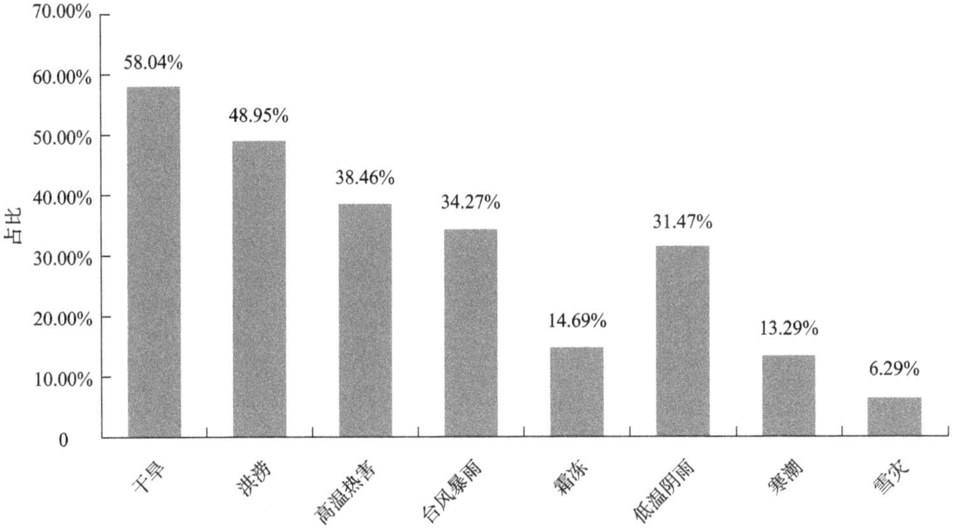

图 3.10　水稻生产过程中遭受的主要气象灾害

三、气候变化的表现及成因

气候变化主要通过温度、降水、极端天气等多方面表现出来，进而影响农户的感知和水稻生产行为。因此，我们进一步就稻农对当地极端气候变化采取的主要行为进行了具体调查。

（一）气候变化的主要表现

调查显示，调查区域内大多数稻农认为气候变化主要表现在温度上升、气候变暖，降雨减少、干旱增多，降雨增加、洪涝增多，极端气候现象时有发生等方面。在第一轮 867 位认知到气候变化的稻农中，接近一半的稻农报告了温度上升、气候变暖是当地气候变化的主要表现；19.96%的稻农报告了极端气候现象时有发生，其他稻农则报告了当地气候主要表现出降雨减少、干旱增多，降雨增加、洪涝增多等变化趋势（图 3.11）。而在第二轮 117 位认知到气候变化的稻农中，接近 3/4（73.43%）的稻农报告了温度上升、气候变暖是当地气候变化的主要表现；41.26%的稻农报告了当地气候主要表现出降雨减少、干旱增多，35.66%的稻农报告了极端气候现象时有发生，而 34.97%的稻农报告了当地气候主要表现出降雨增加、洪涝增多等变化趋势（图 3.12），第二轮与第一轮的调查结果基本吻合。

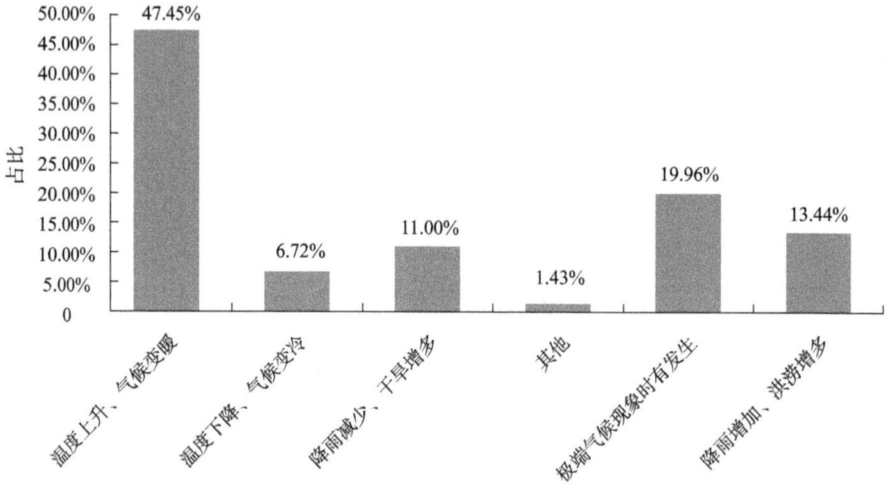

图 3.11　气候变化的主要表现（样本户数：867）

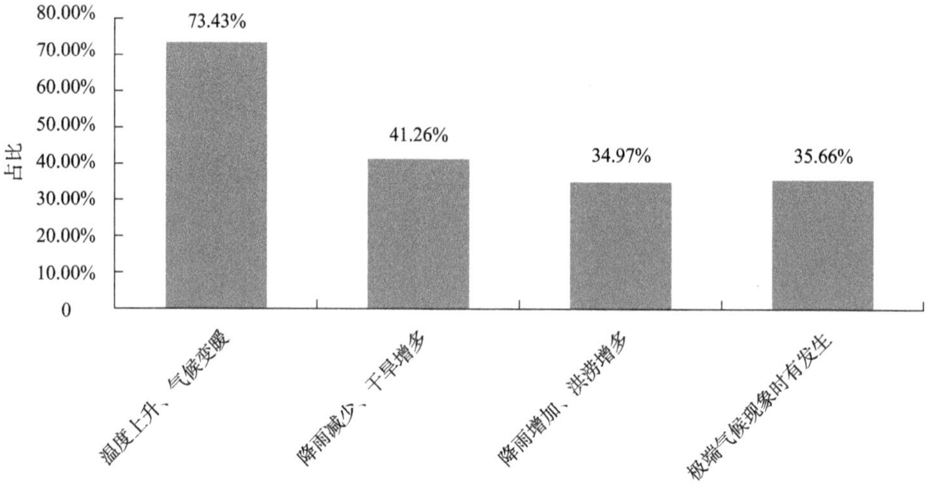

图 3.12　气候变化的主要表现（样本户数：117）

（二）气候变化的主要成因

在调查了稻农对气候变化主要表现的认知基础上，我们进一步调查了第一轮 1057 位受访稻农里面认知到气候变化的 867 位稻农和第二轮 143 位受访稻农里认知到气候变化的 117 位稻农关于“导致我国气候变化的主要原因”的看法。两轮调查统计结果显示，调查区域内 91.92%的稻农都有报告造成气候变化的源头，其中大部分稻农认为城市发展、工业废气排放、汽车尾气排放、农业面源污染、大气污染是引起气候变化的 5 个最主要原因。根据样本调查区域内的调查结果分析，调查区域内 55.67%的稻农认为城市发展是导致气候变化的主要原因，23.13%的稻农认为汽车尾气排放是导致气候变化的主要原因，18.82%的稻农认为工业废气排放是导致气候变化的主要原因。

第三节　基于认知的稻农适应性行为分析

稻农是否采取适应性行为取决于其对气候变化的认知程度。根据上文关于气候变化对水稻种植的影响可知，气候变化会对水稻产量、稻田管理、耕作方式、种植熟制、灌溉等方面造成很大影响，但同时也会促进水稻新品种、新技术的研发及应用。一般而言，为了减少气候变化对水稻生产的不利影响，减少气候变化造成的产量损失，农户通常会从不同层面采取适应性行为，从而有效应对气候变化，如通过增加生产要素投入、选用新品种、采用新技术，来减少气候变化可能给水稻生产带来的潜在产量损失。需要说明的是，适应性行为包括生产、生活多个方面，而本章所指适应性行为均指稻农的生产性适应性行为，在此进行统一说明。

一、稻农适应性行为的分类

本书结合样本区域实地调查资料，以及农户应对气候变化采取的适应性措施的特点，参考国内现有文献总结出的关于农户采取适应气候变化的主要措施的分类（吕亚荣和陈淑芬，2010；陈欢等，2014；吴婷婷，2015；李小云等；2015），采用德尔菲专家打分法，最后筛选出了得分最高的 8 种气候变化适应性行为清单。在此基础上，我们将这 8 种主要适应性行为列为我们调查问卷设计的主要气候适应性行为，从而对农户开展入户调查。参考 Smit 等（1999）提出的“适应性行为具有目的性”及吕亚荣和陈淑芬（2010）的分类标准，本书把稻农适应气候变化的行为分为两大类。第一类是主动适应性行为，顾名思义，这类适应性行为具有事前适应、主动的特点，本调查主要包括五种具体主动适应性行为：一是选用抗逆新品种，二是采用保护性耕作，三是修建基础设施，四是改善农田周边生态环境，五是购买农业保险。第二类是被动适应性行为，这类适应性行为表现得比较被动，通常表现为稻农在遭受极端气候影响后所采取的应对行为，具有事后适应、临时应对的特点。本调查被动适应性行为主要包括三种具体适应措施，分别是调整农时、增加化肥或农药投入、调整种植结构，具体情况见表 3.4。

表 3.4　稻农适应气候变化行为的具体统计分析

类型	具体措施	采用人数		采用比例	
		第一轮（N=1057）	第二轮（N=143）	第一轮（N=1057）	第二轮（N=143）
主动适应性行为	选用抗逆新品种	317	67	29.99%	46.85%
	采用保护性耕作	228	56	21.57%	39.16%
	修建基础设施	110	26	10.41%	18.18%
	改善农田周边生态环境	60	23	5.68%	16.08%
	购买农业保险*	40	22	3.78%	15.38%
被动适应性行为	增加化肥或农药投入	572	84	54.12%	58.74%
	调整农时	455	58	43.05%	40.56%
	调整种植结构**	181	60	17.12%	41.96%

注：农户采取的适应性行为可以选择多个

**表示既包括原来种双季稻，现改为种单季稻的农户，也包括退出农业生产的农户；*表示农户除对自然灾害保险有需求外，对农机保险也提出了强烈需求

二、稻农适应性行为的选择偏好

第一轮调查（样本户数：1057）结果表明，在上述 8 项主要适应性行为中，稻农倾向于首选“增加化肥或农药投入”，比例约占样本农户的 54.12%；其次，从高到低依次为“调整农时”“选用抗逆新品种”“采用保护性耕作”，所占比例分别为 43.05%、29.99%和 21.57%。然而，对于“修建基础设施”“改善农田周边生态环境”“购买农业保险”的采用比例则明显过低，比例分别仅占样本农户的 10.41%、5.68%、3.78%。这可能是因为修建基础设施的耗费大、投资高，存在较高的沉没成本；而改善农田周边生态环境一般需要花费较多的成本投入，超出了农户的支付能力范围，更多地由村集体或者乡镇政府承担，故稻农的采用比例很低。

第二轮调查（样本户数：143）结果表明，在上述 8 项主要适应性行为中，稻农对 8 项主要适应性行为的采用比例从高到低依次为“增加化肥或农药投入”（58.74%）、“选用抗逆新品种”（46.85%）、“调整种植结构”（41.96%）、“调整农时”（40.56%）、“采用保护性耕作”（39.16%）、“修建基础设施”（18.18%）、“改善农田周边生态环境”（16.08%）、“购买农业保险”（15.38%），与第一轮的调查结果相比，在 5 项主动适应性行为中，稻农对“选用抗逆新品种”与“采用保护性耕作”的采用比例显著提高了 16.86 个百分点与 17.59 个百分点，而对于“修建基础设施”“改善农田周边生态环境”“购买农业保险”的采用比例的增长幅度明显低于前两者，从某种程度说明了“选用抗逆新品种”与“采用保护性耕作”适

应气候变化的有效性。而在 3 项被动适应性行为中，与第一轮的调查结果相比，41.96%的稻农为了应对气候变化而选择“调整种植结构”，比第一轮的采用比例显著提高了 24.84 个百分点，“增加化肥或农药投入”的采用比例提高了 4.62 个百分点，进一步说明了我国稻农对气候变化的适应性行为表现得比较被动，通常表现为稻农在遭受极端气候影响后所采取的应对行为，具有事后适应、临时应对的特点。而对于“调整农时”的适应性措施的采用比例反而减少了 2.49 个百分点，表现出稻农对于这类适应性措施呈现出消极的态度。

鉴于气候变化会对水稻产量、耕作方式、生产条件、稻田管理等方面造成很大影响，同时也会促进水稻新品种、新技术的研发及应用，因此，本书主要考察气候变化对水稻产量、生产要素投入、品种选择及技术采用的影响。本书以下章节将重点围绕“增加化肥或农药投入”“选用抗逆新品种”“采用保护性耕作”这三种关键性适应性行为展开深入研究和实证分析。

三、稻农对政府提供适应性措施的期待

调查结果显示，稻农在水稻生产过程中会遭遇各种各样的自然灾害（干旱、洪涝、病虫害等），65%的稻农报告只依靠自己的生产经验来应对旱涝等自然灾害的不利影响，32%的稻农则报告是在政府的帮助下，并且结合实际经验来缓解旱涝等自然灾害对水稻生产的不利影响，2%的稻农可以完全依靠政府的力量来应对自然灾害风险。由此可以看出，目前农户在抵御自然灾害和寻求公共服务支持等方面，还存在较大的提升空间。

稻农在自己解决旱涝等自然灾害影响的同时，也期望政府能够帮助他们一起应对旱涝等极端气候灾害，提高水稻适应极端气候的能力。针对这一点，本章也调查了稻农对政府提供极端气候适应性措施的期待情况。从表 3.5 可以看出，稻农对政府的期望较大，各项政府行为都有较多农户支持，其中，大多数稻农希望政府通过设立专项资金、加强农田基本建设、加快应对气候变化的水稻技术研发和示范、加强基层农技推广和田间指导示范作用、及时提供气象信息服务、加大农民培训力度等 6 项政府行为来帮助他们提高水稻的极端气候适应能力，约占总调查样本的 40%～50%。这说明稻农对于资金、农田基本建设、专业培训及气象信息服务的需求比较高。而在调查稻农对于目前政府相关补贴政策满意度的过程中发现，稻农最希望提高种粮直补、良种补贴及农资综合补贴这三大项目。因此，政府应该及时了解农户对补贴项目的态度，对症下药，出台更加符合农户的补贴政策，从而满足农户的生产需求，提高其粮食生产的积极性。

表 3.5 稻农对政府提供适应性措施的期待情况（样本户数：1200）

政府行为	人数/人	比例	政府行为	人数/人	比例
设立专项资金	574	47.8%	及时提供气象信息服务	446	37.2%
加强农田基本建设	598	49.8%	加大农民培训力度	486	40.5%
加快应对气候变化的水稻技术研发和示范	467	38.9%	健全应对气候变化的体制机制	259	21.6%
加强基层农技推广和田间指导示范作用	491	40.9%	加强应对气候变化的知识教育和宣传力度	355	29.6%

第四节 稻农对生产新技术的采纳行为分析

随着科技的不断进步，我国水稻生产出现了多种新技术，主要包括抗病、耐热、耐旱水稻新品种培育技术，节氮精准施肥技术，浅湿干控制高产灌溉技术，减苗扩行高产栽培技术，免耕、少耕等保护性耕作技术，稻油、稻麦等间作套种耕作技术，标准化旱育秧与抛秧技术，病虫草害综合防治技术，全程机械化技术 9 项新技术。但由于农户自身教育水平、投入资本、新技术适应能力等一系列因素的差异，很多新技术对于一定条件约束下的农户而言并不可行。因此，为了更有效地推广生产环节各种新技术，我们调查了农户对这 9 项新技术的不同偏好程度。

一、稻农感兴趣的水稻生产新技术

第一轮调查（样本户数：1057）统计结果显示，如图 3.13 所示，调查区域内，稻农比较感兴趣的前三项水稻生产新技术分别为抗病、耐热、耐旱水稻新品种培育技术，免耕、少耕等保护性耕作技术，病虫草害综合防治技术。其中，20.25%的稻农对抗病、耐热、耐旱水稻新品种培育技术比较感兴趣，15.61%的稻农对免耕、少耕等保护性耕作技术比较感兴趣，14.47%的稻农对病虫草害综合防治技术比较感兴趣。仅有 2.74%的农户对稻油、稻麦等间作套种耕作技术有兴趣，3.22%的农户对浅湿干控制高产灌溉技术感兴趣，3.50%的农户对标准化旱育秧与抛秧技术感兴趣，5.01%的农户对节氮精准施肥技术感兴趣，5.30%的农户对减苗扩行高产栽培技术感兴趣，对全程机械化技术感兴趣的农户占总样本的 8.70%。

第二轮调查（样本户数：143）统计结果显示，如图 3.14 所示，调查区域内，稻农比较感兴趣的前三项水稻生产新技术分别为抗病、耐热、耐旱水稻新品种培育技术，病虫草害综合防治技术，全程机械化技术。其中，高达 65.73%的稻农对抗病、耐热、耐旱水稻新品种培育技术与病虫草害综合防治技术比较感兴趣，36.36%的稻农对全程机械化技术比较感兴趣，27.27%的稻农对节氮精准施肥技术比较感兴趣。

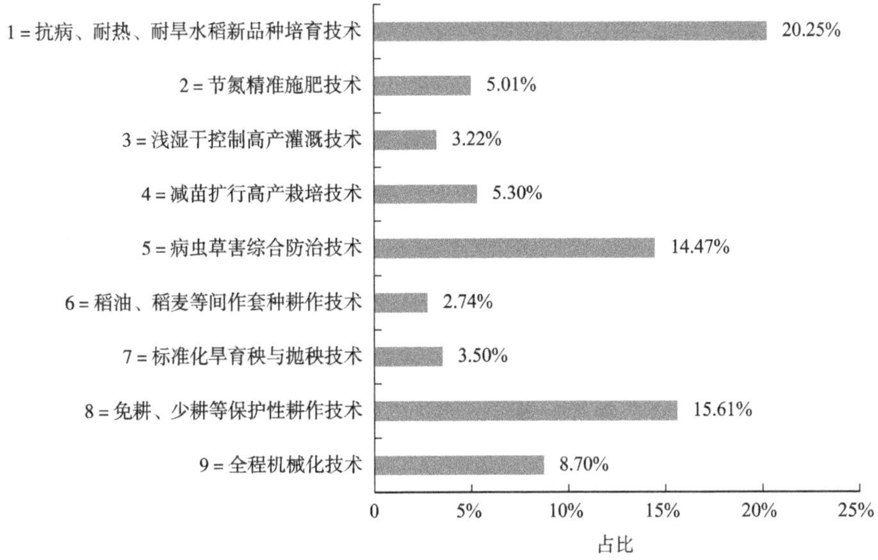

图 3.13　稻农感兴趣的水稻生产新技术统计情况（样本户数：1057）

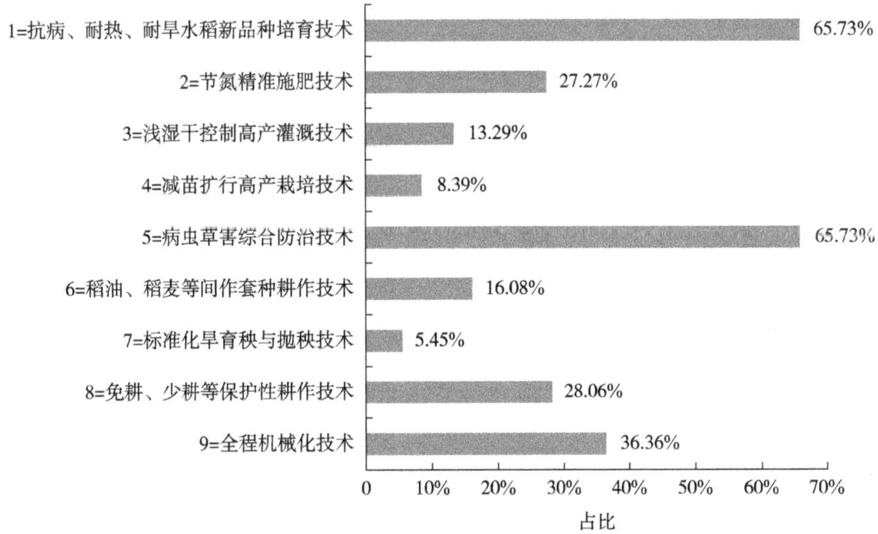

图 3.14　稻农感兴趣的水稻生产新技术统计情况（样本户数：143）

因此，从两轮调查结果可以基本判定多数稻农采用新技术都是结果导向型的，符合农户是理性“经济人”、以追求利益最大化为目标的“经济人”假设。近年来，极端气候导致的病虫害现象频发，加上高温等极端天气的影响，农户在水稻种植过程中，都偏好可以在短期内能最大程度提高水稻产量的新技术。

二、稻农水肥管理行为分析

从两轮调查结果分析得出，90.12%的农户没有参加过关于稻田水分管理或灌溉技术与模式的相关培训，50.12%的农户甚至也不想参加此类培训。通过与农户及当地农技推广人员的交流得知，农户对水分管理不感兴趣的原因主要包括：一是南方稻区根本就不缺水，且为集体用水，不需要付费，稻农对排灌系统的需求主要是洪涝季节的排水；二是高产栽培的水分管理方式涉及增加用工，对样本区域中的农户进行的各单项成本调查的问卷显示，88.95%的稻农认为人工费已经成为近年来各单项成本中上涨最快的，使得绝大多数农户不愿意采用上述高产栽培的水分管理方式；三是农技推广部门几乎没有设置单独的水分管理培训，且何时灌溉、何时排水确实缺少科学指导，故单独依靠农户采纳相应灌溉技术与模式较难。在肥料使用行为方面，1200 个有效样本农户中有 632 户稻农认为自家稻田土壤肥力状况较好。调查发现，绝大多数的水稻种植户都选择化肥和农家肥作为主要的肥料，92.48%的稻农参加过科学施肥（包括施肥种类、时间、数量）的培训，在被问及“过量施用化肥的负面效应”时，农户认为水稻品质恶化、土壤板结和酸化较严重，在可多选的情况下，分别占 46.12%、38.77%，农户普遍认为过量施用化肥会造成水稻倒伏；而关于过量施用化肥对地下水、大气、人体健康的影响农户认为没有影响或不知道的较多。测土配方施肥技术方面，在样本区域推广了测土配方施肥技术，稻农反映配方肥的效果非常好，86.44%的稻农认为配方肥节本增产效果明显。此外，本节还假设存在一项施肥技术能使施肥量减少 20%～30%，且不影响水稻产量，并调查了农户对于该项施肥技术的采纳决策。结果显示，35.5%的农户认为在农技推广部门推荐，并明确告知水稻生长不同阶段化肥施用种类、施用量的情况下最有可能会采纳该项技术；43.9%的农户表示要看邻居、亲戚、朋友施用后的效果才会采纳；16.3%的农户则认为某项新技术和管理措施如果操作简单，比较容易掌握，其最有可能会采用；而剩下的 4.3%的农户则对于新技术防治病虫草害的能力最为关注，提出若新的施肥技术和管理措施不会引起新的病虫草害，农户就极有可能采纳这些新的施肥技术。由此可以看出，农户对新技术的态度较保守，只有在权威机构推荐或亲眼见证新技术效果的情况下才可能实现；农户在采纳新技术时，对新技术的可操作性也比较看重。

三、稻农采纳新技术的态度

图 3.15 描述了稻农对采纳新农业技术或管理措施的态度。从两轮调查结果来看，有近 797 位（66.42%）稻农报告对于一项新的农业技术或管理措施，他们的态度是

在他人采纳后有效果后，他们才会采纳；24.49%的稻农报告对于一项新的农业技术或管理措施他们会立即采纳，而9.09%的稻农报告称等周围的人都采纳了，再采纳。具体而言，只有267位（约占22.25%）采纳了水稻生产新技术，而大部分稻农都不大愿意采纳新技术或持保留意见，这说明调查区域内大部分农户属于风险规避型。在采纳新技术的267位稻农中，其中144位认为采纳新技术对增产和抗虫害效果均明显，84位认为新技术对抗虫害的效果明显，而对于增产的效果来说却并不明显。对于采纳过新技术的267位稻农而言，新技术对于抗虫害的效果都比较明显，新的水稻生产技术有利于实现水稻生产的高产高效。而对于未采纳新技术的稻农，大约54.4%的稻农均报告只有在邻居采纳后效果好时，他们才会考虑采纳。这进一步地验证了我国大多数稻农属于风险规避型农户。因此，我国政府应该设立水稻科技示范户或建立试验田制度，通过科技示范户的亲身试验或试验田结果，来向农户证明采纳新技术可能带来的积极效果和经济效益的提高，以促进农户对新技术的采纳。

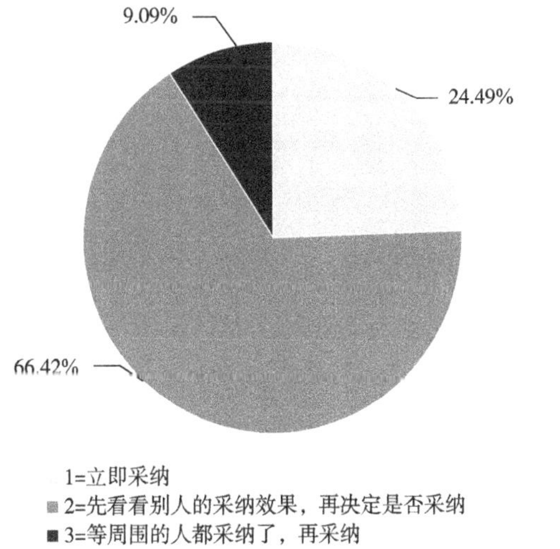

图 3.15　稻农对采纳新的农业技术或管理措施的态度（样本户数：1200）

四、稻农采纳新技术的影响因素

为了进一步考察稻农对新技术的采纳行为，本书还对影响稻农采纳新技术的因素进行了调查。调查结果显示，58.83%的稻农认为能否提高水稻产量是影响其决定采纳新技术的最重要因素，57.17%的稻农则表示资金投入是影响其做出技术采纳决策的最重要因素。除此以外，劳动投入（39.17%）、新技术现掌握难易程度（35.25%）及他人试验示范的效果（25.92%）也是农户决定是否采纳新技术的重要考虑因素（表 3.6）。与此同时，对于稻农而言，采用一项新技术最大的困难则是缺乏对新技术的专业性指导和劳动力投入成本过高。如果缺乏专业性指导，稻农普遍表示很难合理控制好操作新技术所需的时间，为此就需要稻农花费更多的时间和精力去学习新技术，进而适应新技术。因此，要想进一步改善农户对于新技术的采纳情况，政府首先必须从公共服务的角度出发，为农户提供更多的专业性指导与支持，同时政府也需要加大对新技术采纳初期的补贴力度，进而来缓解农户采纳新技术时的资金压力，提高农户采纳新技术的积极性。

表 3.6 稻农采纳新技术考虑因素统计（多项选择）（样本户数：1200）

考虑因素	人数/人	百分比	考虑因素	人数/人	百分比
资金投入	686	57.17%	是否有农技部门的培训和指导	148	12.33%
是否能提高水稻产量	706	58.83%	他人试验示范的效果	311	25.92%
是否能提高水稻品质	254	21.17%	是否有补贴等配套优惠政策	120	10.00%
是否能节省劳动投入	470	39.17%	是否需要购买新的农机具	91	7.58%
新技术现掌握的难易程度	423	35.25%	是否对环境有利	40	3.33%

第五节 稻农适应性行为选择的绩效评价

一、理论分析与研究假设

（一）农户个体特征

（1）农户性别（gender）。Tenge 等（2004）研究发现，受社会传统意识的影响和约束，女性在获取信息、土地等信息资源方面的能力有限。目前，随着近年来外出务工男性数量的不断上升，女性劳动力在农业生产中的作用不断加强。但如 Tenge 等（2004）的研究结果所示，女性在获取信息、资源等方面的能力仍弱于男性。因此，本章假设男性关于极端气候对水稻生产的影响有更强的认知。

（2）农户受教育程度（education）。一般而言，稻农的受教育水平越高，越容易认知到极端气候对水稻生产的不利影响。林毅夫（1992）认为，农户的受教育程度对其技术采纳有着积极的影响。因此本章假设，受教育程度越高的农户，其学习水稻种植新技术的能力越强、速度越快，对水稻生产过程中的气候变化情况感知程度也就越高。

（3）水稻种植年限（experience）。Kebede 等（1990）通过实证分析证明了农业生产经验与极端气候变化感知及技术采纳具有正向关系。务农年限越长的农户，对水稻种植越熟悉，对水稻生产过程中的气候变化情况感知程度越高，同时对极端气候变化对水稻生产的影响的认知程度也越高。

（二）农户家庭特征

（1）水稻种地类型（terrain）。相对于洼地和坡地种植水稻的农户而言，平原地区的气候变动幅度往往更小些，农户更难感觉到其气候变化情况。因此，本章假设在平原地区种植水稻的农户对气候变化对水稻生产的影响的感知程度更低或感知后采取适应性措施的可能性较小。

（2）水稻种植规模（size）。一般情况下，水稻种植规模越大，在遇到一定风险时所受到的影响会与规模呈比例关系，相应的表现也越突出。因此，本章假设水稻种植规模越大的农户家庭对于气候变化对水稻生产的影响的感知程度也越高，二者呈正相关关系。

（3）水稻收入占家庭总收入比重（percentage）。家庭收入水平代表了一个家庭的可使用金钱的多少，而对于水稻种植户而言，水稻收入占家庭总收入越高，说明在该家庭中水稻生产的重要性也越大。因此，本章假设水稻收入在家庭总收入的占比越高，稻农对极端气候变化越敏感，越容易感知到极端气候对水稻的影响。

（三）气象信息服务可获得性

已有研究发现信息获取、农户感知及适应性行为采用之间均呈现出正向关系（Huang et al.，2015；Hou et al.，2017）。对于稻农而言，获取信息的渠道较少，且许多稻农对于气象信息并不太关注，很大程度上依赖经验对气象进行判断。当地存在专门的气象信息服务，对农户了解气象信息有很大的帮助。因此，本章假设当地气象信息服务可获得性（warning）会正向影响稻农关于极端气候变化对水稻生产的影响。

（四）农户对气候变化的认知

气候变化是本书的研究重点，农户是否感知到气候变化是农户认知气候变化与水稻生产关系的先决条件，即在讨论影响农户认知气候变化与水稻生产关系时，首要前提是要农户意识到气候有所变化。因此，本章假定农户对气候变化的感知（perception）越强，农户认知到极端气候对水稻生产的影响就越大。

（五）是否遭受旱涝灾害

干旱和洪涝是影响我国最严重的气象灾害，因此，是否遭受干旱或洪涝灾害

（extreme）是衡量农户在水稻生产过程中是否遭受灾害的最直观反映。若遭受过干旱或者洪涝等气候灾害事件，势必会导致水稻减产，那么稻农感知气候变化对水稻生产影响的程度必然加深，进而做出采取适应性行为决策的可能性也相应提高。因此，本章假定水稻遭灾情况越严重，农户越可能感知气候变化对水稻生产的影响，采取适应性行为的概率也越大。

（六）气候变化适应性行为

本书通过文献检索和专家咨询，同时参考 Smit 等（1999）提出的"适应性行为具有目的性"及吕亚荣和陈淑芬（2010）的分类标准，整理出一套基于粮食数量安全的气候变化适应性行为清单，将稻农气候变化适应性行为划分为主动性适应性行为和被动性适应性行为两大类。其中被动性适应性行为包括调整农时、增加化肥或农药投入、调整种植结构这三种适应性行为；主动性适应性行为包括五种适应性行为，第一种是选用抗逆新品种，第二种是采用保护性耕作，第三种是修建基础设施，第四种是改善农田周边生态环境，第五种是购买农业保险。因此，本书将稻农的八种适应性行为分别设为虚拟变量：是否调整农时（1=采取；0=未采取），是否增加化肥或农药投入（1=采取；0=未采取），是否调整种植结构（1=采取；0=未采取），是否选用抗逆新品种（1=采取；0=未采取），是否采用保护性耕作（1=采取；0=未采取），是否修建基础设施（1=采取；0=未采取），是否改善农田周边生态环境（1=采取；0=未采取），是否购买农业保险（1=采取；0=未采取）。同时本章假设，稻农感知到气候变化后，通过采用以上八种适应性行为，有利于减少气候变化造成的产量损失，从而提高水稻生产的产量和收益。

二、模型构建

农户是否采取适应性行为取决于其对气候变化的感知程度，只有当农户先感知到气候变化，农户才会有可能或有动机地采取适应性行为，如调整生产行为或改变要素投入（Hou et al.，2015，2017；Tang et al.，2018）。因此，稻农做出气候变化适应性行为的采用决策的前提是稻农要感知到气候变化会对水稻种植产生影响。只有在稻农感知到气候变化影响水稻种植时，稻农才会有动机进一步采取适应气候变化的适应性行为。因此，本章认为稻农做出气候变化适应性行为的决策过程可以分为两个阶段，且两阶段具有先后顺序。第一阶段是稻农对"气候变化是否影响水稻生产？"的感知，第二阶段是稻农对"是否采取适应性行为"的决策。因此，本章采用二元 Logistic 模型对两个阶段的影响因素进行分析。

第一阶段关于稻农对"气候变化是否影响水稻生产？"的感知模型如下：

$$Y_1 = \alpha_0 + \alpha_1 \times \text{gender} + \alpha_2 \times \text{education} + \alpha_3 \times \text{experience} + \alpha_4 \times \text{terrain} + \alpha_5 \times \text{size} + \alpha_6 \times \text{percentage} + \alpha_7 \times \text{warning} + \alpha_8 \times \text{perception} + \varepsilon_1 \quad (3.1)$$

其中，被解释变量为稻农是否感知到气候变化对水稻生产的影响（1=是；0=否），解释变量分别选取了性别、受教育程度、水稻种植年限、水稻种地类型、水稻种植规模、水稻收入占家庭总收入比重、当地是否有气象信息服务及是否感知到气候变化 8 个变量作为可能影响稻农对极端气候变化对水稻生产影响感知状况的因素。

第二阶段关于稻农“是否采取适应性行为”的决策模型如下：

$$Y_2 = \beta_0 + \beta_1 \times \text{gender} + \beta_2 \times \text{education} + \beta_3 \times \text{experience} + \beta_4 \times \text{terrain} + \beta_5 \times \text{size} + \beta_6 \times \text{percentage} + \beta_7 \times \text{warning} + \beta_8 \times \text{extreme} + \beta_9 \times \text{perception} + \varepsilon_2 \quad (3.2)$$

其中，被解释变量为虚拟变量，表示稻农是否采取适应性行为（1=采取；0=未采取），解释变量中加入了是否遭受干旱或洪涝灾害这个虚拟变量，用来直观反映气候变化对稻农适应性行为的影响，具体变量定义和描述性统计分析结果详见表 3.7。

表 3.7　变量的定义和描述性统计分析结果

变量	代码	定义	均值	标准差
因变量（1）	Y_1	是否感知到气候变化对水稻生产的影响：1=是；0=否	0.75	0.48
因变量（2）	Y_2	是否采取适应性行为：1=是；0=否	0.72	0.35
因变量（3）	Y_3	成本收益比例：单位产值/单位成本	2.49	1.63
控制变量	gender	1=男性；0=女性	0.81	0.40
	education	1=小学及以下；2=初中；3=高中；4=大专；5=本科及以上	2.08	0.94
	experience	水稻种植年限（年）	20.02	13.33
	terrain	1=平原；0=洼地或坡地	0.68	0.52
	size	水稻种植规模	21.44	126.51
	percentage	1=＜10%；2=10%～25%；3=25%～50%；4=50%～75%；5=≥75%	1.93	1.21
	warning	当地是否有气象信息服务：1=有；0=无	0.51	0.49
	extreme	是否遭受干旱或洪涝灾害：1=是；0=否	0.64	0.25
	perception	是否感知到气候变化：1=是；0=否	0.82	0.35
交互式变量	perception× x_1	调整农时：1=采取；0=未采取	0.44	0.26
	perception× x_2	增加化肥或农药投入：1=采取；0=未采取	0.35	0.13
	perception× x_3	调整种植结构：1=采取；0=未采取	0.14	0.34
	perception× x_4	选用抗逆新品种：1=采取；0=未采取	0.25	0.49
	perception× x_5	采用保护性耕作：1=采取；0=未采取	0.18	0.37
	perception× x_6	修建基础设施：1=采取；0=未采取	0.08	0.12
	perception× x_7	改善农田周边生态环境：1=采取；0=未采取	0.05	0.23
	perception× x_8	购买农业保险：1=采取；0=未采取	0.03	0.05

一般而言，通常会采用两种方法来评估某种适应性行为是否有效：一种是自然实验法，也就是试验对照分析法，即通过设置和控制试验组、对照组两个实验组，然后对照分析比较两组实验下的相关结果；另一种是经济分析法。为了判断某种适应性行为的选择是否有效，通常的做法是通过将某种适应性行为构建成虚拟变量或者通过构建百分比，建立回归模型，量化分析采取某种适应性行为对净收益的影响程度，进而用来量化评估适应性行为选择的有效性。因此，本章参考陈欢等（2014）的方法，通过构建稻农的水稻成本收益比例[①]指标，来衡量和判断适应性行为选择的有效性。但是稻农对气候变化的感知情况是其采取适应性行为的先决条件，与基于感知而决定是否采取适应性行为之间两者关联性较强，所以比较合理的处理方法是通过构建稻农对气候变化感知与是否采取适应性行为的交互式变量，采用交互式回归模型，进而来分析稻农的气候变化感知对其采取适应性行为的影响[②]，以及对水稻种植成本收益比例的影响情况。因此，评估稻农适应性行为有效性的模型可以构建如下：

$$\begin{aligned} Y_3 = {} & \beta_0 + \beta_1 \times \text{gender} + \beta_2 \times \text{education} + \beta_3 \times \text{experience} + \beta_4 \times \text{terrain} \\ & + \beta_5 \times \text{size} + \beta_6 \times \text{percentage} + \beta_7 \times \text{warning} + \beta_8 \times \text{extreme} + \beta_9 \times \text{perception} \\ & + \sum_{i=1}^{8} \gamma_i \times \text{perception} \times x_i + \varepsilon_3 \end{aligned} \tag{3.3}$$

其中，被解释变量为水稻种植的成本收益比例（单位产值/单位成本）。其中，单位产值为单位面积平均产量和价格的乘积，生产成本统计包括雇工成本、租地成本、物资成本（化肥、农药）、机械作业费及其他成本。根据上文关于稻农适应性行为分类的分析，本章共选取了 8 项主要适应性行为，分别为①调整农时，②增加化肥或农药投入，③调整种植结构，④选用抗逆新品种，⑤采用保护性耕作，⑥修建基础设施，⑦改善农田周边生态环境，⑧购买农业保险，这 8 项适应性行为分别对应模型中的 $x_1, x_2, \cdots, x_8$，通过构建交互乘积项 perception×x_i（i=1,2,⋯,8），以此来衡量稻农基于认知而采取的适应性行为对水稻生产成本收益比例的影响程度。三个模型中各变量的具体定义和描述性统计分析结果如表 3.7 所示。

① 之所以选取稻农水稻生产的成本收益比例作为被解释变量，主要原因在于稻农作为理性经济人，他们能够在感知到气候变化的同时通过采取一定的适应性行为来最大程度减少损失，他们通过计算成本收益来决定其是否采用，因而收益成本比例可以作为一个比较合理的指标来测度适应性行为的有效性。

② 气候变化感知是农户采取适应性行为的先决条件，只有感知到气候变化的农户才会有可能采取适应性行为。然而，大田农业生产行为极易模仿，因而很可能导致同地区的适应决策趋同。因此，通过构建气候变化感知与适应性行为的交互项，利用交互式回归模型来甄别和判断稻农的适应性行为是在感知的基础上产生的。

三、实证结果分析

在估计模型（3.1）、模型（3.2）和模型（3.3）之前，为避免出现多重共线性问题，分别对三个模型进行了检验。我们对三个模型的方差膨胀因子（variance inflation factor，VIF）进行了计算，发现三个模型的 VIF 均远小于 10［模型（3.1）的平均 VIF 为 1.21；模型（3.2）的平均 VIF 为 1.22；模型（3.3）的平均 VIF 为 1.42］，因此不存在多重共线性问题。表 3.7 报告了三个模型的估计结果，且三个模型均在 1%的显著水平上通过了检验，说明了三个模型总体的有效性。同时，从模型拟合程度来看，模型（3.1）的 R^2 为 0.17，模型（3.2）的 R^2 为 0.19，模型（3.3）的 R^2 为 0.20。考虑到本章的调查数据为截面数据，故模型的拟合优度不是很高，但基本符合实证要求。

（一）影响稻农感知和采取适应性行为的因素分析

（1）表 3.8（第 2～5 列）显示，在模型（3.1）（气候变化是否影响水稻生产？）和模型（3.2）（是否采取适应性行为？）中，水稻收入占家庭总收入比重、气象信息服务、气候变化感知三个变量均通过了显著性检验，且显著性方向皆为正，说明水稻收入占比越高，稻农在水稻种植过程中对气候变化的感知可能越强，其原因在于水稻收入占比越高的家庭，其受气候变化的风险损失越大，从而对气候变化越关注；而由于水稻收入占家庭总收入比重较大，农户也更愿意尝试适应性行为来降低气候变化对水稻生产的负面影响。同时，气象信息服务通过显著性检验表明了气象信息服务不仅能有效提高农户对气候变化的感知意识和水平，而且能促进农户采取气候变化适应措施。

表 3.8 模型的估计结果

解释变量	模型（3.1） 气候变化是否影响水稻生产？		模型（3.2） 是否采取适应性行为？		模型（3.3） 适应性行为有效性	
	系数	*z* 值	系数	*z* 值	系数	*t* 值
常数	7.135*	1.69	0.052***	3.54	1.584***	7.39
性别	0.935	0.10	1.081	0.18	0.881	0.12
受教育程度	1.120	0.39	1.322*	1.71	1.102*	1.75
水稻种植年限	0.993	0.46	0.990	0.91	0.992	0.51
水稻种地类型	0.485	1.07	0.324***	3.07	0.434***	3.57
水稻种植规模	1.001	0.71	1.000	0.06	1.020	0.26
水稻收入占比	0.106*	1.86	1.477**	2.06	1.567**	2.27
气象信息服务	0.388**	2.08	0.716***	4.72	0.116***	3.72
是否遭受旱涝			1.959***	3.27	−0.559***	−3.17

续表

解释变量	模型（3.1）气候变化是否影响水稻生产?		模型（3.2）是否采取适应性行为?		模型（3.3）适应性行为有效性	
	系数	*z* 值	系数	*z* 值	系数	*t* 值
气候变化感知	5.80***	3.78	1.710***	3.19	0.710***	3.13
调整农时					0.094	0.65
增加化肥或农药投入					−0.298***	−4.19
调整种植结构					0.157	1.24
选用抗逆新品种					0.842***	2.79
采用保护性耕作					0.649***	3.49
修建基础设施					−0.391	1.49
改善农田周边生态环境					0.247	1.05
购买农业保险					0.364	1.89
Log Likelihood	−75.120 71		−115.681 16			
p > chi2 / F	0.000 2		0.000 0		0.000 0	
观测值	1057		1057		761	

***、**、*分别表示在 1%、5%和 10%水平上的显著性

（2）农户个体特征。性别对农户是否感知气候变化影响水稻生产和是否采取适应性行为的影响都不显著，但性别对二者的影响方向为正，说明男性相比于女性，在感知气候变化和采取适应性行为方面都有更积极的表现。

受教育程度对农户是否感知气候变化影响水稻生产不显著，原因是被调查样本的受教育程度集中在初中及初中以下，对整体的说服力不足；但受教育程度对是否采取适应性行为的影响显著，且对二者的影响方向为正，这也表明了农户文化程度越高，农户掌握和分析气象信息、适应适应性行为的能力越强，越容易感知到气候变化并积极采取适宜的适应性行为措施。

水稻种植年限对农户关于气候变化是否影响水稻生产的感知和是否采取适应性行为的影响都不显著，但对二者的影响方向为正，说明水稻种植年限越长的农户，其从事水稻生产的经验越丰富，对气候变化感知越敏感，更有可能采取适应性行为。

（3）农户家庭特征。水稻种地类型对农户是否感知气候变化影响水稻生产不显著，但显著影响稻农对适应性行为的采取情况，这可能是由于相较于洼地或坡地的农户，平原地区的农户采取适应性行为的成本相对更低，因此处在平原地区的农户更愿意采取适应性措施。

水稻种植规模对农户是否感知气候变化影响水稻生产不显著，对是否采取适应性行为没有影响，可能的原因是被调查农户的水稻种植规模都相对较小，

尚未形成规模优势，对农户对气候变化的感知及适应性行为采纳决策的影响程度不高。

（二）适应性行为有效性分析

（1）表 3.8（第 6 列）显示，在模型（3.3）（适应性行为有效性）中，“增加化肥或农药投入”（perception× x_2 ）显著负向影响水稻生产的成本收益比例，具体而言，稻农每增加 1%的化肥或农药投入，会相应地使得水稻成本收益比例减少约 0.298%。可能的解释是，如果稻农加大对化肥或农药等物资的投入，很明显会增加生产要素的投入成本，且现实中我们大多数农户依靠粗放式的要素投入，并不太计较成本收益，因为过多的化肥或农药投入很可能会降低水稻生产的净收益水平。值得注意的是，那么为什么大部分农户会倾向于选择“增加化肥或农药投入”来适应气候变化呢？很大的可能是农户在遭遇气候异常时，如病虫害暴发，一般稻农普遍倾向于加大对农药的用药频率和用药密度，粗放式的要素投入或者说不科学的用药方式势必会造成生产要素投入的浪费与利用效率的降低，从而增加了生产成本，导致成本收益偏离的现象。

（2）“选用抗逆新品种”（perception× x_4 ）对水稻成本收益比例的影响显著为正。也就是说，农户对新品种的选用比例每增加 1%，将提高其水稻成本收益比例 0.842%，说明选用抗逆性强的新品种可以有效提高水稻产量，进而增加水稻种植收益。

（3）“采用保护性耕作”（perception× x_5 ）明显提高了水稻成本收益比例。稻农对保护性耕作的采用比例提高 1%，将会提高水稻成本收益 0.649%，验证了采用水稻生产新技术应对极端气候的有效性。采用保护性耕作为保障稻农的经济收益提供了技术支持。

（4）“调整农时”（perception× x_1 ）和“调整种植结构”（perception× x_3 ）两者对水稻的成本收益比例的影响均呈现出不显著的关系，但大于 0 的回归系数估计值一定程度上反映了通过调整农时和种植结构来适应极端气候会对水稻经济收益产生积极影响。

（5）“修建基础设施”（perception× x_6 ）对水稻成本收益比例的影响不显著，但参数估计值符号为负，可能的原因为农户在修建和完善基础设施的过程中所需要的成本较高，同时存在水电费等负担，对成本的影响较大；而修建基础设施对农户收益的改善是需要长期来体现的，故在短期内修建和完善基础设施反而使农户的成本收益比例下降。

（6）“改善农田周边生态环境”（perception× x_7 ）对水稻成本收益比例的影响不显著，但参数估计值符号为正，可能的原因为改善农田周边生态环境有利于降低环境污染对极端气候变化的影响程度，同时还有效减少了病虫害威胁，提高了农户水稻种植的收益。

（7）“购买农业保险”（perception× x_8 ）对水稻成本收益比例的影响不显著，但参数估计值符号为正。购买农业保险能对农户水稻生产的收益有所保障，即使农户在水稻种植过程中受到自然灾害影响，购买农业保险这一措施也可降低农户在遭受自然灾害时所遭受的损失。

（8）控制变量中，水稻收入占家庭总收入比重、气象信息服务、气候变化感知和水稻种地类型对水稻成本收益的影响显著为正，表明在其他条件不变的情况下，水稻收入占家庭总收入比重、气象信息服务、气候变化感知和水稻种地类型会对水稻的经济收益产生显著积极影响，并且水稻收入占家庭总收入比重、气象信息服务、气候变化感知及水稻种地类型的程度每增加 1%，将分别使水稻成本收益比例提高 1.567%、0.116%、0.710%、0.434%。

第六节　本 章 小 结

本章以对湖南省、四川省、浙江省、江苏省 4 个省份水稻种植户的调查为基础，利用大规模的农户调研截面数据，借鉴国外学者的研究思路，采用描述性统计分析、计量分析和定性分析相结合的方法，系统分析了浙江省、江苏省、湖南省和四川省 4 省稻农对气候变化的认知、采取的适应性行为及影响稻农气候变化适应性行为的重要因素，实证分析了影响稻农气候变化适应性行为的关键因素，并从经济学角度出发，利用交互式回归模型评估了稻农气候变化适应性行为的有效性，从而识别出了稻农的三种关键性适应性行为（增加化肥或农药投入、选用抗逆新品种、采用保护性耕作）。本章研究结果如下。

第一，稻农对气候变化的认知情况。第一轮调查结果显示，一半以上的稻农（50.61%）认为气候变化对水稻种植的影响“十分明显”，24.28%的稻农认为“比较明显”，将近 3/4（74.89%）的稻农认为气候变化给我国水稻种植造成了重要影响。第二轮调查结果进一步显示：58.74%的稻农认为气候变化对水稻种植的影响“十分明显”，36.36%的稻农认为“比较明显”。此外，大多数农户认为病虫害增加和极端天气对水稻的种植影响程度最大，分别约占调查样本的 31.99%和 27.01%。进一步地，58.04%、48.95%、34.27%的样本农户分别报告了极端气候变化主要体现在干旱、洪涝、台风暴雨等自然灾害的频频出现，且近年来这三大类自然灾害呈现不断增加的趋势，对水稻种植的不利影响日益严重。稻农获取极端气象信息的途径多样，除了各类新闻媒体、政府宣传、与其他农户交流等途径外，依靠自身经验或靠自己摸索也是稻农获悉气象信息的重要途径。大多数稻农主要依赖自身经验来解决干旱或洪涝等自然灾害，大部分稻农表示只有在他人采纳后有效果后才会考虑采纳新技术，并且稻农比较看重新技术的可操作性。此外，面对水稻生产过程中遇到不同灾害时，65%的农户报告只依靠自己的生产经验或逐步试验来解决灾害影响，32%的农户选择在政府的帮助下结合实际经验来解决灾害对生产的影响，而仅仅只有2%的农户在遭受自然灾害时可以完全依靠政府的力量来解决问题。由此可以看出，目前政府在自然灾害保护上的作用还未能很好地发挥。为提高气象灾害背景下政府的参与程度，进一步调查农户希望政府提供何种措施来减少损失时的结果显示，设立专项资金、加强农田基本建设、加快应对气候变化的水稻技术研发和示范、加强基层农技推广和田间指导示范作用、及时提供气象信息服务、加大农民培训力度等6项政府行为的认可度较高，达被调查农户总数的40%～50%。而在调查农户对于目前政府出台的相关补贴政策的满意度时，统计发现种粮直补、良种补贴及农资综合补贴是农户最希望提高补贴力度的三大项目。因此，政府应该及时了解农民对补贴项目的态度，出台更加符合民意、对症下药的补贴政策，满足农民的生产需求，提高其生产的积极性。

第二，稻农的适应性行为选择情况。为了应对气候变化给水稻生产带来的不利影响，大多数稻农对简单容易操作、成本低且利己的适应性行为比较青睐，这可能是因为修建基础设施的耗费大，投资高，存在较高的沉没成本；由于改善农田周边环境具有较强的环境效益，其采用成本远远超出了农户的支付能力，因而大部分农户的采用比例非常低，这种适应性行为往往由村集体或者乡镇政府承担。第一轮调查结果表明：稻农倾向于首选“增加化肥或农药投入”，比例约占样本农户的54.12%；其次，从高到低依次为“调整农时”（43.05%）、“选用抗逆新品种”（29.99%）、“采用保护性耕作”（21.57%）、“调整种植结构”（17.12%）、“修建基础设施”（10.41%）、“改善农田周边生态环境”（5.68%）、“购买农业保险”（3.78%）。第二轮调查结果进一步显示：稻农对8项主要适应性行为的采用比例从高到低依次为“增加化肥或农药投入”（58.74%）、“选用抗逆新品种”（46.85%）、“调整种植结构”（41.96%）、“调整农时”（40.56%）、“采用保护性耕作”（39.16%）、“改善农田周边生态环境”（16.08%）、“修建基础设施”（18.18%）、“购买农业保险”（15.38%）。与第一轮的调查结果相比，在5项主动适应性行为中，稻农对“选用抗逆新品种”与“采用保护性耕作”的采用比例显著提高了16.86个百分点与17.59个百分点，而对于“修建基础设施”“改善农田周边生态环境”“购买农业保险”的采用比例的增长幅度明显低于前两者，从某种程度说明了“选用抗逆新品种”与“采用保护性耕作”适应气候变化的有效性。而在3项被动适应性行为中，与第一轮的调查结果相比，41.96%的稻农为了应对气候变化而选择调整种植结构，比第一轮的采用比例显著提高了 24.84%，“增加化肥或农药投入”的采用比例提高了 4.62 个百分点，进一步说明了我国稻农对气候变化的适应性行为表现得比较被动，通常表现为稻农在遭受极端气候影响后所采取的应对行为，具有事后适应、临时应对的特点。而对于“调整农时”的适应性措施的采用比例反而减少了 2.49%，表现出稻农对于这类适应性措施呈现出消极的态度。

第三，稻农适应性行为的关键因素识别。水稻收入占家庭总收入比重、气象信息服务、气候变化感知三个变量均通过了显著性检验，且显著性方向皆为正，说明水稻收入占比越高，稻农在水稻种植过程中对气候变化的感知可能越强，其原因在于水稻收入占比越高的家庭，其受气候变化的风险损失越大，从而对气候变化越关注；而由于水稻收入占家庭总收入比重较大，农户也更愿意尝试适应性行为来降低气候变化对水稻生产的负面影响。同时，气象信息服务通过显著性检验表明了气象信息服务不仅能有效提高农户对气候变化的感知意识和水平，而且对促进农户经济采取气候变化适应措施也有重要作用。此外，水稻收入占家庭总收入比重、气象信息服务、气候变化感知和水稻种地类型对水稻成本收益的影响显著为正，表明在其他条件不变的情况下，水稻收入占家庭总收入比重、气象信息服务、气候变化感知和水稻种地类型会对水稻的经济收益产生显著积极影响，并且水稻收入占家庭总收入比重、气象信息服务、气候变化感知及水稻种地类型的程度每增加 1%，将分别使水稻成本收益比例提高 1.567%、0.116%、0.710%、0.434%。

第四，稻农适应性行为的有效性分析。通过构建交互式回归模型，识别得出了稻农三项关键性的极端气候适应性行为，依次为“增加化肥或农药投入”“选用抗逆新品种”“采用保护性耕作”。实证结果显示，“增加化肥或农药投入”与水稻成本收益比例呈现出显著的负相关关系，稻农对化肥农药投入比例增加 1%，将减少 0.298%的水稻成本收益比例。这说明在遭遇气候异常时，如病虫害暴发，一般稻农普遍倾向于加大对农药的使用频率和使用密度，这种不科学的用药方式或者说粗放式的要素投入势必会导致生产资料的浪费，增加了生产成本。“选用抗逆新品种”对水稻成本收益比例的影响显著为正，稻农对新品种的选用比例增加 1%，将会提高 0.842%的水稻成本收益比例，说明选用抗逆性强的新品种有利于提高水稻产量，实现水稻种植收益的提高。“采用保护性耕作”与水稻成本收益比例呈现正相关关系，稻农对保护性耕作采用比例增加 1%，将会提高 0.649%的水稻成本收益比例，说明采用保护性耕作适应极端气候的有效性，其为稻农的经济收益提供了技术支持。

综上，本章采用描述性统计分析、计量分析和定性分析相结合的方法，实证分析了影响稻农气候变化适应性行为的关键因素，利用交互式回归模型评估了稻农气候变化适应性行为的有效性，识别得出了农户的三种关键性适应性行为（增加化肥或农药投入、选用抗逆新品种、采用保护性耕作），为下文进一步从农产品数量安全和质量安全双重视角分析影响农户三种关键性适应性行为（品种选择、技术采用、要素投入）的关键因素及其效应做好了铺垫。

第四章　数量安全视角下气候变化对农业高质量生产转型影响的研究

大量研究表明，气候变暖会加大对化肥、农药等生产要素的投入，从而导致水稻种植成本的增加（丁一汇等，2009；周洁红等，2017；Tang et al.，2018）。另外，随着旱涝等极端气候灾害的频繁发生，为了有效适应或应对极端气象灾害，会刺激对水稻生产技术投资的增加，从而推动水稻生产技术的研发，提高水稻生产技术的采纳水平，这一系列适应技术主要包括水稻品种选育和改良、耕作技术改进、精准施肥管理等（尹朝静，2017；唐利群等，2017）。基于此，本章将基于农产品数量安全视角，选取水稻为研究对象，分别从农户对品种选择和保护性耕作技术采用两种适应性行为出发，开展气候变化对农产品数量安全及生产转型的关键因素识别及效应评估研究。

第一节　气候变化对稻农品种选择行为的影响及效应评估

以干旱和洪涝为主要特征的极端气候是制约水稻生产效率提高的主要因素之一。品种选用作为稻农应对气候变化的适应性措施之一，有利于缓解气候变化对水稻造成减产的不利影响（Zhou et al.，2018；唐利群等，2017；唐利群，2018）。一些研究已验证了可能影响农户采用作物品种的因素，蒙秀峰等（2005）通过研究发现广西农户在做出种子购买决策时，他们最关心的是产量情况，因此得出农户是否选择新品种主要取决于采用新品种能否实现农户收益最大化的结论。袁涓文和颜谦（2009）通过对贵州山区杂交玉米推广状况的案例研究发现，农户选择玉米新品种时除了考虑高产外，劳动力状况、市场因素、传统种植习惯、风险意识等诸多因素也影响农户对新品种的接受意愿。曹熔琨（2011）通过分析油菜种植户对新品种的采用行为发现，是否高产是农户采用新品种的决定性因素，并且劳动力人数和年龄也会影响农户对新品种的采用行为。此外，由于抗逆作物品种的生长期更短，且耐旱、耐高温等抗逆性能力更强，近年来学术界出现了大量关于抗逆作物品种的研究文献（Lybbert and Bell，2010），以水稻品种为例，与现有的高产水稻品种相比，抗逆品种普遍有高达 5%～28%的增产潜力（Virk and Witcombe，2007；Pray et al.，2011；Zhou et al.，2018）。然而，这些研究都没有考虑气候因子对农户应对气候变化适应性行为的影响。

鉴于气候变化对水稻生产的严重影响和抗逆品种在应对极端气候时的潜在作用，深入分析影响稻农采用抗逆品种的重要因素，以及评估农户采用行为对水稻产量的影响，显得尤为重要。本章旨在探索稻农如何通过采用抗逆品种来适应气候变化，并且评估稻农的采用行为对水稻产量的影响。本章具体目标主要包括以下三个方面：第一，深入考察不同严重程度的极端气候（不同受灾减产比例）对水稻单产的影响，以及稻农如何通过采用抗逆品种来适应极端气候。第二，识别出影响稻农采用抗逆品种的影响因素。第三，评估稻农是否采用抗逆品种对水稻单产的影响。

一、理论分析与模型设定

学术界评估气候变化对农业生产影响的研究主要分为两大主流方法：一种是李嘉图模型，它隐性地将可观察到的或不可观察到的农户所有的适应措施纳入分析框架中，进而来估计气候变化对农户农业生产活动的影响（Deschenes and Greenstone，2007；Wang et al.，2009）。另一种是生产函数法，它明确地将适应性行为纳入生产过程中（Holst et al.，2013），可以更为灵活地反映和揭示农业生产风险，目前已被广泛应用于农业经济学领域来模拟天气风险等风险管理。因此，我们假定农户采用适应措施是 Hicksian 技术中性的并且是外生的，参考 Wooldridge（2010）和 Zhou 等（2018）把 ATE 模型定义为

$$\log y=\beta_0+\tau A+X\beta+A\left(X-\overline{X}\right)\gamma+\mu \tag{4.1}$$

其中，y 表示水稻单产（千克/公顷）；A 表示农户是否采用适应措施的虚拟变量（1=采用；0=未采用）；τ 表示 ATE；X 表示一组解释变量；$\overline{X}$ 表示所有解释变量的平均值；β 和 γ 表示待估参数；μ 表示残差项，并且满足 $E(\mu)=0$。

根据理论模型的分析，同时借鉴国内外学者在农民技术采纳行为相关研究中所提出的各种内外部因素，本章中影响稻农采用抗逆品种行为的主要因素有农场特征、生产投入要素及农户社会人口统计特征等。本章在实证分析中选取的自变量 X 分为四大类：①农场特征，包括户主特征（性别、受教育程度、水稻种植年限），

家庭规模，家庭年总收入，土壤质量类型（低质量、中等质量、高质量）和水稻种地类型（单季、双季）；②生产投入要素（劳动力、土地、化肥和农药、机械服务、其他投入），具体以 log 形式表示；③年份虚拟变量；④省份虚拟变量（省级固定效应），用来控制各省份不随时间变化而变化的不可观测因素。因此，在 Hicksian 技术中立条件下，农户采用行为的 ATE 如图 4.1 所示。

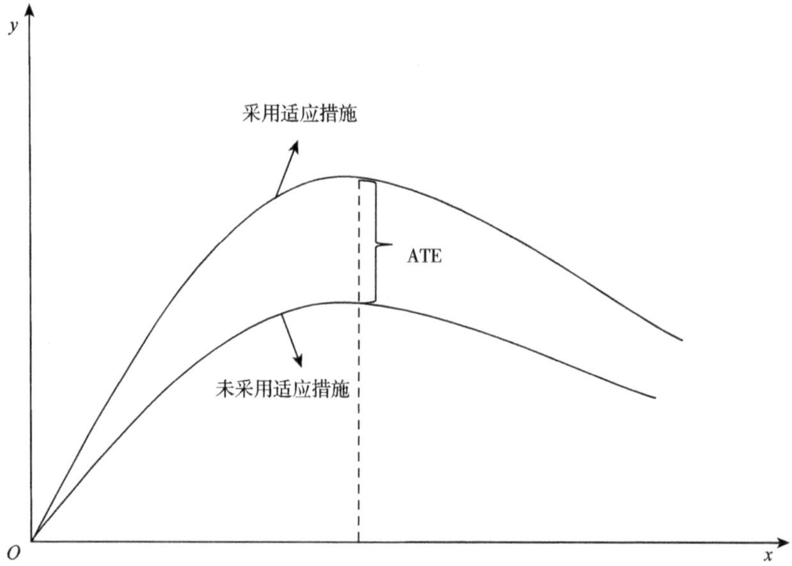

图 4.1　Hicksian 技术中立条件下的 ATE

然而，ATE 模型假定农户的采用行为是外生的，但实际上农户选择适应措施可能存在内生性问题，违背了 ATE 模型的“可忽视性”假设准则（Wooldridge, 2010）。因此，借鉴 Wooldridge（2010）的方法，利用 IV 回归来修正可能的偏误。

首先，假定 IV——Z，采用 Probit 模型对 Z 进行回归分析得到：

$$A = \Phi\left(\lambda_0 + X\lambda + Z\kappa\right) + e \tag{4.2}$$

其中，Φ 表示正态分布的密度函数；e 表示残差项，服从正态分布。估计方程（4.2）后，预测每个农户的采用概率 $\tilde{G}\left(X,Z;\lambda^*,\kappa^*\right)$。然后进一步用 IV 估计 $\tilde{G}$，X，$\tilde{G}\times\left(X-\overline{X}\right)$。

其次，估计方程（4.1）中生产投入变量的边际效应：

$$\frac{\mathrm{d}\log y}{\mathrm{d}x_i} = \beta_i + A\times\gamma_i \tag{4.3}$$

如方程（4.3）所示，采用者和未采用者的生产投入的边际效应存在差异，分别表示为 β_i 和 $\beta_i + A\times\gamma_i$。

二、数据来源与描述性统计

本章研究数据来源于本书课题组 2014～2016 年（第一轮）和 2017～2019 年（第二轮）在全国 4 个水稻主产省开展的两轮大规模农户调查，样本农户来源于湖南省、江苏省、四川省、浙江省 4 省 24 个县（市）68 个行政村，剔除无效样本后，最后共得到有效样本 1200 份。根据区域作物生产系统和气候条件特点，共调查了 4 个省份：湖南省、四川省、浙江省、江苏省。本书通过调查，主要收集样本农户以下几个方面的信息：①户主特征、家庭和农场特征；②水稻生产投入要素（如土地成本、劳动成本、化肥农药成本、机械成本等）；③水稻产量、土壤质量类型和水稻类型；④稻农为应对极端气候是否采用抗逆品种；⑤地方政府提供的水稻新品种推广与技术指导服务的可得性。

在每个省内，我们遵循三个步骤选取样本县来分析极端气候对水稻产量的影响。第一，我们选取了 2014～2016 年（第一轮）和 2017～2019 年（第二轮）遭受过极端气候的所有样本县。按照中国气象局（2004）对自然灾害划分的国家标准，根据当年农作物平均每亩因灾减产量与前 3 年平均亩产量的比值，将农作物受灾程度分为三级：一级（减产比率为 10%～30%）；二级（减产比率为 30%～50%）；三级（减产比率为 50%以上）。故本章参考此种计算标准，根据调查区域内稻农近 3 年的水稻减产情况，将农户遭受以干旱或洪涝为主的极端气候的严重程度分为三级：受灾减产比例为 10%～30%、受灾减产比例为 30%～50%、受灾减产比例为 50%以上。第二，在第一步样本县选取的基础上，我们仅保留了在 2014～2016 年和 2017～2019 年同时经历过正常年份（没遭灾）的样本县。第三，在第二步样本县选取的基础上，从湖南省、四川省、浙江省、江苏省分别随机选取 6 个样本县，最后共选取了 24 个样本县，这种抽样方法方便我们检验正常年和极端气候年两种不同年份水稻产量的不同。在与农户访谈之前，我们已经选取了样本乡镇和样本村庄。在选取的 24 个样本县中，根据乡镇基础的差异，把调查乡镇分为 3 组不同样本，又采用以水稻种植面积为指标的对称等距抽样法（symmetric equidistant sampling，SES），从乡镇中随机抽取 1 个乡，再从乡里随机抽取 3 个村庄做样本。最后，在样本村庄，采用随机方法在每个村庄抽取了 15 户农户进行了入户调研。虽然本书课题组共选取了 1412 个样本农户进行采访，但一些农户在 2013～2019 年没有种植水稻，因此，剔除无效问卷，两轮大规模农户调查共收集了 4 省 24 个县（市）68 个行政村 1200 户农户有效样本（表 4.1）。主要变量的描述性基本统计情况见表 4.2。

表 4.1　样本农户分布情况（样本户数：1200）

省份	县（市）数/个	村数/个	农户数/户	占比
湖南	6	12	231	19.25%
四川	6	21	402	33.50%
浙江	6	20	314	26.17%
江苏	6	15	253	21.08%
合计	24	68	1200	100%

表 4.2　变量的描述性基本统计情况（样本户数：1200）

变量	变量定义（或单位）	最小值	最大值	平均值	标准差
	被解释变量				
是否采用抗逆新品种?	1=采用；0=未采用	0	1	0.30	0.25
水稻单产	千克/亩	312.5	776.92	508.87	181.42
	解释变量				
	户主和农场特征变量				
户主性别	1=男；0=女	0	1	0.75	0.32
受教育程度	1=小学及以下；2=初中；3=高中；4=大专；5=本科及以上	1	5	2.83	1.08
水稻种植年限	从事水稻种植的实际年数	1	65	18.83	12.29
农业劳动力	人	1	12	2.07	0.90
水稻种地类型	1=单季；2=双季	1	2	1.55	0.56
	生产投入变量				
劳动成本	元/亩	52	1000	275.14	154.50
土地成本	元/亩	70	1400	243.93	184.27
化肥农药成本	元/亩	140.74	350	240.20	41.98
机械成本	元/亩	28	285	163.70	550.73
其他成本	元/亩	8.82	100	28.14	13.90
	IV				
地方政府有否提供水稻新品种推广与技术指导服务	1=有；0=没有	0	1	0.23	0.43

注：地区虚拟变量和年份虚拟变量的统计略

表 4.2 汇报了模型中的变量的基本设定与统计描述。从 1200 份有效调查问卷看，第一，样本农户的水稻亩产量为 508.87 千克/亩，且有 30%的农户采用过抗逆水稻新品种。第二，样本农户多以男性为主，农户户主文化程度偏低（高中及以下水平居多），农户平均水稻种植年限约为 19 年，最长高达 65 年，水稻种植经验比较丰富，样本农户家庭农业劳动力平均约为 2 人，农户兼业化趋势比较明显。第三，样本农户多数以种植双季稻为主，稻田肥力普遍较好。第四，水稻生产的投入要素主要包括劳动成本、土地成本、化肥农药成本、机械成本四大方面，分

别约为 275.14 元/亩、243.93 元/亩、240.20 元/亩、163.70 元/亩，其中，劳动成本和土地成本最高，说明近年来农业劳动力成本和土地租金成本上涨趋势明显。第五，在调查样本区域内，不到 1/4 的农户可以获得地方政府提供的水稻新品种推广与技术指导服务，这说明农业基层公共服务水平还普遍较低，亟待提升。

三、模型估计结果与解释

表 4.3 分别报告了稻农是否采用抗逆新品种［方程（4.2）］和水稻单产方程的估计系数。选择方程（4.2）重点考察不同严重程度的受灾减产比例对稻农做出是否采用抗逆新品种决策的不同影响。实证结果表明，相较于正常年份，在极端气候年份里，更高严重程度的受灾减产比例促使更多稻农倾向于采用抗逆新品种，从某种程度上证实了本章重点考察的稻农采用抗逆新品种的行为可以被看作是稻农为了适应极端气候而采取的一种应对行为。产量方程报告了水稻单产的估计系数，与预期一致，大部分估计系数与现有文献的研究结果一致（Huang et al., 2008, 2015；Holst et al., 2013；Bai et al., 2015）。

表 4.3　ATE 模型的估计结果

变量	是否采用抗逆新品种	水稻单产（log）	
	Probit model	OLS	2SLS
主效应			
是否采用抗逆新品种（采用者=1）		0.022*（0.010）	0.155***（0.026）
受灾减产比例 10%～30%	0.382***（0.072）	−0.580***（0.014）	−0.686***（0.024）
受灾减产比例 30%～50%	0.971***（0.207）	−0.986***（0.055）	−1.594***（0.159）
受灾减产比例 50%以上	1.716***（0.192）	−1.159***（0.064）	−1.897***（0.275）
劳动成本（log）	0.091（0.164）	−0.034（0.036）	0.051（0.062）
土地成本（log）	−0.465***（0.135）	−0.055*（0.027）	−0.060（0.044）
化肥农药成本（log）	−2.529***（0.420）	−0.154（0.089）	−0.172（0.161）
机械成本（log）	0.103（0.218）	0.050（0.045）	−0.103（0.079）
其他成本（log）	−0.243（0.195）	−0.057（0.043）	−0.035（0.073）
户主性别	0.091（0.094）	−0.012（0.019）	0.018（0.036）
受教育程度	−0.006（0.014）	0.005（0.003）	0.003（0.005）
水稻种植年限	−0.005*（0.003）	0.001（0.001）	0.000（0.001）
农业劳动力	0.088*（0.036）	0.007（0.007）	−0.025*（0.013）
双季稻	0.171*（0.074）	0.004（0.016）	0.003（0.029）
第一轮	−0.117（0.084）	0.079***（0.018）	0.197***（0.030）
第二轮	0.057（0.088）	0.063***（0.019）	0.195***（0.033）
地方政府有否提供水稻新品种推广与技术指导服务（1=有）	2.932***（0.208）		

续表

变量	是否采用抗逆新品种	水稻单产（log）	
	Probit model	OLS	2SLS
交互效应			
受灾减产比例 10%～30%_inter		0.454***（0.020）	0.643***（0.039）
受灾减产比例 30%～50%_inter		0.637***（0.067）	1.549***（0.226）
受灾减产比例 50%以上_inter		0.186**（0.070）	1.019**（0.323）
劳动成本_inter		0.104*（0.046）	−0.051（0.089）
土地成本_inter		−0.039（0.038）	−0.015（0.075）
化肥农药成本_inter		0.163（0.118）	0.314（0.252）
机械成本_inter		−0.091（0.061）	0.197（0.131）
其他成本_inter		0.069（0.054）	0.064（0.102）
户主性别_inter		0.019（0.025）	−0.065（0.058）
受教育程度_inter		−0.000（0.004）	0.001（0.007）
水稻种植年限 _inter		−0.003***（0.001）	−0.002（0.002）
农业劳动力_inter		−0.005（0.010）	0.045*（0.022）
双季稻_inter		−0.012（0.021）	−0.037（0.042）
第一轮_inter		0.018（0.023）	−0.158***（0.047）
第二轮_inter		0.037（0.025）	−0.169***（0.050）
截距项	9.933***（1.809）	4.538***（0.383）	4.818***（0.713）
观测值	2602	2595	2595
Pseudo R^2/Adjusted R^2	0.34	0.64	0.52
F 统计量		123.95	90.36
P 值	0.000	0.000	0.000

注：2SLS 即 two stage least square，两阶段最小二乘法

***、**、*分别表示在 0.1%、1%和 5%的水平上显著

（一）影响稻农采用抗逆品种的因素分析

选择方程（4.2）重点考察不同严重程度的极端气候（受灾减产比例）对稻农做出是否采用抗逆新品种决策的不同影响。实证结果发现，不同严重程度受灾减产比例的估计系数分别为 0.382（受灾减产比例为 10%～30%）、0.971（受灾减产比例为 30%～50%）和 1.716（受灾减产比例为 50%以上），并且都在 0.1%显著水平上通过检验。这说明受灾减产比例越高会正向促使更多稻农倾向于采用抗逆品种，从某种程度上证实了本章重点考察的稻农采用抗逆新品种的行为，可以被看作是稻农为了适应极端气候而采取的一种应对行为，这一点验证了 Huang 等（2015）的研究发现，即相比于正常年份，更多稻农会在严重干旱或洪涝灾害里采取适应性行为。

表 4.3 还表明生产投入要素和农户特征显著影响稻农是否采用抗逆品种的行

为。其中，土地成本和化肥农药成本对农户采用抗逆品种行为的影响呈现显著负相关关系，化肥农药成本的估计系数高达−2.529，而 Huang 等（2015）却发现化肥投入会正向影响稻农的适应性行为。这可能是由于在一定预算约束或成本投入条件下，不同投入要素之间存在着此消彼长的替代关系，因而增加化肥与农药投入及其他投入直接导致了水稻生产成本的上升，而一般来说，采用新品种的成本和风险也比较大，故增加了稻农采用抗逆品种的成本压力，阻碍了他们采用的积极性。本章还发现劳动成本和机械成本对农户采用抗逆品种行为的影响不显著，这一点不同于 Huang 等（2015）的发现。

农户个体特征也会影响稻农的采纳行为。实证结果发现，农业劳动力会促进稻农对抗逆品种的采纳。近年来，随着劳动成本的快速增长，更多农业劳动力数量意味着抵御极端气候所投入的人力资本越高。因此，劳动力人数越多，对抗逆品种的采纳动机也就越高。水稻种植年限的估计系数显著为负，这可能是由于稻农的种植年限越长，他们越倾向于依赖自身积累的种植经验，从而缺少采用抗逆品种的积极性。其他变量，如户主性别、受教育程度却对农户采用抗逆品种行为的影响不太显著，有悖于女性具有更强的动机采用适应性行为（Bai et al.，2015）和受教育水平越高的农户更加倾向于采用适应性行为的结论（Huang et al.，2015；Hou et al.，2017）。

此外，双季稻的估计系数显著为正，这可能是由水稻种植属于劳动力密集型产业的特征决定的。稻农通过采用新品种，可以释放出更多劳动力和自由时间，进而可以进城务工或加强农田管理等。第一轮（2014～2016 年）的估计系数为−0.117，第二轮（2017～2019 年）的估计系数为 0.057，虽然估计系数不显著，但是相比于过去三年，年份的增长会正向影响农户的适应行为，说明过去三年里越来越多的稻农采取了适应性行为（Huang et al.，2015）。

IV 对稻农的抗逆品种采用行为具有显著的正向作用，且估计系数为 2.932，也就是说，如果稻农能够获得地方政府提供的水稻新品种推广与技术指导服务，则他们在应对极端气候时采取抗逆品种的概率更高，即政府提供水稻新品种推广与技术指导服务的可得性有助于减少稻农采用应对极端气候适应性行为的顾虑和限制，提高稻农对抗逆品种的采用率。

（二）ATE 估计结果

为了更有效地估计抗逆品种采用对水稻单产的增产效应，首先我们采用了 t 检验分别对采用和未采用抗逆品种农户的水稻单产进行了对照检验。t 检验结果得出采用者的水稻单产普遍高于未采用者的单产水平，且在 0.1%的显著水平上通过检验。其次，我们进一步采用 ATE 来估计抗逆品种采用对提高水稻单产的效应，并且考虑了农户采用行为的内生性问题。实证结果显示，在水稻单产方程中，大部分估计系数同预期一致，且在统计上都是显著的。

表 4.3 第 3 列和第 4 列分别报告了 OLS 和 2SLS 的估计结果，两个模型的估计结果虽然有细微差别，但大体上保持一致。为了进一步验证两个模型是否存在内生性问题，采用 Hausman 检验得出值为 133.54，且在 0.1%的水平上显著通过检验，这说明 OLS 模型和 IV 回归模型显著不一致，因而两个模型不存在内生性问题。由于 IV 回归模型更合理、科学，故下文只报告 IV 回归结果。

本章重点考察稻农对抗逆品种的采用决策行为（1=采用者）。实证结果发现采用决策行为的估计系数显著为 0.155，这说明在保持其他条件不变的情况下，与未采用抗逆品种的稻农相比，采用抗逆品种提高了稻农 15.5%的单产水平。具体而言，受灾减产比例与水稻单产呈现负相关关系，即受灾减产比例越高，水稻单产就越低。不同受灾减产比例估计系数分别显著为−0.686（受灾减产比例为 10%～30%）、−1.594（受灾减产比例为 30%～50%）、−1.897（受灾减产比例为 50%以上）。这说明极端气候越严重，水稻的单产就越低。单产方程 OLS 和 2SLS 结果显示，不同严重程度极端气候的边际效应分别为−0.043（受灾减产比例为 10%～30%）、−0.045（受灾减产比例为 30%～50%）和−0.878（受灾减产比例为 50%以上）。与未采用抗逆品种的稻农相比，极端气候对抗逆品种采用者的水稻单产水平的影响大大减弱，说明了采用抗逆品种对于减少产量损失的效应。也就是说，相较于采用者的水稻单产，未采用者的单产更低，说明极端气候对未采用者的不利影响更大。

生产投入要素的估计系数在统计上却不太显著，无论对于采用者或未采用者而言，其估计系数都不太显著。这说明单纯依赖要素投入已经不能有效提高水稻产量水平，未来中国水稻增产可能更多需要通过提高效率来实现。这个发现与前人研究所得出的中国过度投入生产要素的研究结论是一致的（Huang et al., 2008; Holst et al., 2013）。

对于未采用者，其农业劳动力的估计系数显著为 0.002，而采用者的农业劳动力估计系数则为 0.020。这可能是因为种植传统品种的稻农多为传统的小农户，劳动力比较充足，而采用新品种的稻农很可能是知识比较丰富，并且比较愿意采用新技术的农户。

就年份虚拟变量而言，本章以 2013 年为基准年，2016 年、2019 年两轮调研虚拟变量的取值均为 1，两轮调查的估计系数分别显著为 0.197 和 0.195，交互变量系数为−0.158 和−0.169。因此，对于采用者而言，年份的边际效应为 0.039 和 0.026，这说明采用者在两轮调查的水稻产量均高于 2013 年。虽然抗逆品种采用者的水稻产量增产非常有限，但是反映了抗逆品种在应对极端气候造成的更多产量损失的有效性。

本节通过利用中国 4 省水稻主产区两轮调查 1200 份农户调查数据，探讨了稻农通过采用抗逆品种在应对极端气候方面所做出的贡献。在假定 Hicksian 技术中立的条件下，利用 IV 评估了抗逆品种采用对水稻单产的 ATE。实证结果发现，与未采用抗逆品种的稻农相比，抗逆品种采用提高了稻农 15.5%的单产水平。

第二节　气候变化对稻农保护性耕作采用行为的影响及效应评估

近 30 年来我国农业气象灾害呈加剧趋势，无论是成灾面积还是成灾比率，均呈增加趋势（房世波等，2011）。自 20 世纪 50 年代以来，我国每年干旱造成农作物受灾的面积平均增加了近 120%，洪涝发生频率也在不断增加（中华人民共和国水利部，2014）。1961～2010 年，中国华北、西北东南部、黄淮和长江中下游等主要麦区气象干旱呈加剧趋势，冬春两季的降水总体呈减少趋势，无降水日数呈增加趋势，尤其是华北极端干旱的发生频次日益增多（房世波等，2013）。IPCC（2014）预测显示，到 21 世纪末，全球遭受干旱影响的总面积将增加 15%～44%。根据联合国国际减灾战略办公室报告，2015 年全球自然灾害共造成约 2.3 万人死亡，亚洲地区的死亡人数约占全球的 72%，而中国是世界上自然灾害最严重的国家之一，中国因自然灾害造成的经济损失高达 136 亿美元[①]。以气象灾害为例，气象灾害造成我国每年的农业损失约占 GDP 总量的 3 %～6%，各省旱灾成灾比例一般为 5%～19%，水灾为 2%～10%（居辉等，2007）。其中，影响我国面积最大、范围最广、损失最严重的是旱灾，农作物受旱灾面积占农作物总成灾面积超过了 50%，而且华北地区受旱灾影响最严重；水灾是我国第二大农业气象灾害，约占总成灾面积的 1/4，华中地区最严重，且水灾和旱灾的轻重程度呈现出此消彼长的关系（房世波等，2011）。研究表明，稻谷单产变化中，自然因素对稻谷单产的影响程度高达 48%～56%，自然灾害严重影响粮食产量，并且会引发一系列其他灾害，与不同灾害成灾率的关联度最大（龙方等，2011）；而气候变化对黄淮海平原小麦生产力的总体影响约为每 10 年减产 0.68%，但其长期危害是否加剧尚不确定（陈帅，2015）。因此，我国粮食产量波动很大程度受到农业气象灾害的影响（卢丽萍等，2009），这些灾害与气候密切相关，而气候变化可能会导致农业气象的发生频率和灾害程度发生变化（谭方颖等，2010），从而影响农作物的长势和收成。就整个中国的粮食产量来说，在当前技术水平下，即使能够满足灌溉条件，在气候变化背景下，随着极端天

①《联合国减灾报告：2015 年自然灾害共造成 2.3 万人死亡》，http://news.cri.cn/2016212/30947741-114b-1109-cca0-b16fcffdbd86.html，2016 年 2 月 12 日。

气事件趋多、趋强，全国的小麦、玉米、水稻将分别减产 3%～7%、1%～11%、5%～12%（居煇等，2007）。特别是水稻，作为中国人最重要的主食，其产量占了世界水稻总产量的近 30%（FAOSTAT，2011）。但自 1951 年以来，我国因干旱和洪涝而造成的水稻产量损失分别以 4.6%和 3.8%的速率增长（中华人民共和国国家统计局，2014）。因此，干旱和洪涝造成的水稻产量的潜在损失已经成为中国粮食安全乃至世界粮食安全问题的重要关注点。中国水稻种植主要集中在东北平原、长江流域和东南沿海三大区域，分别占全国水稻种植面积的 12%、64%和 22%，其中湖南、黑龙江、江西、江苏、湖北、四川、安徽、广东、云南、广西、浙江 11 个省区是我国水稻主要生产省区，其水稻产量总额占全国总产的 80%以上（中华人民共和国国家统计局，2015）。然而，气候变化给水稻主产区带来的影响并不一致，气候变化虽然有利于增加中国东北地区潜在水稻产量，但是华东、华中和西南三大地区潜在水稻产量将会减少（唐国平等，2000）。基于此，本章选择了四个气候变化可能对水稻生产带来潜在威胁的省份。

目前有大量关于农户采取适应气候变化措施的文献研究，农户通常会采取物理措施（如开挖水渠、管道井、蓄水池等）和非物理措施（如购买作物保险、采用保护性耕作等）来应对气候变化（Bradshaw et al.，2004；Wang et al.，2014；Huang et al.，2015），主要适应措施包括作物品种多样化（Bradshaw et al.，2004；Bryan et al.，2009；Chen et al.，2014）、调整播种和收割时间（Smit and Skinner，2002；Tubiello et al.，2002；Challinor et al.，2007；Deressa et al.，2009）、增加投入和改变种植密度（Cuculeanu et al.，1999；Smit and Skinner，2002；Meza et al.，2008；Seo and Mendelsohn，2008）、再播与固定苗床（Huang et al.，2015）、采用保护性耕作（李安宁等，2006；Ding et al.，2009；周曙东和朱红根，2010；唐利群等，2017）等。其中，保护性耕作为一种绿色可持续农业技术，可以实现经济效益、生态效益及社会效益的协调发展，具有保墒抗旱、提高土壤肥力、节本增效的作用（周曙东和朱红根，2010）。主要核心技术包括少耕、免耕、秸秆覆盖、沟垄耕作、残茬覆盖耕作等农田土壤表面耕作技术，其技术要点是秸秆覆盖、免耕播种、以松代翻、化学除草，同时还要求采用机械化作业，少用除草剂，保持高产、稳产（李安宁等，2006；金攀，2010）。目前，保护性耕作已经成为稻农应对气候变化最常采用的适应措施之一，是国际农业技术发展的重要趋势（李安宁等，2006）。据联合国粮食及农业组织统计，2010 年全球 70 多个国家已对保护性耕作进行了推广应用，总应用面积约占世界耕地面积的 11%。在美国、澳大利亚、加拿大、巴西等国，40%～70%的耕地面积已经推广与应用了保护性耕作，而我国的应用程度仅占了 2.2%的总耕地面积（李安宁等，2006；金攀，2010）。由于水稻产业属于劳动密集型产业，传统的栽培、耕作方式不仅费工、费时、耗能，还可能会对土壤生态造成破坏，如何实现水稻高效生产成为重难点。此外，研究表明，我国稻田 CH_4 已成为生物性 CH_4 排放源的重要源头之一（王平等，2008）。因此，如何降低水稻生产作业成本，减少稻田温室气体排放，是实现我国水稻生产可持续发展迫切需要解决的难题。

目前鲜有学者从农户角度探讨其适应极端气候的保护性耕作行为、影响因素及其应对极端气候的有效性。而农户作为农业生产的基本主体，深入探讨其采用保护性耕作的行为对政府科学推行保护性耕作技术具有指导意义。尤其在全球气候变暖和降水量趋于减少的背景下，加大稻田保护性耕作的研究及示范推广力度，对提高农户的适应能力、实现水稻持续增产、确保粮食安全意义重大。基于此，本章利用2014～2016年和2017～2019年中国4个水稻主产省两轮1200份农户调查数据，从微观视角考察稻农适应极端气候的保护性耕作行为及其影响因素，并分别估计采用者和未采用者的不同水稻产量情况，进而量化评估稻农采用保护性耕作技术应对干旱或洪涝的效果。

一、理论分析框架

借鉴国内外学者关于农民技术采纳行为的相关研究成果，农户应对干旱或洪涝而采用的保护性耕作行为可以被视为一种农业技术采纳行为。本章借鉴 Ding 等（2009）、周曙冬和朱红根（2010）、唐利群等（2017）的研究思路来分析农户应对干旱或洪涝时对保护性耕作技术的采纳行为。基于农户利润或效用最大化行为的理论假设，有

$$\max H = E_{i}\left[U\left(\tilde{W}\right)\right] = E_{i}\left\{U\left[pf\left(m\right) + pg\left(z\right)\tilde{e} - w\left(m+z\right) - rz\right]\right\} \quad (4.4)$$

且满足 $m+z=x$，$\tilde{Q}=f\left(m\right)+g\left(z\right)\tilde{e}$。

其中，H 表示净收益；E_{i} 表示期望净收益；U 表示收益函数；$\tilde{W}$ 表示影响农户净收益的因素；x 表示水稻种植面积，由 m（未采用适应性行为的水稻种植面积）和 z（采用适应性行为的水稻种植面积）组成；$\tilde{Q}$ 表示水稻产量。由于采用适应性行为对农户来讲是一种新技术，采用行为存在一定风险，故假定未采用时的水稻产量为固定值 $f\left(m\right)$，采用者的水稻产量函数为 $g\left(z\right)\tilde{e}$，其中 $\tilde{e}$ 表示随机变量。而 w、r 分别表示未采用时的农户成本和采用后增加的额外成本，p 表示产品价格。

基于农户以追求效用或利润最大化为目标，稻农决定是否采用适应性行为应对极端气候是一个采用前后效果或效益的比较过程。假定保持其他条件不变，只有稻农预期采用后的净收益大于不采用时，稻农才会做出采用极端气候适应性行为的决策。因此，假定不采用时的成本用 w 表示，采用后会增加额外成本 r。则

决定稻农是否采用适应性行为的条件为

$$p_1 g(m)\tilde{e}(Z)-(w+r)m \geqslant p_0 f(m)-wm \tag{4.5}$$

其中，$g(m)$表示采用后的水稻产量函数；p_1、p_0分别表示采用和不采用时水稻的市场价格；m表示决策规模；$f(m)$表示不采用时的水稻产量函数；$\tilde{e}(Z)$表示影响稻农决策的主观风险函数，且有$\tilde{e}(Z)\in[0,1]$。由于稻米市场价格在采用前后的变化较小，故有$p_1=p_0$，则方程（4.5）可简化为

$$\tilde{e}(Z)\geqslant \frac{p_0 f(m)+rm}{p_0 g(m)} \tag{4.6}$$

由于p_0、$f(m)$、r等比较容易确定，但稻农的$\tilde{e}(Z)$难以确定，主要取决于稻农的资源禀赋和外部环境，其数学式可表达为$\tilde{e}(Z)=F\{G(I),H(O)\}$，其中，$G(I)$表示稻农的资源禀赋（如户主特征、家庭特征、农场特征等）；$H(O)$表示外部环境特征变量（如气象信息服务、技术培训、农技推广等变量）。因此，稻农极端气候适应性行为决策过程是稻农资源禀赋与外部环境因素综合作用的结果。

二、模型设定、变量与数据

（一）模型设定及变量说明

参照 Antle（1983）、Antle 和 Goodger（1984）的方法，本章采用矩估计方法评估稻农的采用效果。目前这种方法已被广泛应用于农业经济学和农业生产风险管理领域（Antle，1983；Antle and Goodger，1984；Huang et al.，2015；冯晓龙，2017；唐利群等，2017）。本章用 log 形式来表示生产不确定条件下的水稻产量函数，具体表达如下：

$$Y=f(A,X,Q)+\mu \tag{4.7}$$

其中，A表示稻农是否采用保护性耕作，如果农户采用了保护性耕作，则赋值为1，否则为0；X表示一组解释变量；Q表示待估参数；μ表示残差，满足$\mathrm{E}(\mu)=0$。

根据理论模型的分析，同时借鉴国内外学者关于农民技术采纳行为的已有研究成果，本章将影响稻农采用保护性耕作行为的因素主要分为农场特征、生产投入要素及农户社会人口统计特征等，用于实证分析的自变量X主要分为四大类：①农场特征，包括户主特征（性别、受教育程度、水稻种植年限），农业劳动力，家庭年总收入，土壤质量类型（低质量、中等质量、高质量），水稻种地类型（单季、双季）；②生产投入要素（土地成本、劳动成本、化肥农药成本、机械成本），均以 log 形式表示，以及是否采用过耐涝水稻品种；③2014～2016 年和 2017～2019

年年份虚拟变量；④省份虚拟变量（省级固定效应），用来控制各省份不随时间变化而变化的不可观测因素。

估计完方程（4.7）后，计算残差项 $\mu = y - f(A,X,Q)$，$E(y) = f(A,X,Q)$ 表示水稻单产的期望值（Antle，1983；Antle and Goodger，1984；Lobell，2014）。此外，考虑到农户采纳行为的异质性，为避免估算中出现内生性问题，即样本选择偏差问题，本章采用内生转换回归模型来估计采用者和未采用者的不同水稻单产情况。在转换回归方法中，根据稻农是否采用了保护性耕作，可以把农户划分采用者和未采用者。只有当净收益大于零时，农户才会采用保护性耕作（di Falco and Chavas，2009）。因此，用一个潜在变量表示农户 i 所做出的采用决策行为，具体表达式如下：

$$A_i^* = g(X,Z,D,\gamma) + \eta_i\text{，}\quad A_i = 1\left[A_i^* > 0\right] \tag{4.8}$$

其中，变量 Z 表示 A 的一个 IV，特指关于抵御干旱或洪涝技术服务的可得性，通过稻农是否可以获得当地地方政府此类专项服务来确定，并用一个虚拟变量来表示，1 表示此类专项服务的可获得性，反之为 0；X 表示一组解释变量，具体含义同方程（4.7）；D 表示两个虚拟变量，分别指是否遭受干旱（1=是，0=否）和是否遭受洪涝（1=是，0=否）。此外，γ 表示待估参数；η 表示残差项，且服从均值为 0，方差为 σ_n^2 的正态分布。

农户是否采用保护性耕作取决于个人，因此分别用一个产量方程来表示采用者和未采用者的水稻产量，把方程（4.8）作为解释变量代入到方程（4.4）中，得到如下表达式：

$$\begin{aligned}&\text{政体1（采用者）：}\ Q_{1i} = f(A,X,D,\beta_1) + \varepsilon_{1i}\text{，}A_i = 1\\&\text{政体2（未采用者）：}\ Q_{2i} = f(A,X,D,\beta_2) + \varepsilon_{2i}\text{，}A_i = 0\end{aligned} \tag{4.9}$$

其中，Q_{1i} 和 Q_{2i} 分别表示采用者和未采用者的水稻单产情况（水稻单产的 log 形式），向量 β_1 和 β_2 表示待估参数。

鉴于样本选择偏差可能会造成选择方程（4.8）和产量方程（4.9）的残差项为非零协方差（Kim and Chavas，2003），参考 Lee 和 Trost（1978）的方法，ε_1 和 ε_2 的期望值取决于样本选择模型，具体表达如下：

$$E\left[\varepsilon_{1i} \mid A_i = 1\right] = E\left[\varepsilon_{1i} \mid \eta > -g(X,Z,D,\gamma)\right] = \sigma_{1\eta}\frac{\varphi\left[g(X,Z,D,\gamma)/\sigma\right]}{\Phi\left[g(X,Z,D,\gamma)/\sigma\right]} = \sigma_{1\eta}\lambda_{1i} \tag{4.10}$$

$$E\left[\varepsilon_{2i} \mid A_i = 0\right] = E\left[\varepsilon_{2i} \mid \eta \leqslant -g(X,Z,D,\gamma)\right] = -\sigma_{2\eta}\frac{\varphi\left[g(X,Z,D,\gamma)/\sigma\right]}{1-\Phi\left[g(X,Z,D,\gamma)/\sigma\right]} = \sigma_{2\eta}\lambda_{2i} \tag{4.11}$$

其中，$\varphi(\cdot)$表示标准正态密度函数，$\Phi(\cdot)$表示标准累积分布函数；λ_1和λ_2表示逆米尔斯比。本章采用全信息最大似然估计方法（full information maximum likelihood estimator，FIML）来估计内生转换回归模型。为了解释不同农户做出适应性行为决策可能存在的异质性，首先，通过引入一个虚拟变量（是否为双季稻）来捕获稻农不同水稻种地类型的特征。其次，采用 Huber/White sandwich 估计量对异方差进行稳健性检验（Abdulai and Huffman，2014），因为这种方法可以不做任何分布假设就可以得到协方差矩阵的一致性估计（Maddala，1983）。

本章重点在于评估稻农是否采用保护性耕作对水稻产量的影响，可以通过估计水稻产量期望值来衡量。因此，对于采用者和未采用者，其水稻产量期望值方程可分别表达为

$$\mathrm{E}\left[y_{1i} \mid A_i = 1\right] = f\left(A, X, D, \beta_1\right) + \sigma_{1\eta}\lambda_{1i} \tag{4.12}$$

$$\mathrm{E}\left[y_{2i} \mid A_i = 0\right] = f\left(A, X, D, \beta_2\right) + \sigma_{2\eta}\lambda_{2i} \tag{4.13}$$

以此类推，对于同一个采用者或未采用者，如果他不采用保护性耕作或采用保护性耕作，那么其水稻产量期望值方程将分别为

$$\mathrm{E}\left[y_{2i} \mid A_i = 1\right] = f\left(A, X, D, \beta_2\right) + \sigma_{2\eta}\lambda_{1i} \tag{4.14}$$

$$\mathrm{E}\left[y_{1i} \mid A_i = 0\right] = f\left(A, X, D, \beta_1\right) + \sigma_{1\eta}\lambda_{2i} \tag{4.15}$$

因此，由是否采用保护性耕作而引起的水稻产量差异，可以被视为采用者和未采用者之间的产量效差（di Falco et al.，2011）。具体而言，对于采用者而言，方程（4.12）和方程（4.14）之差被称为处理组的 ATE，表达为

$$\mathrm{ATT} = f\left(A, X, D, \beta_1\right) - f\left(A, X, D, \beta_2\right) + \left(\sigma_{1\eta} - \sigma_{2\eta}\right)\lambda_{1i} \tag{4.16}$$

同样地，对于未采用者而言，方程（4.15）和方程（4.13）之差被称为控制组的 ATE，表达为

$$\mathrm{ATU} = f\left(A, X, D, \beta_1\right) - f\left(A, X, D, \beta_2\right) + \left(\sigma_{1\eta} - \sigma_{2\eta}\right)\lambda_{2i} \tag{4.17}$$

（二）数据来源与描述性统计

本章所用数据来自本书课题组 2014～2016 年和 2017～2019 年在全国 4 个水稻主产省开展的大规模农户调查。根据区域作物生产系统和气候条件特点，本章选择了 4 个水稻生产可能存在潜在威胁的省份，它们分别是浙江省、江苏省、湖南省和四川省。调查采用多阶段随机抽样方法在样本省内依次抽取了样本县、样本村庄和样本农户。在 4 个样本省内，主要遵循 3 个步骤依次选取了样本县、样本村庄和样本农户。第一步，在每个省内，选取了在 2014～2016 年和 2017～2019 年两个时期遭受过干旱或洪涝的所有样本县。基于第一步，仅保

留了在 2014～2016 年和 2017～2019 年两个时期同时也没遭过灾的样本县，并按照各县的水稻生产规模采取概率与规模成比例的抽样方法（probability proportional to size，PPS），从每个省内分别随机抽取了 6 个样本县。这种抽样方法有利于检验两个不同年份里（正常年份和极端气候年份）水稻产量的差异。在样本县内，根据乡镇基础的差异，把调查乡镇分为 3 组不同样本，又采用以水稻种植面积为指标的对称等距抽样法，从乡镇中随机抽取 1 个乡，再从乡里随机抽取 3 个村庄做样本。最后，在样本村庄，采用随机方法在每个村庄抽取了 15 户农户进行了入户调研，全面收集了农户以下几个方面的信息：①户主特征、家庭和农场特征；②水稻生产投入要素（如土地、劳动力、化肥农药、机械服务、对耐涝耐旱水稻品种的采用情况）；③水稻产量、土壤质量类型和水稻类型；④不同年份里稻农对不同农田管理措施的采用行为；⑤关于抵御干旱或洪涝技术服务的可得性。剔除无效样本，本章最终使用的数据包括 68 个行政村 1200 个样本农户的数据，样本分布详见表 4.4。

表 4.4　样本农户分布情况（样本户数：1200）

省份	市/县	村	户数
湖南	长沙	2	34
	岳阳	3	57
	益阳	2	40
	衡阳	2	35
	永州	2	35
	邵阳	1	30
浙江	杭州	3	57
	嘉兴	4	71
	绍兴	3	52
	湖州	3	47
	金华	4	59
	温州	3	28
四川	成都	4	77
	南充	3	75
	达州	3	55
	绵阳	4	70
	资阳	3	55
	宜宾	4	70

续表

省份	市/县	村	户数
江苏	苏州	3	50
	泰州	2	34
	南通	3	50
	宿迁	3	50
	盐城	2	35
	连云港	2	34
合计	24	68	1200

表 4.5 汇报了模型中变量的基本设定与统计描述。从 1200 份有效调查问卷看，第一，样本农户多以男性为主，农户户主文化程度偏低（高中及以下水平居多），农户平均水稻种植年限为 18.83 年，最长高达 65 年，水稻种植经验比较丰富。第二，样本农户家庭农业劳动力平均为 2 人，农户兼业化趋势比较明显，农户家庭平均年收入集中在 5 万～10 万元，多属于中低收入水平。第三，样本农户的水稻亩产量约为 509 千克/亩，且多数农户以种植双季稻为主，稻田肥力普遍较好。第四，在调查样本区域内，只有 1/4 的农户可以获得地方政府提供关于抵御干旱或洪涝技术方面的服务，这说明农业基层公共服务水平还普遍较低，亟待提升。

表 4.5　变量的描述性统计（样本户数：1200）

变量	变量定义（或单位）	最小值	最大值	平均值	标准差
	被解释变量				
是否采用保护性耕作?	1=采用；0=未采用	0	1	0.22	0.43
水稻单产	千克/亩	312.5	776.92	508.87	181.42
	解释变量				
	户主特征				
户主性别	1=男；0=女	0	1	0.75	0.32
受教育程度	1=小学及以下；2=初中；3=高中；4=大专；5=本科及以上	1	5	2.83	1.08
水稻种植年限	从事水稻种植的实际年数	1	65	18.83	12.29
	家庭和农场特征				
农业劳动力	人	1	12	2.07	0.90
家庭年均总收入	1=<5 万元；2=5 万～10 万元；3=10 万～15 万元；4=15 万～20 万元；5=≥20 万元	1	5	2.23	1.18
稻田土壤肥力	1=高质量；2=中等；3=较差	1	3	1.97	0.41
水稻种地类型	1=单季；2=双季	1	2	1.55	0.56

续表

变量	变量定义（或单位）	最小值	最大值	平均值	标准差
	生产投入				
劳动成本	元/亩	52	1000	275.14	154.50
土地成本	元/亩	70	1400	243.93	184.27
化肥农药成本	元/亩	140.74	350	240.20	41.98
机械成本	元/亩	28	285	163.70	550.73
是否采用耐涝耐旱品种	1=是；0=否	0	1	0.30	0.25
干旱	1=是；0=否	0	1	0.35	0.21
洪涝	1=是；0=否	0	1	0.29	0.15
	IV				
抵御干旱或洪涝技术服务可得性	1=可得；0=不可得	0	1	0.25	0.49

注：地区虚拟变量和年份虚拟变量的统计略

三、模型估计结果与解释

（一）选择方程和水稻产量方程的联合估计

本节采用全信息最大似然估计方法对选择方程和水稻产量方程进行联合估计，识别了影响稻农决定是否采用保护性耕作的重要因素，并且评估了采用行为对水稻单产的不同影响。表 4.6 分别报告了选择方程（4.7）和两种不同状态水稻产量方程［方程（4.9）］的估计系数。

表 4.6　稻农采用保护性耕作及两种不同状态下水稻单产的估计结果

变量	是否采用保护性耕作?	水稻单产（log）	
		采用者	未采用者
极端气候灾害			
干旱	0.099**（0.050）	−0.067***（0.014）	−0.247***（0.088）
洪涝	0.315***（0.148）	−0.078***（0.011）	−0.310***（0.065）
生产投入要素			
劳动成本（log）	1.005***（0.376）	−0.023（0.106）	0.064（0.140）
土地成本（log）	0.076（0.519）	−0.080***（0.007）	0.156（0.158）
化肥农药成本（log）	0.859（0.573）	0.142*（0.082）	0.018（0.474）
机械成本（log）	0.463（0.545）	0.076***（0.032）	0.030（0.063）
是否采用耐涝耐旱品种	1.113***（0.135）	0.116***（0.022）	0.234*（0.150）
户主、家庭和农场特征			
户主性别	−0.794*（0.480）	−0.044***（0.011）	−0.150（0.103）
户主受教育程度	−0.001（0.015）	−0.004（0.010）	0.031（0.091）

续表

变量	是否采用保护性耕作?	水稻单产（log）	
		采用者	未采用者
水稻种植年限	−0.414*** (0.170)	−0.001 (0.004)	0.001 (0.002)
农业劳动力	0.069* (0.043)	0.017*** (0.004)	0.005 (0.020)
家庭总收入	0.196* (0.115)	−0.004 (0.003)	0.022 (0.048)
土壤质量	−0.438* (0.334)	−0.003 (0.017)	−0.014 (0.071)
双季稻	−0.031 (0.444)	−0.029 (0.026)	−0.054* (0.032)
第一轮	0.045*** (0.004)	0.017** (0.008)	0.033*** (0.004)
第二轮	0.093** (0.047)	0.011** (0.005)	0.016*** (0.002)
IV 抵御干旱或洪涝技术服务可得性	0.544*** (0.077)		
常数	−6.484 (5.544)	3.397*** (0.370)	3.576*** (1.382)
rho_1		0.382*** (0.057)	0.542*** (0.025)
rho_2		0.096 (0.382)	−0.045 (0.038)

注：样本共包括 3171 个观测值（1057 × 3 年）；rho 表示个体误差在全体误差中所占的比例，即自相关系数
***、**、*分别表示在 1%、5%和 10%的水平上显著

（二）选择方程的估计结果

选择方程（4.7）重点考察了以干旱和洪涝为主的自然灾害对稻农采用保护性耕作的影响，理论上来说，稻农遭受的干旱或洪涝灾害越严重，其采用保护性耕作的意愿就越强烈。实证结果表明，相较于正常年份，更多稻农在受灾年份里倾向于采用保护性耕作。因此，采用保护性耕作可以被看作是稻农为了应对干旱或洪涝而采取的一种适应性行为。而已有研究却发现气候变化与农户做出采用适应性行为决策之间并不存在密切的关系（di Falco et al.，2011）。

在不同生产投入要素中，人工成本和耐涝耐旱水稻品种的采用会显著正向影响稻农对保护性耕作的采用行为。近年来，雇工成本的不断上涨，增加了稻农的雇工成本压力，促使更多稻农通过加强农田管理来应对气候变化，如采用保护性耕作。鉴于气候变化不断加剧的现实，当稻农采用耐涝耐旱品种时，必须结合适宜的栽培技术和耕作技术，才能更有效地发挥耐涝耐旱水稻品种的特性和优势，因而耐涝耐旱品种的采用有利于促进农户采用保护性耕作技术，从而减少天气因素可能造成的潜在产量损失，保持水稻稳产或高产。

在户主、家庭和农场特征变量中，户主水稻种植年限和土壤质量显著负向影响稻农采用保护性耕作。一方面，由于稻农的种植年限越长，他们越倾向于依赖自身经验或其他途径来提高水稻产量；另一方面，由于水稻种田质量越好，水稻

的生长条件就越优越，水稻抵御天气风险的能力更强，因此降低了稻农对保护性耕作的采用意愿。另外，农业劳动力数量和家庭总收入有利于提高稻农对保护性耕作的采用。而男性户主的估计系数显著为负，说明女性更加倾向于依赖采用保护性耕作来应对天气风险。

在年份虚拟变量中（表 4.6），第一轮（2014～2016 年）和第二轮（2017～2019 年）的估计参数均显著为正，表明近六年来稻农对保护性耕作的采用比率呈明显上升的趋势，这说明随着近年来气候变化不断加剧，为了减少水稻的潜在产量损失，稻农确实增加了对保护性耕作的采用，因而采用保护性耕作可以被看作是稻农为应对气候变化而采取的“真正适应性行为”，进一步验证了本章的观点。

IV，即抵御干旱或洪涝技术服务此类专项服务的可获得性促进了稻农对保护性耕作的采用行为（表 4.6）。为验证 IV 选取的有效性，分别进行了 3 种检验：首先是通过对所有获得过此类专项服务样本农户进行了平衡检验，验证了样本中没有不平衡观测值。其次是 *F* 统计量检验结果显示，在选择模型中，尽管在 1%的显著水平下，不能拒绝弱 IV 的假设（*F*-stat.=8.1，小于阈值 10），但是考虑到本章的 IV 特指关于抵御干旱或洪涝技术服务，直观上它只会直接影响稻农对保护性耕作的采用行为，从而间接影响水稻产量。最后是通过对未采用者的水稻产量与 IV 及其他变量进行回归，得到 *t*-stat.=1.13，进而拒绝了弱 IV 的假设，进一步验证了本章所选取的 IV 是有效的。

（三）产量方程的估计结果

同预期一致，水稻产量方程（4.9）的大多数估计系数在统计上都是显著的。例如，在遭受干旱或洪涝的年份里，采用者和未采用者的水稻单产均低于正常年份的水稻单产，且干旱和洪涝对水稻单产水平的影响不同。令人意外的是，相较于干旱，洪涝对水稻单产的产量损失更为严重。这可能是因为洪涝冲刷稻田和淹没稻苗都能够造成毁灭性的灾害，而干旱却需要经过较长时期才能造成严重减产甚至死苗。此外，洪涝灾害大多沿江河低地呈带状分布，受灾面积一般较小，而干旱的发生则是大面积区域性的，受灾面积要大得多。因此，虽然干旱受灾面积通常远大于洪涝，但洪涝造成单产的减产在大多数情况下往往超过干旱。此外，采用了保护性耕作稻农的水稻单产普遍高于未采用者，这说明采用保护性耕作确实有利于减少干旱或洪涝引起的水稻的产量损失。然而，不同生产投入要素的估计系数在统计上却不太显著，这个发现与前人研究所得出的中国普遍存在过度投入生产要素的现象是一致的（Freedman，2006；Shen and Hartarska，2013）。

对于采用者而言，机械化投入对水稻单产的影响是显著正向的，这可能与农场规模有关系。一般而言，农场规模越大，越有利于稻农采用机耕、机收等现代机械化生产技术提高水稻生产的规模效益。采用者为男性户主的估计系数显著为负，表明女性更倾向于通过采用保护性耕作来应对极端天气对水稻产量的不利影响。此外，农业劳动力人数的估计系数显著为正，说明家庭农业劳动力人数越多，越有利于提高水稻单产水平，这一点与现有的研究结论基本一致（di Falco and Chavas，2009）。然而，对于未采用者而言，种植双季稻的估计系数却显著为负，这表明双季稻的单产水平明显要低于单季稻，这可能是由水稻种植多属于劳动密集型的产业特质所决定的，因为如果稻农只种植一季水稻，他们就可以将更多的时间和精力投入到水稻生产和稻田管理中，实现水稻生产的精耕细作，有利于提高水稻单产水平。但总体上看，稻农全年双季稻的平均产量水平高于单季稻的平均产量水平，许多农民选择双改单是为了节省时间进城打工以增加家庭收入。令人意外的发现是，其他变量如户主受教育程度、稻田土壤质量等估计系数均不显著，与前人研究得出的户主受教育程度和稻田土壤质量有利于提高水稻单产的研究结论相反（Wang et al.，2014），这可能与我们所调查农户受教育程度普遍偏低和所调查区域稻田肥力普遍偏好有关系。

（四）适应效应估计结果

表 4.7 报告了水稻单产期望值处理效应 ATT 和 ATU 的估计结果。显而易见，采用者的水稻单产要明显高于未采用者，验证了采用保护性耕作确实有利于提高水稻单产的结论。具体而言，在方程（4.12）表示的反事实假设情况下，如果采用者不采用保护性耕作，那么其水稻产量将相应减产 30.53 千克/亩（约 7%）。同样，在方程（4.13）表示的反事实假设情况下，如果未采用者采用了保护性耕作，那么其水稻产量将相应增产 15 千克/亩（约 4%）。以上结果均表明稻农通过采用保护性耕作有助于提高单产，减少气候风险给水稻产量造成的潜在减产损失。

表 4.7　采用保护性耕作的适应效应估计结果

不同子样本	决策步骤		处理效应
	采用保护性耕作的水稻单产期望值/（千克/亩）	未采用保护性耕作的水稻单产期望值/（千克/亩）	
采用者	457.80	427.27	ATT=30.53***
未采用者	436.33	421.33	ATU=15.00***

注：ATT 表示采用者的处理效应，ATU 表示未采用者的处理效应

***表示在 1%的水平上显著

在全球气候变暖与农业生态环境恶化的背景下，本节利用中国 4 个水稻主产省两轮 1200 份农户调研数据，实证分析了稻农采用保护性耕作对减少水稻产量损失的贡献，检验了保护性耕作在应对极端天气与实现水稻生产可持续发展

的作用空间，尤其是对农户采用保护性耕作适应措施的实施效果进行了评价。研究结果显示，稻农在干旱或洪涝年份里采用保护性耕作的频率更高，采用者的水稻产量损失要低于未采用者，验证了稻农通过采用保护性耕作对减少水稻产量损失的贡献。

第三节　本章小结

本章利用中国4个水稻主产省2014～2016年和2017～2019年两轮1200份农户调研数据，基于农产品数量安全视角，从农户层面，分别从农户对品种的选择和保护性耕作技术的采用两种适应性行为出发，调研了农户感知气候变化与否及其程度，以及影响稻农对适应气候变化技术与管理措施采纳意愿的主要因素，实证分析了气候变化下稻农采用抗逆品种、保护性耕作等措施对减少水稻产量损失的贡献，进而进行了气候变化对农产品数量安全生产转型的关键因素识别及效应评估研究。研究结果如下。

第一，与正常年份相比，稻农在极端气候年份里对抗逆新品种的采用频率更高，稻农的水稻单产也明显低于正常年份的单产。计量结果表明，不同严重程度的极端气候会对水稻产生不同程度的影响，相较于轻度极端气候，中度和重度极端气候给水稻产量造成的减产损失更为严重。同时，在极端气候年份里，采用了抗逆品种稻农的水稻产量损失要比未采用者的产量损失更少，验证了在极端气候条件下，稻农采用抗逆品种对减少水稻产量损失所做出的贡献。另外，研究还发现，不同生产投入要素是影响稻农决定是否采用抗逆品种的重要因素，其他因素还包括农户个人特征和农场特征等。此外，水稻新品种推广与技术指导服务的可获得性也有助于显著提高稻农对抗逆品种的采用率。因此，遵循“认知是行为的基础”的基本逻辑，应提高农户对气候变化的认知，重点让农户了解应对气候变化技术与管理措施本身也是能降低农业在气候变化下的脆弱性的，规避气候变化影响的技术能显著提高农户采纳应对气候变化技术的意愿。

第二，在假定Hicksian技术中立的条件下，利用IV评估了抗逆品种采用对水稻单产的平均处理效应。实证结果发现，与未采用抗逆品种的稻农相比，抗逆品种采用提高了稻农15.5%的单产水平。计量结果表明，相较于轻度极端气候（受灾减产比例为10%～30%），中度极端气候（受灾减产比例为30%～50%）和重度极端气候（受灾减产比例为50%以上）对水稻单产的影响更为严重。同时，采用了抗逆品种稻农的水稻单产普遍高于未采用者的水稻单产，即在极端气候年份里，采用者比未采用者的水稻产量损失更少，反映了抗逆品种在用于应对极端气候造成的更多产量损失时的有效性。因此，稻农通过采用抗逆品种来应对以干旱和洪涝为主的极端气候事件，在很大程度上可以被看作是稻农适应极端气候而采取的一种应对行为，而以往研究经常忽略了这个问题。另外，研究还发现，稻农是否采用抗逆品种与不同生产投入要素密切相关，并且会受到农户个人特征和农场特征的影响。此外，加强政府提供抵御干旱和洪涝技术服务的水平，有利于提高稻农对抗逆品种的采用率，从而可以更好地应对极端气候，弥补稻农的产量减产损失。

第三，稻农在干旱或洪涝年份里采用保护性耕作的频率更高。干旱或洪涝会对水稻产生不同程度的影响，相较于干旱，洪涝对样本区域稻农造成的产量损失更为严重。同时，采用者的水稻产量损失要低于未采用者，验证了稻农采用保护性耕作对减少水稻产量损失的贡献，检验了保护性耕作在应对极端天气与实现水稻生产可持续发展的作用空间，尤其是对农户采用保护性耕作适应措施的实施效果进行了评价。研究还发现，生产投入要素、农户个人特征和农场特征是影响稻农采用保护性耕作的重要因素。此外，抵御干旱或洪涝技术服务的可获得性显著正向影响稻农对保护性耕作的采用行为。其中，户主水稻种植年限和稻田土壤质量类型会显著负向影响稻农对保护性耕作的采用行为，可能的解释是由于稻农的水稻种植年限越长，他们越倾向于依赖自身经验或其他途径来提高水稻单产，另外，由于水稻种田质量越好，水稻的生长条件就越优越，水稻就越不容易受到极端天气的影响，因此，稻农对保护性耕作的采用意愿就越低。在年份虚拟变量中，第一轮（2014～2016 年）和第二轮（2017～2019 年）的估计参数均显著为正，表明近六年来稻农对保护性耕作的采用比率呈明显上升的趋势，这说明随着近年来我国极端天气事件的频繁发生，稻农为了减少极端天气对水稻的产量损失，确实增加了对保护性耕作的采用数量。此外，抵御干旱或洪涝技术服务的可获得性也有助于显著提高稻农对保护性耕作的采用率。

气候变化可能成为制约农产品，特别是粮食生产能力的主要宏观限制因素。但气候变化不仅对农产品的数量安全产生影响，也对农产品的质量安全产生影响，因此，全面理解气候变化对农业高质量生产的影响，不仅需要考虑对农产品数量安全的影响，更需要考虑对农产品质量安全的负外部性影响。评估气候变化对农产品安全的影响时，作物对象不能局限于粮食作物，还应扩大到蔬菜等经济作物。

第五章　质量安全视角下气候变化对农业高质量生产转型影响的研究

近年来，以气候变暖为主要特征的气候变化导致了干旱和洪涝等极端天气的发生频率和强度增加，这不仅直接影响农业产出、威胁农产品数量安全，也可能通过影响农药化肥的施用效果和数量威胁粮食质量安全（丁一汇等，2009；周洁红等，2017；Tang et al.，2018）。气候变暖会使农业结构、农业病虫害规律产生变化，直接动摇种植系统农产品质量安全的基础，为挽回由此带来的潜在损失，稻农可能会更加依赖外部投入品。一方面，温度升高会导致农药本身的活性降低，分解速度加快，为了保护农作物，农民被迫更频繁地使用农药或使用高剂量的农药。另一方面，温度升高和以干旱和洪涝为主要特征的极端气候的不断暴发会扩大农作物病虫害的范围，改变其传播路径，暴发虫害的次数增多也会导致农用化学品的使用量增加。基于此，本章将基于农产品质量安全视角，分别以水稻、蔬菜为研究对象，调查气候变化对农户的农药、化肥施用情况的影响，以此来衡量气候变化对农产品质量安全的影响，进而探究气候变化对农业高质量生产转型的影响及效应评估。

第一节　气候变化对水稻质量安全影响的实证分析

水稻是我国第一大粮食作物，据统计，65%以上的人口以稻米为主食，大米为一半以上的居民提供稳定的食物和营养。但近年来“镉大米”等恶性事件频发，严重威胁到我国的食品安全和社会稳定。研究表明，化肥农药等投入品不规范使用、产地面源污染与重金属污染是稻米存在质量安全问题的关键原因（周洁红等，2015b，2017）。稻农作为源头生产的关键主体，不恰当的栽培管理方式会使水稻生产本身成为重要的污染源，如大量施用化肥和农药等化学物质会直接引起稻米农残超标，也会对周边环境造成面源污染，进一步威胁农产品质量安全。可见，稻农的化学投入品使用行为直接影响农业环境污染的整体形势和水稻的质量安全状况。日益频繁发生的干旱和洪涝等极端天气，不仅直接影响农业产出、威胁农产品数量安全，也会影响化肥农药的施用效果（周洁红等，2015a，2017；Tang et al.，2018）。一方面，极端气候的不断暴发使得病虫害的暴发次数增多，进而会直接导致对化肥农药施用量的增加（Rosenzweig et al.，2001；Chen and McCarl，2001；Hall et al.，2002）。例如，极端气候会通过温度、降水等因素造成水稻病虫害的暴发和传播，病虫害的频繁暴发势必会促使稻农增加对化肥、农药等的施用量，以应对和抵御病虫害灾害。另一方面，由于肥料尤其是氮肥非常容易受到温度的影响，温度升高加速了肥料的挥发与肥效的降低。因此，农户必须加大施肥量来维持原有的肥效。温度升高和降雨模式改变会导致土壤矿物质挥发或流失（Smith et al.，2005；Miraglia et al.，2009），进而农户会增加对化肥的投入来满足对土壤肥力和生产力的要求（Ju et al.，2007；Thompson et al.，2010）。过量施用化肥、农药，不仅会增加农业生产成本，还会对环境和土壤造成不利影响（肖风劲等，2006）。稻农作为源头生产的关键主体，过量施用化肥、农药，进一步增加了稻米农残超标的风险，进一步加剧了重金属污染，直接影响到农业环境污染的整体形势（章家恩，2007；Atafar et al.，2010；袁天泽等，2010；刘红梅等，2011；曾维军和侯明明，2014；张国友等，2014；罗峦和周俊杰，2014）。气候变暖引致化肥施用量的增加，不仅会直接增加农业成本，也会加重对农业生态环境的污染（丁一汇等，2009；周洁红等，2017）。因此，考察气候变化背景下极端气候对稻农化肥农药施用行为的影响，识别影响稻农化肥农药施用行为的重要因素，有利于正确引导稻农的化学投入品施用行为。

然而，相较于数量安全，关于气候变化对农产品质量安全影响的研究较少，现有研究主要从宏观层面关注气候变暖对作物品质的影响，研究多集中在温度、光照、水分和肥力等因子与作物品质的关系，鲜有学者从经济学、管理学视角，基于微观层面对这一问题进行探讨，或关注农户适应气候变化的措施选择对质量安全的影响。基于此，本章从微观农户视角出发，利用 4 省大规模的农户调查数据，选择“极端气候感知”这个关键变量，重点考察极端气候，尤其是干旱和洪涝对稻农化肥农药施用行为的影响及效应。研究表明，农户响应气候变化的任何行为都要经过观察、感知和行动 3 个阶段，且后一阶段必须以前一阶段为基础（Bohensky et al.，2013）。而外界的气候变化作为一种客观存在现象，它并不一定会被农户感知到。只有农户先感知到了客观的气候变化，才可能会采取相应的适应性行为。因此，在微观农户层面，不是客观的气候变化现象影响了农户的适应性行为，而是主观的气候变化感知强度影响了农户的适应性行为。综上，本章运用“气候变化的感知”来代表气候变化对农户的影响程度，利用 4 省的稻农调查数据，从主观、客观两个维度调查农户的化肥农药施用情况，以此来衡量气候变化对农产品质量安全的影响，以期为气候变化背景下农户的适应措施选择与农产品质量安全的治理问题提供参考和借鉴。

一、理论分析

在水稻生产过程中，稻农往往会投入多种生产要素，假设现在其他条件均保持不变，只考虑化肥农药要素投入对水稻单产的影响，虽然其边际产量递减，但水稻平均产量会随化肥要素投入的增加而增加。参考已有研究（Just and Pope，1978；孙水鹅，2016），水稻生产函数式可表示为

$$Q = Y(L,X) + \varepsilon \cdot H(L,X) \tag{5.1}$$

其中，Q 表示水稻产量；Y 表示产量均值；H 表示扰动因素，如干旱、洪涝等极端天气会影响水稻产量的波动；ε 表示随机变量；L 表示土地；X 表示化肥农药投入量[①]。

根据 Shetty（1969）和 Sidhu（1974）的规模报酬不变的平均产量函数，假设水稻每公斤产量仅受化肥农药投入要素的影响，那么在不确定条件下的水稻生产函数方程可表示为

$$q = y(x) + \varepsilon \cdot h(x) \text{ ②} \tag{5.2}$$

基于目标函数最大化，必须使得一阶导大于零，即

$$y' \equiv \frac{\mathrm{d}y}{\mathrm{d}x} > 0; y'' < 0; h' \equiv \frac{\mathrm{d}h}{\mathrm{d}x} > 0; y(0) > 0;\ h(0) > 0 \tag{5.3}$$

基于效用最大化的目标，则效用函数为

$$U = U(\pi); U' > 0; U'' < 0 \tag{5.4}$$

其中，U、π 分别表示效用和收入，则

$$U = U(\pi); U' > 0; U'' < 0$$

$$\operatorname*{Max}_{x,L} \mathrm{E}U\left\{P \cdot L \cdot \left[y(x) + \varepsilon \cdot h(x)\right] + R \cdot (\bar{L} - L) - c \cdot x \cdot L\right\} \tag{5.5}$$

其中，$L \leqslant \bar{L}$；E 表示期望值；$\bar{L}$ 表示水稻规模；c 表示化肥农药投入的单位成本；P 表示水稻的市场价格。

对（L 和 x）最大化目标函数，则必须使一阶条件等于零[③]，参考 Feder（1979）的方法，定义 $P(y + \varepsilon \cdot h) - R - c \cdot x \equiv A$、$P(y' + \varepsilon \cdot h') - c \equiv G$，则可得

$$G \equiv A \cdot (h' / h) \tag{5.6}$$

基于 U 的凹凸性和 $\mathrm{E}(U'' \cdot A^2) < 0$，则

---

① 参考 Feder（1979）的目标函数模型。

② Barro（2006）则认为是多元随机效应模型，即 $q=\theta \cdot f(x)$。

③ L 和 x 的最大值：$\frac{\partial \mathrm{E}U}{\partial L} \equiv \mathrm{E}\{U' \cdot [P(y + \varepsilon \cdot h) - R - c \cdot x]\} = 0$，$\frac{\partial \mathrm{E}U}{\partial x} \equiv \mathrm{E}\{U' \cdot [P(y' + \varepsilon \cdot h') - c]\}L = 0$。

$$y'' < -h'' \cdot [\mathrm{E}(U' \cdot \varepsilon) / \mathrm{E}U'] \tag{5.7}$$

方程（5.7）中，$[\mathrm{E}(U' \cdot \varepsilon) / \mathrm{E}U'] < 0$，显然，$h'' \geqslant 0$ 是上述二阶条件满足的充分条件，但不是必要条件。因此，如果要实现稻农的最优化生产，假设方程（5.7）始终成立。

将 $P(y + \varepsilon \cdot h) - R - c \cdot x \equiv A$，$P(y' + \varepsilon \cdot h') - c \equiv G$，代入方程（5.6），可得

$$P \cdot y' \cdot h + (R + c \cdot x - P \cdot y) \cdot h' - c \cdot h = 0 \tag{5.8}$$

当且仅当 x 和 L 各自取其最优值 x^* 和 L^* 时，方程（5.8）才成立。若假定 x^* 只有唯一解，把式（5.8）左边方程设定为 $\psi(x)$，求导可得

$$\frac{\partial \psi}{\partial x} \equiv \psi_x = P \cdot h \cdot y'' + (R + c \cdot x - P \cdot y) \cdot h'' \tag{5.9}$$

由方程（5.7）可得 $\psi_x = P \cdot h \cdot [y'' + h'' \cdot \mathrm{E}(U' \cdot \varepsilon) / \mathrm{E}U'] < 0$，故 x 存在唯一最优解。因此，化肥农药最优投入量 x 不受稻农风险程度的影响，残差 ε 和水稻种植规模无关。

在现实的水稻生产过程中，稻农的生产行为很容易受到天气因素的影响，如稻农对化肥农药的施用行为。一般来说，稻农在生产过程中会面临天气风险带来的不确定因素的影响，因此水稻的产量也会受到不同天气状况的影响。假设稻农面临较大天气风险时，如遭遇干旱、洪涝等灾害，此种情况下，水稻一般会因灾导致减产，故此种状态下稻农的水稻产量将会出现一条较低的产量曲线 Y_1。而当稻农面临正常的天气或是较小的天气风险时，此种状态下稻农的水稻产量将会出现一条较高的曲线 Y_2。杨卫军和叶祥松（2008）认为稻农在水稻生产过程中由于受到不确定因素的影响，往往会对气候风险发生的概率做出一定的主观判断，故会得到一条主观产量曲线 Y_E。很容易理解，$Y_2 > Y_E > Y_1$。因此，假若在其他投入要素均不变的情况下，只有化肥农药投入作为可变要素投入，化肥农药的投入成本为 TVC，水稻生产的总成本为 TC，见图 5.1。

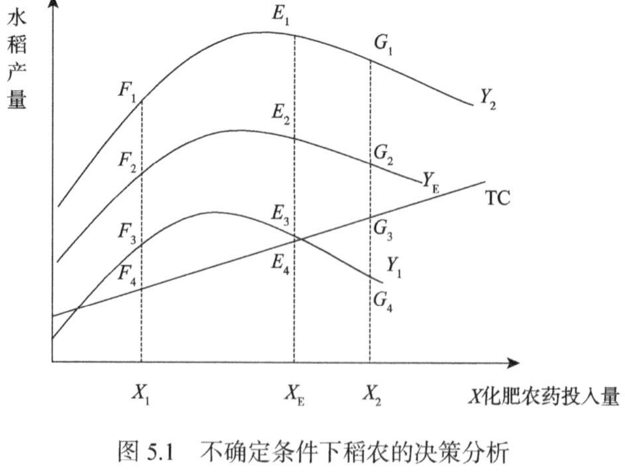

图 5.1　不确定条件下稻农的决策分析

如图 5.1 所示，假若在其他投入要素均保持不变的情况下，只有化肥农药投入作为可变要素投入，稻农面临气候风险等不确定因素，假设稻农对化肥农药的投入为 X_1，此时 F_1F_4 则为稻农的最大收益，稻农的损失为 F_3F_4。假设稻农对化肥农药的投入为 X_2，此时 G_1G_3 则为稻农的最大收益，稻农的损失为 G_3G_4。X_1 的投入量代表水稻种植户的类型为风险规避型农户，X_2 的投入量代表水稻种植户的类型为风险偏好型农户，X_E 的投入量代表水稻种植户的类型为风险中立型农户。从图中可以很明显地看出，不确定条件下，风险规避型的水稻种植户为了规避风险，很可能会减少化肥农药投入量。反之，风险偏好型的水稻种植户更加具有冒险精神，为了追求产量最大化或收益最大化，很可能会增加化肥农药投入量。风险中立型稻农对化肥农药的投入量则会介于风险偏好型的水稻种植户和风险规避型的水稻种植户两者之间。因此，本章假设在不确定条件下，风险规避型稻农为了规避风险，很可能会减少化肥农药投入量。风险偏好型稻农为了追求产量最大化或收益最大化，很可能会增加化肥农药投入量。风险中立型稻农对化肥农药投入量则会介于风险偏好型稻农和风险规避型稻农两者之间。

二、模型设定与变量选择

（一）模型设定

气候变化会通过温度、降水等因素影响水稻病虫害的暴发和传播，而病虫害的频繁暴发势必会促使稻农增加对化肥、农药等的施用量，从而来保证水稻产量。由于在气候变化背景下，农户对化肥农药的施用行为通常需要经过观察、感知和行动 3 个阶段，因此只有首先了解农户对气候变化的认知和看法，才可以充分理解农户的适应性行为（Hjelle and Ziegler，1981）。因此，“气候变化感知”是探讨农户气候变化适应性行为的先决条件（Vogel and O’Brien，2006；Thomas et al.，2007）。研究表明，许多学者选取农户的“气候变化感知”作为研究对象，分析气候变化对农户的影响及农户的气候变化适应性行为选择（Patt and Schröter，2008；Kuruppu and Liverman，2011；赵雪雁，2014；周洁红等，2017；Tang et al.，2018）。因此，本章选取“极端气候感知”为关键变量，来考察和衡量极端气候对稻农化肥农药施用行为的影响。基于四省大规模、大样本的农户调查数据，全面考察极端气候背景下稻农的化肥农药施用情况，实证分析极端气候对稻农化肥农药施用行为的影响及效应。因此，通过分别设定模型Ⅰ和模型Ⅱ两个模型来全面考察极端气候下稻农的化肥农药施用行为。其中，模型Ⅰ为“是否增加化肥农药投入以应对极端气候？”，被解释变量是一个二元分类变量，因此构建二元 Logit 模型，形式如下：

$$p(y=1|x)=\Phi(x)=\alpha+X\beta+\xi \tag{5.10}$$

其中，$P(y=1|x)$表示稻农是否增加化肥农药投入以应对极端气候的概率，$\Phi(\cdot)$表示标准正态分布的累积分布函数；X表示影响稻农增加化肥农药投入以应对极端气候决策行为的因素，包括农户个体及家庭特征、风险类型、极端气候感知程度、是否参加农业产业化组织，以及是否参加施肥培训等解释变量。α、β表示待估参数，ξ表示随机扰动项。

模型Ⅱ表示稻农的化肥农药施用行为模型，考虑到被解释变量为连续性数据，故采用OLS回归模型进行分析，因此计量模型形式如下：

$$y_i=\gamma_i+X\sigma_i+\varepsilon_i \tag{5.11}$$

其中，y_i表示第i个稻农的化肥农药施用量；X表示影响稻农化肥农药施用的因素，包括农户个体及家庭特征、风险类型、极端气候感知程度、是否参加农业产业化组织，以及是否参加施肥培训等解释变量。γ、σ表示待估参数，ε表示随机扰动项。

（二）变量选择

根据理论模型的分析，同时借鉴国内外学者在农民技术采纳行为相关研究中所提出的各种内外部因素，本章除了选取“极端气候感知程度”这一核心变量考察极端气候对稻农化肥农药施用行为的影响外，还分别从农户个体特征、农户家庭特征、农户风险类型等方面选取变量，来综合考察影响稻农化肥农药施用行为的影响因素。

（1）极端气候感知程度。根据国内外前人的研究成果，本章选取“极端气候感知程度”这一核心变量来考察极端气候对稻农化肥农药施用行为的影响。本章假设稻农感知到极端气候对水稻生产的影响越明显，稻农越有可能通过增加化肥农药投入来保证水稻产量，以应对干旱和洪涝等极端气候给水稻带来的减产风险。因此，以极端气候对水稻生产没影响为基准，将极端气候对水稻生产影响比较明显、影响很明显设定为两个虚拟变量。

（2）农户个体特征。①一般而言，相比于女性户主，男性户主在化肥农药施用行为上更加粗放，不够精打细算，他们主要关注农业产出，因此，当面临潜在的气候风险时，男性户主更有可能增加化肥农药投入（巩前文等，2010）。②具有丰富种植经验的稻农可能会更合理地把握化肥农药施用量，可能不会通过增加化肥农药投入来应对极端气候。③一方面，受教育程度越高的稻农，越能正确认识到过量施用化肥农药的负面效应，可能会采取更科学的适应性行为来应对极端气候，因此可能会减少化肥农药使用（周洁红等，2017），但另一方面，受教育水平高低直接关系着农业气象信息获取能力的高低（朱红根和周曙东，2011）。因此，受教育程度对稻农的化肥农药施用行为的影响有待进一步检验。

（3）农户家庭特征。①一般而言，家庭劳动力越丰富，越有可能控制化肥农药的投入，从而降低水稻生产成本。②水稻耕地面积越大，一般会增加对化肥农药的投入，尤其在劳动力成本不断上涨的背景下，稻农倾向于增加化肥农药投入来提升生产效益。③稻农的家庭收入水平越高，说明稻农更加具有条件和经济能力，因此他们越倾向于采用具有更高经济效益的适应性行为来缓解极端气候给水稻生产带来的风险。

（4）农户风险类型。一般来说，极端气候会给水稻造成潜在的产量损失风险，尤其是干旱和洪涝等极端气候事件会造成水稻的严重减产。因此，不确定条件下，风险规避型的水稻种植户为了规避风险，很可能会减少化肥农药的投入量。反之，风险偏好型的水稻种植户更加具有冒险精神，为了追求产量最大化或收益最大化，很可能会增加化肥农药的投入量。因此，本章以农户的风险中立型为基准变量，设定风险规避型和风险偏好型两种农户类型为虚拟变量。

（5）是否参加农业产业化组织。占小军（2012）认为农业产业化组织具有组织性和计划性等特征，有利于正确引导农户的农业生产行为。因此，加入产业化组织有利于引导农户合理施用化肥农药。

（6）是否参加施肥培训。理论上来说，施肥培训能够加深农户对科学施肥的认识和提升农户科学施肥技能，有利于正确引导农户对化肥农药的合理施用。因此，本章假设参加过施肥培训的农户更能科学合理地施用化肥农药。

表 5.1 描述了各变量的含义和描述性统计分析结果。从表 5.1 可以看出，在样本调查区域中，75%的户主为男性，平均年龄为 46.8 岁左右，大部分稻农只受过初中及以下的教育，家庭劳动力平均人数约为 2 人，大多数稻农的家庭人均年收入集中分布在 10 万元以下；水稻平均种植面积为 15.44 亩，并且呈现出两极分化的趋势，地区差异非常大。此外，关于极端气候对水稻种植的影响，大部分农户报告了极端气候会影响水稻的种植，且大部分农户的风险态度属于风险中立型或风险规避型。另外，51%的农户都加入了农业产业化组织，但是只有 18%的农户参加过施肥培训，说明政府在加强农户科学施肥方面的进步空间很大。另外，52%的农户报告说为了有效应对极端气候，增加了对化肥农药的投入，调查区域样本农户的平均化肥农药施用量高达 28.05 千克/亩。

表 5.1　变量的含义和描述性统计分析结果

变量	定义（或单位）	均值	标准差	最小值	最大值
	被解释变量				
是否增加化肥农药投入	1=是；0=否	0.52	0.50	0	1
化肥农药施用量	千克/亩	28.05	5.69	18.90	44.50

续表

变量	定义（或单位）	均值	标准差	最小值	最大值
		解释变量			
		气候变化感知程度			
比较明显	1=是；0=否	0.36	0.43	0	1
很明显	1=是；0=否	0.59	0.49	0	1
		农户特征			
年龄	岁	46.80	11.66	20	82
性别	1=男；0=女	0.75	0.32	0	1
受教育程度	年	7.98	3.31	0	18
风险规避	1=是；0=否	0.69	0.46	0	1
风险偏好	1=是；0=否	0.36	0.48	0	1
		农场特征			
水稻种植规模	亩	15.44	126.51	0.5	1200
农业劳动力	人	2.07	0.90	1	16
家庭年均收入	1=<5 万元； 2=5 万～10 万元； 3=10 万～15 万元； 4=15 万～20 万元； 5=≥20 万元	2.23	1.13	1	5
是否加入农业产业化组织	1=是；0=否	0.51	0.50	0	1
是否参加施肥培训	1=是；0=否	0.18	0.39	0	1

同时，分析调查结果发现，在其他因素保持不变的情况下，稻农关于极端气候对水稻影响的感知越强烈，其通过增加化肥农药投入来应对极端气候的动机就越大，从极端气候对水稻种植的“影响很明显”、“影响比较明显”到“没影响”，稻农所占样本比例分别为 58.74%、36.36%、4.9%。此外，从表 5.2 可以看出，稻农极端气候感知程度与化肥农药施用量呈现出显著的正相关关系。稻农对极端气候感知的程度越高，其化肥农药施用量也相应会更高。稻农在感知极端气候对水稻种植的影响时有三种情形：“没影响”“影响比较明显”“影响很明显”，这三种情形下稻农的化肥农药施用量分别为 24.47 千克/亩、27.00 千克/亩、29.48 千克/亩，说明极端气候导致稻农施用了更多的化肥农药。t 检验也验证了稻农极端气候感知程度会正向作用于稻农的化肥农药施用量。

表 5.2　稻农极端气候感知程度与化肥农药施用量差异

稻农感知极端气候对水稻种植的影响		化肥农药施用量/（千克/亩）	t 检验
是否有影响	是	24.47	0.31
	否	24.16	

续表

稻农感知极端气候对水稻种植的影响		化肥农药施用量/（千克/亩）	t 检验
是否影响比较明显	是	27.00	1.39***
	否	25.61	
是否影响很明显	是	29.48	3.48***
	否	26.00	

***表示在 1%的水平上显著

三、实证结果

（一）二元 Logit 模型估计结果

在估计二元 Logit 模型之前，为避免出现多重共线性问题，我们先对模型进行了检验。经过多重共线性检验后，实证结果如表 5.3 所示。实证结果显示，与预期一致，稻农对极端气候的感知程度正向影响农户的化肥农药施用行为，在 1%的置信水平上通过了显著性检验。也就是说，稻农对极端气候感知的程度越高，越有可能会增加化肥农药投入，验证了极端气候会促进稻农增加施用化肥农药动机的假设。

表 5.3　模型Ⅰ—— 稻农是否增加农药化肥投入的估计结果

变量	回归系数	标准误	t 值	P 值
气候变化感知程度				
比较明显	0.524**	0.245	2.13	0.033
很明显	1.322***	0.224	5.9	0.000
农户特征				
年龄	−0.016**	0.007	−2.29	0.022
性别	0.237	0.177	1.34	0.181
受教育程度	−0.089***	0.024	−3.69	0.000
风险偏好	0.686***	0.158	4.35	0.000
风险规避	−0.820***	0.155	−5.27	0.000
农场特征				
水稻种植规模	0.002***	0.001	2.91	0.004
农业劳动力	−0.018	0.053	−0.34	0.731
家庭年均收入	0.079	0.066	1.19	0.234
是否加入农业产业化组织	−0.330**	0.144	−2.29	0.022
是否参加施肥培训	−1.892***	0.246	−7.7	0.000
常数	0.762	0.533	1.43	0.153
−2 倍对数似然值		−596.865		
卡方检验值		173.43***		

***、**分别表示在 1%、5%的水平上显著

与预期一致，大部分解释变量的估计系数和预期相符，如户主年龄负向影响稻农的化肥农药施用行为。这说明稻农的年龄越大，其水稻种植经验越丰富，更有可能依靠自身积累的经验来应对极端气候变化。同时，受教育程度与农户化肥农药施用行为呈现负相关关系，说明户主的受教育水平越高，更能科学认识到过量施用化学投入品的负外部性，从而更有可能减少对化肥农药的投入。此外，是否加入农业产业化组织显著负向影响稻农的化肥农药施用行为，这说明农业产业化组织有利于正确引导稻农的科学施肥行为，为了应对极端气候，农业产业化组织很可能会引导农户采用更有效的适应性行为来应对极端气候。最后，稻农的风险态度也会显著影响稻农的化肥农药施用行为。表 5.3 显示，风险规避型稻农与化肥农药施用量呈现出显著的负相关关系，回归系数为-0.820，而风险偏好型稻农倾向于增加对化肥农药的施用，对应的回归系数为 0.686。

（二）OLS 模型估计结果

表 5.4 汇报了稻农化肥农药施用量的估计结果。从表 5.4 可以看出，稻农的极端气候感知程度显著正向影响稻农的化肥农药施用量。具体而言，稻农关于极端气候对水稻种植影响的感知越强烈，其化肥农药施用量就越高。在其他条件不变的情况下，与没感知极端气候影响水稻生产的稻农相比，感知到极端气候影响很明显的稻农的化肥农药施用量平均多施用 3.42 千克/亩，感知到极端气候影响比较明显的稻农的化肥农药施用量平均多施用 1.20 千克/亩。因此，极端气候对稻农的化肥农药施用行为具有挤进效应[①]。与上文二元 Logit 模型的估计结果基本一致，除了极端气候感知这个核心变量外，其他变量与稻农的化肥农药施用量之间也呈现出显著的正相关关系，如是否加入农业产业化组织、是否参加施肥培训、风险偏好。不确定条件下或风险条件下，风险规避型的水稻种植户为了规避风险，减少了约 0.80 千克/亩的化肥农药投入量；而风险偏好型的水稻种植户更加具有冒险精神，为了追求产量最大化或收益最大化，增加了 2.54 千克/亩的化肥农药的投入量。此外，是否加入农业产业化组织对稻农的化肥农药施用量存在负向影响，这说明农业产业化组织有利于正确引导和约束农户的化肥农药施用行为，与预期基本一致。是否参加施肥培训负向调节稻农的施肥行为，说明参加施肥培训有利于引导稻农合理科学施肥。理论上来说，稻农的水稻种植面积规模越大，由于受到极端气候变化的影响，病虫害暴发几率更高，稻农更加可能增加对化肥农药投入

① 挤进效应最早由加拿大经济学家迈克尔·帕金在《经济学》一书中提出。原意是指政府采用扩张性政策，有利于诱导社会投资和消费的增加，进而促进就业总量或产出总量增加的效应。本书指极端气候会通过温度、降水等因素的变化，加速肥料尤其是氮肥的挥发，引诱更多病虫害的暴发和传播，势必会促使稻农增加对化肥农药的施用量。

的动机，本章也发现稻农的水稻种植面积规模对稻农的化肥农药施用量的影响显著，与理论假设预期一致。

表 5.4　模型Ⅱ——稻农化肥农药施用量的估计结果

变量	回归系数	标准误	t 值	P 值
		气候变化感知程度		
比较明显	1.201***	0.416	2.88	0.004
很明显	3.422***	0.363	9.42	0.000
		农户特征		
年龄	−0.005	0.012	−0.44	0.657
性别	0.574*	0.325	1.76	0.078
受教育程度	−0.053	0.042	−1.25	0.211
风险偏好	2.542***	0.282	9.02	0.000
风险规避	−0.804**	0.316	−2.54	0.011
		农场特征		
水稻种植规模	0.017***	0.002	10.69	0.000
农业劳动力	0.417***	0.105	3.99	0.000
家庭年均收入	0.309**	0.129	2.4	0.017
是否加入农业产业化组织	−0.765***	0.279	−2.75	0.006
是否参加施肥培训	−3.282***	0.330	−9.95	0.000
常数	23.385***	0.934	25.03	0.000
R^2		0.418		
F 值		74.81***		

***、**、*分别表示在 1%、5%和 10%的水平上显著

本节从微观农户视角出发，基于中国 4 个水稻主产省 1200 份农户调查数据，从主、客观视角全面考察了极端气候对稻农化肥农药施用行为的影响及效应，以此来衡量极端气候对稻农生产要素投入的影响。本节研究结果表明，需要正确引导极端气候明显地区稻农化肥农药施用行为，采取多种措施降低气候变化对农户的潜在风险，加强农业产业化组织尤其是合作社的建设，从而提高稻农的适应能力，保障我国粮食的质量安全。

第二节　气候变化对蔬菜质量安全影响的实证分析

一、调查设计与数据来源

以蔬菜为研究对象，本书课题组在 2014 年 4～6 月和 2016 年 3～10 月对浙江、

山东的菜农展开了有关适应气候变暖对农资使用以及亲环境的生产转型的相关调研调查问卷详见附录二。从试调查结果看，山东寿光、潍坊地区的蔬菜种植户由于大多采取大棚种植，加上极端天气感知度低，气候感知与蔬菜质量安全相关性比较弱，为此本书放弃了对山东 200 份问卷的数据分析，仅仅分析了如何控制质量安全实施质量安全追溯体系建设的内容。所以本节的数据主要来自浙江的调查问卷。

在浙江具体调查地点的选择上，本章依据《全国蔬菜产业发展规划（2011—2020 年）》，从浙江选择了杭州、宁波、嘉兴、湖州、台州 5 个城市 8 个县区（规划名单中县区总数为 12 个），此外参考浙江省统计的各城市蔬菜产量，在规划名单之外选择了 13 个县区，总计 6 个城市 21 个县区，具体地点如表 5.5 所示。

表 5.5 蔬菜种植户调查地点选择

项目	地点
《全国蔬菜产业发展规划（2011—2020 年）》名单中县区	萧山（杭州）
	鄞州、慈溪（宁波）
	嘉善、平湖、桐乡（嘉兴）
	长兴（湖州）
	黄岩（台州）
名单外县区	富阳、临安、建德、余杭、西湖（杭州）
	秀洲、海宁（嘉兴）
	德清（湖州）
	文成（温州）
	柯城、衢江、龙游（衢州）
	椒江（台州）

资料来源：《全国蔬菜产业发展规划（2011—2020 年）》与调研数据

每个县区随机抽取 1～3 个蔬菜合作社、蔬菜生产基地，然后在合作社所在地随机走访蔬菜种植户。调查时间为 2014 年 4～6 月和 2016 年 3～10 月，主要由本书课题组成员完成，台州、温州等部分地区的问卷由浙江大学管理学院农业经济与管理专业本科生、台州科技职业学院学生完成。调查采取一对一访谈的形式，其中选择实验问卷每组发放 64 份，合计 256 份，同时每个地点按照 1∶2 的比例发放不含选择实验的问卷，合计发放问卷 768 份。调查收回合格问卷 605 份，有效率 78.78%，其中选择实验问卷 230 份，有效率 89.84%。

二、描述性统计分析

1）菜农对气候变化的基本认知

被访者中有 81.73%的农户认为近 10 年来气候发生了变化，其中 50～60 岁年龄段、务农年限40～50年的农户所占比例最大。在这部分农户中，47.45%的农户认为气候变化主要表现为温度上升，19.96%的农户认为极端气候是气候变化的主要表现，13.44%的农户认为降雨较以往有所增加，而11%的农户则认为近年来降雨减少、干旱增多。

2）菜农对造成气候变化原因的认知

基于农户对气候变化主要表现的认知，农户对气候变化的原因陈述了自己的看法。统计结果显示，91.9%的农户对气候变化的原因都有一定了解，且认为导致气候变化的重要因素依次为大气污染、工业废气排放、汽车尾气排放和城市发展。

3）菜农获取气候信息的渠道

调查发现，当前农户感知气候变化的信息渠道多种多样，其中新闻媒体提供的气象信息是当前农户获取气象信息的主要途径，占 35.8%；农户通过自身生产和生活经验获取气息信息的占 18.7%；通过农户之间交流获取信息的占 15.7%，通过政府获取气象信息的占 14.3%。

4）菜农对气候变化与蔬菜种植关系的认知

由于气候变化在一定程度上影响了蔬菜的产量、种植熟制、灌溉等方面，因此，我们就农户对气候变化和蔬菜种植之间关系的了解程度进行了调查。调查结果显示，仅 15.52%的农户认为气候变化对蔬菜种植没有影响，25.52%的农户认为有明显影响，更多的农户认为气候变化对蔬菜种植有影响，但由于配合了大棚，这种影响并不十分明显。进一步对认为二者关系明显的农户的调查显示，31.99%和 27.01%的农户认为病虫害增加和极端天气增多对蔬菜种植的影响程度最大，也有 16.09%的受访农户认为耕种时间改变对蔬菜种植的影响最大。

5）菜农应对气候变化采取的适应性行为

为了更好地提炼主要适应措施，本书采用德尔菲法，选取浙江大学农业与生物技术学院、浙江省农业科学院5位从事蔬菜研究和技术推广的专家，通过两轮打分，选出了得分最高的10种适应气候变化措施，如表5.6所示。被访者中，农户对诸如增加化肥或农药投入、增加劳动投入、修建基础设施等管理措施的采纳程度较高；而对于采用亲环境新技术，改善农田周边生态环境等技术措施的采纳程度相对较低一些。这些措施的采取与其对气候变化的认知程度、务农年限等都有关系，同时可以看出农户对于增加劳动投入、调整农时等简单易行的操作更加偏爱；而对于需要专业指导的新技术和新品种，由于需要花费更多的时间和人工投入，农户一般都持有保留态度。

表 5.6 蔬菜种植户适应性行为采纳分析

农户适应性行为	采纳情况	比例	农户适应性行为	采纳情况	比例
调整农时	456	75.37%	采用亲环境新技术	239	39.50%
增加化肥或农药投入	354	58.51%	减少种植面积	237	39.17%
调整种植结构	285	47.11%	改善农田周边生态环境	253	41.82%
选用新品种	239	39.50%	修建基础设施	330	54.55%
增加劳动投入	505	83.47%	购买农业保险	267	44.13%

三、计量分析

（一）农户特征

本节所做分析仅基于 230 份选择实验问卷，而非全部问卷。

第一，性别结构。从性别结构来看，230 位受访菜农中女性农户 28 人，仅占 12.2%，男性农户 202 人，占 87.8%。虽然从样本男女比例来看，调查数据结构可能存在一定偏差，但预调研与正式调研中的发现表明性别结构并不会对研究结果产生负面影响：首先，受访农户基本上采取的是以家庭为基本单位的生产经营方式，夫妻二人是主要的劳动力，而生产经营决策基本上都是夫妻二人或参与劳动的家庭成员共同决定的。其次，预调研中我们发现女性受访者对选择实验的理解与做出选择的速度明显慢于男性受访者。一个可能的原因是女性的具象思维较强，而男性的抽象思维较强。在面对选择实验这种虚拟市场评估方法时，很多女性受访者的第一反应是“现在并没有这样的补贴/没有田间指导”，即试图通过现实来理解并判断实验属性的有效性。因此，调查女性农户时，我们往往需要花费更多时间解释选择实验的“虚拟”特征。但值得注意的是，一旦女性受访者充分理解了选择实验方法，她们做出的选择与同地区的男性受访者做出的选择几乎没有明显差别。

第二，年龄。从受访者年龄来看，230 位受访者中最小的 22 岁，最大的 73 岁，平均年龄为 49.07 岁。进一步分析样本菜农群体的年龄结构发现，达到或超过 60 岁的菜农，即老龄菜农达到了 40 人，约占 17.4%，50～60 岁的菜农有 66 人，约占 28.7%，这表明当前蔬菜种植劳动力老龄化趋势已经非常明显。35 岁以下的菜农仅有 18 人，约占 7.8%。这说明，不仅粮食等比较收益较差的农产品面临着劳动力缺乏的困境，收益相对较好的蔬菜种植业同样面临这一问题。

第三，是否为本地人。之前诸多研究提到了本地菜农与外地菜农在生产经营方式中的差别，因此本章将菜农是否为本地人纳入问卷中。230 位受访者中，外地菜农（即户口所在地与当前蔬菜种植所在地不一致）有 66 人，占全部样本的

28.7%，本地菜农 164 人，占 71.3%。而在城市近郊，如本次调研中的杭州市西湖区（周浦镇）、嘉兴市秀洲区和嘉善县、宁波市鄞州区等，外地菜农，更准确地说，外省菜农比例非常高。与本地菜农相比，外地菜农在土地来源、生产补贴、产业组织参与等各方面有明显差别，而这些差异可能影响其安全友好型农业生产的接受意愿。

第四，文化程度。从受访者的文化程度来看，230 位受访菜农平均受教育程度尚不到初中水平，文化程度偏低。受访者多为小学与初中文化（合计占 80%），7 人未读过书，仅 27 人上过高中（11.7%），12 人读过大专或本科（5.2%），没有人有研究生学历。较低的文化程度虽未必阻碍菜农接受新生产技术，多数菜农也都对日常使用的投入品、技术十分熟悉，但其往往对环境与农产品质量的关系缺乏准确判断。

第五，环境知识。调查问卷设计了五个有关农户生产与气候变化、生产与农业生态环境、农产品质量安全的题目来测试农户对气候变化的感知程度、掌握的环境知识情况等。每个题一分，答对得一分，答错不得分，满分五分。在问到农户对极端气候与农业化肥农药投入的关系及农业面源污染、重金属污染关系的认识时，结合已有研究结论，我们认为农业产地中重金属污染与面源污染形成是由于在气候变化情况下，农户会通过增加化肥、农药、农膜等生产要素投入来提高产量，这些要素投入的增加也会加剧重金属与面源污染。因此，只有当菜农回答听过重金属污染与面源污染，且选择“农业生产中多施用化肥农药”的菜农，才计入一分。关于菜农对产地环境中灌溉用水与土壤质量状况的判断，如果菜农不能判断或者只能依靠直接观察和经验判断，则视为菜农缺乏科学判断途径，不能得分，如果能通过产地环境报告、三品一标等相关认证或者其他途径获取准确信息，则得一分。关于更一般意义上的蔬菜种植与产地环境污染，依据访谈及问卷中生产要素使用情况综合判断。关于菜农是否意识到极端气候下生产环节投入品使用与产品质量安全的关系，受访菜农能否得分取决于问卷中投入品的使用情况，但对绝大部分菜农而言，如果选择中包含了“化肥农药不规范使用”这一生产环节可得一分，不包含生产环节不得分。

菜农的环境知识平均得分仅为 1.08 分，说明菜农只能答对五个有关环境知识问题中的一个。101 位受访菜农（43.9%）1 分未得，62 位（27.0%）菜农仅得 1 分，仅有 14 位菜农（6.1%）得到 4 分，没有一个人得满分。环境知识储备不足，菜农对安全友好型技术的意义必然认识不足。

第六，土地来源。从受访菜农的土地来源来看，无论是在城郊还是在农村，通过土地流转转包土地进行经营已经变得十分普遍。230 位菜农中，仅有 46 位（20.0%）的土地全部是自家所有，142 位菜农（61.7%）的土地完全是通过流转获得的，42 位菜农（18.3%）的土地既有流转来的，也有自家土地。接近 80%

的菜农参与了土地流转。虽然土地流转加速了土地集中，有助于提升土地利用效率，但在当前农村土地市场尚未建立、农村土地经营制度变化迅速的背景下，各种正式的、非正式的土地流转形式不断出现，也在一定程度上增加了菜农的经营风险。

第七，销售渠道。在外部缺乏明确法律规制、个人环境保护意识不强的条件下，菜农是否愿意实施安全友好型技术在很大程度上取决于市场激励，因此问卷中包含了菜农的主要销售渠道（多种销售渠道中销售量最多的渠道）。从统计情况来看，蔬菜批发市场与农贸市场仍是最主要的蔬菜销售渠道，230 位菜农中有 112 位（48.7%）以此作为主要销售渠道。而在当前农贸市场、农产品批发市场的销售模式下，优质农产品很难实现优价，而批发市场公益性职能的缺失又使得批发市场的抽检与安全监管浮于形式，使得菜农采取安全友好型农业生产的能力严重不足。除了批发市场与农贸市场之外，商贩上门收购也是当前菜农重要的销售渠道，89 位（38.7%）菜农以此为主要销售渠道。与批发市场相比，商贩上门收购往往价格更低，质量安全监管也更不到位，因此也很难激励菜农。21 位（9.1%）菜农以合作社等产业化组织为主要销售渠道，合作社等产业化组织必须进行售前自检的规定能够在一定程度上起到威慑作用。同时，合作社等产业化组织的内部监督与技术培训的开展也有助于菜农提升投入品使用的规范性，因此，通过合作社等产业化组织销售有可能激励菜农采取安全友好型技术。企事业单位采购要求更为严格，价格也更高，是当前农产品优质、优价的重要实现途径，但样本中以此为主要销售渠道的菜农仅有 8 位（3.5%）。虽然有菜农通过生鲜超市或连锁超市销售产品，但比重很小，没有一位菜农以此为主要销售渠道。

第八，政府监管。从菜农对政府监管的反馈来看，有 100 位受访者完全没有接受过政府农业部门或农技服务中心的质量安全抽检与技术培训。有 130 位（56.5%）菜农表示每年至少接受过一次政府抽检或质量安全相关培训（表 5.7）。这反映出当前政府农产品质量安全监管的覆盖仍旧有限。

表 5.7　政府监管与产业化组织参与交叉表

政府监管	是否参加产业化组织		小计
	0	1	
0	65	35	100
	65.0%	35.0%	100.0%
1	27	103	130
	20.8%	79.2%	100.0%
合计	92	138	230
	40.0%	60.0%	100.0%

注：0=否；1=是

第九，产业化组织参与。从菜农组织化程度来看，92 位（40%）菜农未加入任何形式的产业化组织，138 位（60%）菜农参加了合作社或者参与了龙头企业的订单生产。随着当前农业生产补贴政策逐渐向各类新型农业经营主体倾斜，分散的小规模生产变得越来越困难，选择抱团合作才是方向。而各类新型农业生产经营组织也是安全友好型技术推广的有效载体。从是否接受政府监管与是否加入产业化组织的交叉分析来看（表 5.7），参加了产业化组织的菜农接受过政府质量安全监管的比重（79.2%）远远高于未参加的菜农（35.0%），印证了上面所提到的政府监管的重点转移。而从是否参加产业化组织与菜农环境知识的交叉分析来看（表 5.8），0 分且未参加产业化组织的菜农，其比例显著高于入社菜农，而在 1～2 分水平上，参加产业化组织的菜农比重反超未入社菜农，到 3～4 分水平上，90%以上的菜农都是参加了产业化组织的菜农，这反映出合作社等产业化组织在菜农质量安全培训与相关技术指导方面存在明显作用。

表 5.8 环境知识与产业化组织参与交叉表

环境知识得分	是否参加产业化组织		小计
	0	1	
0	57	44	101
	56.4%	43.6%	100.0%
1	23	39	62
	37.1%	62.9%	100.0%
2	9	19	28
	32.1%	67.9%	100.0%
3	2	23	25
	8.0%	92.0%	100.0%
4	1	13	14
	7.1%	92.9%	100.0%
合计	92	138	230
	40.0%	60.0%	100.0%

第十，风险态度。菜农的风险态度在很大程度上决定了他们对一项技术的采纳意愿。本章中关于菜农风险态度的测试采取了简化版的 Holt 和 Laury（2002）的风险实验设计。风险实验设定如下：假设你有一次抽奖的机会，现有 A、B 两种抽奖规则，请阅读方案 1～5 中规则 A、B 的收益后，选择按照规则 A 还是规则 B 进行抽奖。如方案 1，如果选规则 A，不管摸到红球还是白球，得到 200 元，如果选规则 B，那么摸到红球得 150 元，摸到白球得 250 元。具体设计如表 5.9 所示。

表 5.9 风险态度测试表

情景设置	规则 A		规则 B	
	红球	白球	红球	白球
方案 1	200 元	200 元	150 元	250 元
	我的选择：A □		B □	
方案 2	200 元	200 元	100 元	300 元
	我的选择：A □		B □	
方案 3	200 元	200 元	100 元	400 元
	我的选择：A □		B □	
方案 4	200 元	200 元	50 元	450 元
	我的选择：A □		B □	
方案 5	200 元	200 元	0 元	500 元
	我的选择：A □		B □	

在 Gusio 和 Paiella（2008）、李涛和郭杰（2009）、米建伟等（2012）的研究中，他们对调查者风险规避指数的测算是基于期望效用函数的，即通过观察每个方案中调查者是否从稳定选项（每个方案中的 A 选项）转向风险选项（每个方案中的 B 选项）建立相应的期望效用不等式来计算风险规避系数。这一实验假设越具有冒险精神的菜农转变越早，但在调研中我们却发现很多菜农在选择中并非完全遵照这一假设，很多菜农在第一个方案中就会选择 B 选项，但在最后一个方案中却选择了 A 选项。可能的原因在于菜农决策未必完全以最大收益作为标准，反倒是符合卡尼曼前景理论中的风险规避原则。因此本章的风险规避指数测算不完全依靠以上研究中所提到的方法，而是参考了仇焕广等（2014）所采用的简化计算方法，即风险规避指数=1−(B 选项数量/5)。风险规避指数等于 1，表示菜农是极端的风险规避者；风险规避指数等于 0，表示菜农是一个极端的风险偏好者。从实验结果来看（表 5.10），230 位菜农的平均风险指数为 0.775，这表明绝大多数菜农是风险规避者，这与 Binswanger（1980）等的研究是一致。调研中 139 位菜农的风险规避指数为 1，表明 60.4%的菜农是极端的风险规避者，只有 16 位菜农（7.0%）的风险规避指数为 0，其是极端的风险偏好者。如果以 0.5 作为分界线，风险规避指数小于 0.5 视为风险偏好者，大于 0.5 视为风险规避者，那么从统计情况来看，风险规避者为 178 人，占 77.4%；风险偏好者为 52 人，占 22.6%。

表 5.10 样本菜农风险规避指数分布

风险规避指数	菜农数量/人	占比
0	16	7.0%
0.2	9	3.9%

续表

风险规避指数	菜农数量/人	占比
0.4	27	11.7%
0.6	23	10.0%
0.8	16	7.0%
1	139	60.4%
合计	230	100.0%

（二）主要方法

为进一步揭示影响农户采用环境友好型安全农业生产技术与实施生产档案管理的深层次问题，为政府设计激励机制提供财务数据，本章突破我国资源环境产权交易市场缺失的现实，即农户环境友好安全生产管理措施所导致的农业生态环境改善很难采取基于实际市场的评价方法进行测算，采取虚拟市场的评价方法。

在虚拟市场的评价方法中，虚拟市场评价法（contingent valuation method，CVM）与选择实验法是应用较多的两种方法。CVM 设计了一个虚拟市场，通过问卷调查向被调查者描述虚拟市场中环境物品供应数量或质量的变化情况，询问其支付意愿（willingness to pay，WTP）金额或受偿意愿（willingness to acceptance，WTA）金额。与基于实际市场的评价方法相比，CVM 不仅可以评价环境资源的使用价值，还可以评价环境资源的非使用价值，因此，其一经问世便得到了资源环境经济学的广泛认可。相比条件价值法只能评估一种属性发生改变时的价值变化，选择实验法的优势在于其可以同时估算消费者对多个属性的不同支付意愿，从而得到消费者对各个属性的偏好次序。因为在做选择时，受访者要在不同备选方案的各个要素之间进行仔细权衡，利用该方法不仅可以通过对支付意愿或接受赔偿意愿进行评估，进而对一项政策的各个要素的相对重要性进行排序，还可以得到多个政策要素同时改变导致的价值变化，从而有助于政策制定者对政策进行调整，所以近年来该方法在国外得到了较为广泛的应用。

选择实验法的理论基础是 Lancaster 的特征价格理论和随机效用理论。Lancaster（1966）认为，商品的价格是由商品属性决定的。基于 Lancaster 的理论，我们可以认为一件商品所能带来的效用可以视为商品本身各项属性的效用之和，选择实验正是基于这样的一种假设。个体 n 从 k 个选择集中做出选择，这一选择为其带来的效用表示为 U，用方程表达：

$$U_{nA} = V_{nA} + \varepsilon_{nA} \tag{5.12}$$

其中，U_{nA} 表示各种属性决定的效用，ε_{nA} 表示效用函数中的随机部分。消费者从 k 个选择集中选出选项 A 的概率为

$$P(\mathrm{A}) = \mathrm{Prob}\left\{V_{n\mathrm{A}} + \varepsilon_{n\mathrm{A}} \geqslant V_{nj} + \varepsilon_{nj};\ \mathrm{A} \neq j,\ \forall j \in k\right\} \tag{5.13}$$

（三）选择实验设计

一项新的技术能否被农户所接受，归根到底可以理解为农户对新技术实施成本与预期收益的比较。其中成本方面不仅包括实际的生产成本，还包括农户学习成本和信息搜寻成本。而在预期收益方面，农业技术采用风险（周建华等，2012），即新技术实施所带来的生产、销售等各个方面的不确定性，成为影响农户能否接纳新技术的一个关键因素。为此，本章在设计选择实验时，环境友好生产与管理不仅考虑了技术本身（或者称为技术的适用性），还从技术的易用性与有用性两个方面加入了技术培训方式与技术采用风险两个属性。在技术培训方式方面，结合浙江省农业科学院农村发展研究所与浙江省农业厅农民培训的调查，将技术培训方式分为发放技术手册或标准化模式图、集中培训、电话指导、田间指导四个类型。在技术采用风险方面，通过文献整理与专家咨询法确定，在本章所设定的测土配方施肥+病虫害绿色防控+生产档案三项技术中，前两者对产量产生直接影响：测土配方施肥不会对产量造成负面影响，而病虫害绿色防控由于减少了化学制剂的使用而增加了物理措施与生物制剂的使用，在面对集中暴发的病虫害时的治理效果可能稍逊于化学防治，但在病虫预防方面优势明显。综合来看，与当前常规施肥和化学防治相比，产量波动一般在5%左右。因此，为了测算技术采用风险对农户接受意愿的影响，本章将技术采用风险设置为两个水平，产量增加5%和降低5%。

虽然选择实验是一种虚拟市场评估，但要使得受访者能够充分理解实验内容并做出真实选择，价格设定必须尽可能地接近真实价格以提高选择实验的可信度与有效性。但当前我国并没有针对测土配方施肥、病虫害绿色防控与生产档案建立专门的补贴项目或者类似的补贴项目，因此无法参照现行的补贴进行补贴额度设定。为此，本章通过预调研和案例分析对实施三项关键技术的额外成本进行了分解测算，以此为基础来确定选择试验中的补贴金额。

第一，测土配方施肥。由于本章以农业农村部测土配方施肥项目作为测土配方施肥的标准，因此，原则上农户实施测土配方并不会产生额外成本。调查中发现，虽然部分蔬菜产地还没有实施测土配方项目，如部分高山蔬菜产区，但通过走访当地的基层农技服务中心了解到，基本上所有的蔬菜和粮食产地的基层服务中心都配备了速测仪器，可以提供土壤检测并提供施肥建议卡，而农户需要做的仅仅是按照要求完成取土和送样而已，因此，与自行购买测土仪器、测纸的自行测土相比，其成本几乎可以忽略不计。在配方施肥环节，由于当前几乎没有任何可以直接购买配方肥的途径，而是由农户自行购买肥料按照施肥建议卡自行搭配使用，因此这部分也视作不会产生额外成本。因此，综合来看，测土配方施肥技术的采纳不会带来额外的实施成本。

第二，病虫害绿色防控。病虫害绿色防控技术是以农业防治为基础，集成“三诱一阻”（灯诱、性诱、色诱、防虫网阻隔）理化诱控技术和生物防治技术的综合性病虫害防治技术，其成本包括以下几个方面：①防虫网。其市场价格约 1.5 元/米^2，一个面积为 1 亩的大棚需要约 1000 平方米防虫网，成本约为 1500 元/亩，防虫网一般使用年限为 2 年，折合 750 元/（亩·年），除去首次安装成本外，不需要额外的人工成本。②性诱剂。每亩用量一次约 2 小包，每包 10～12 元，约合 20～24 元，有效期一般为 30～35 天，每年需换 3 次，计 60～72 元/（亩·年），人工成本忽略不计。③粘虫板。粘虫板主要用于粘虫、飞虫类害虫的防治。粘虫板市场价格约 4 元/块，平均每次每亩地需要 20～30 块（调查中我们发现，虽然粘虫板也具有不错的虫害防治效果，但完全依靠粘虫板进行飞虫防治需要的粘虫板数量会翻倍甚至更多，因此实际上很多农户和企业将粘虫板作为一种“监测手段”，害虫防治还需借助其他手段），合 80～120 元/（亩·次），使用期限一般为半个月，一季蔬菜需换 3 次左右（将粘虫板重新刷油再次使用虽然可以节约粘虫板，但却产生了更多的人工成本，预调研中三个受访单位的技术人员均表示重新刷油与换新板两种方式的成本差别不大），成本为 240～360 元/（亩·季）。人工成本方面，用工折算约 6 小时/（亩·季）；按照一年两季蔬菜计算，人工成本约 8 元/小时，折合约 96 元/（亩·年）。④杀虫灯。频振式杀虫灯的主要成本集中在杀虫灯购置成本与电费。杀虫灯价格一般在 300～500 元左右，实际使用寿命一般在 3 年左右，控制面积为 20～30 亩/台，折合 3～9 元/亩；一盏杀虫灯的日均耗电量约在 0.5 度左右，折合约 0.3～0.5 元/天、109.5～182.5 元/年，控制面积为 20～30 亩/台，成本为 3.65～9.125 元/（亩·年）。两项成本合计 6.65～18.125 元/（亩·年）。⑤其他生物制剂、生物农药。其成本基本与化学农药防治成本一致，按照《全国农产品成本收益汇编 2013》，并向浙江省农科院技术专家咨询，估计农药成本在 120～250 元/（亩·年）。

汇总病虫害绿色防控各项成本，估算总成本约在 1272～1546 元/（亩·年），其中相比传统方式净增加成本约 1072～1486 元/（亩·年）（绿色防控下化学农药的使用量能够降低 50%～80%，节约 60～200 元）。

第三，完备规范的生产档案记录（环境信息+投入品来源+销售+生产过程）。按照《农产品成本收益汇编 2013（浙江）》中家庭用工折价约 65 元/天计算，折合约 25 分钟/（亩·天），每天的耕种时间约为 8～10 小时，约 2.7～3.4 元/（亩·天），按 10 个月的耕种时间计算，约 800～1000 元/亩（虽然调查中发现雇工的成本远远超过了 65 元/天，达到了 80～200 元/天，但由于这只是雇工的劳动力价格，而调查中绝大多数农户生产中的劳动力以家庭劳动力为主，自有劳动力往往是不计人工成本的。此外，即使雇工，除了极少数龙头企业采取雇长工的方式外，多数农户通常采取的是雇用短工的方式，一般一茬蔬菜种植期内雇工时间只有 3～5 天左右。如果按照调查中雇工的价格折算，会产生较大的偏差，因此采取了折中的处理方式）。

浙江省设施农业蔬菜的平均生产成本在 5000～7000 元/（亩·年），安全友好型生产技术增加成本在 30%～45%［1500～3150 元/（亩·年）］，其中，研究显示消费者对环境友好型农产品的支付意愿高于普通农产品 15%～20%（李凯，2016），扣除市场价格补贴，政府对环境友好型生产技术与追溯管理的补贴价格应该为增加成本的 15%～25%，即 551.4～1148.75 元/（亩·年）。参照此核算结果，本章将补贴价格设置为 500 元/（亩·年）、800 元/（亩·年）、1100 元/（亩·年）、1400 元/（亩·年）4 个水平。

基于以上测算，选择实验最终确定 4 项属性和补贴金额，具体来讲，化肥农药施用管理（2 水平）、追溯管理（2 水平）、技术培训（4 水平）、技术采用风险（2 水平）、补贴金额（4 水平），详见表 5.11。

表 5.11　选择实验属性和水平表

属性	属性内容描述	属性水平
化肥农药施用管理	生产过程中肥料、农药施用与管理	使用许可范围内的肥料与高效低毒农药 测土配方施肥与病虫害绿色防控
追溯管理	投入品、生产过程管理与产品销售相关信息的登记	仅记录产品销售信息 依照生产档案范本要求记录
技术培训	通过各种途径接受到的针对蔬菜生产过程中投入品使用、病虫害防治与追溯管理等标准的技术培训次数	发放技术手册或标准化模式图 集中培训 电话或农民信箱指导 田间指导
技术采用风险	采用技术后产量的可能变化	减产 5% 增产 5%
补贴金额	政府补贴金额	500 元/（亩·年） 800 元/（亩·年） 1100 元/（亩·年） 1400 元/（亩·年）

由于 4 项属性之间没有明显的相关关系，因此本章只考虑属性主效应而不考虑属性间的交互效应，在实验设计时采取正交设计原则。每个选项包含 5 个属性，每个属性包含 2～4 个水平，一个选择集（profile）包含 2 个选项（option），依据每个属性的水平值，计算得出最少需要 32 次试验。通过 JMP 8 软件按照随机分块的方法，将 32 次试验分为 4 块，每块 8 种选择集，每种选择集进行 64 次调查，合计 256 位调查者，每位调查者完成 8 次选择（样本量为 256×8=2048）。样本情

况如表 5.12 所示。

表 5.12　选择实验样本情况

属性	选项 A	选项 B	选项 C
化肥农药施用管理	使用许可范围内的肥料与高效低毒农药	测土配方施肥与病虫害绿色防控	都不选
追溯管理	依照生产档案范本要求记录	仅记录销售信息	
技术培训	发放技术手册或标准化模式图	集中培训	
技术采用风险	减产 5%	增产 5%	
补贴金额	500 元/（亩・年）	1100 元/（亩・年）	
您的选择			

（四）基于 mixlogit 回归的农户 WTA 分析

1）WTA 测算与 mixlogit 回归分析

回归结果包括三个部分（表 5.13）：最下面一栏是模型拟合的检验结果，上半部分表格是均值回归系数（mean coefficients），下半部分是方差回归系数（standard deviation coefficients）。

从回归结果来看，模型似然对数值为−1633.4207，对应的 P=0.0000，表明应拒绝系数方差等于 0 的原假设，这意味着相较于 conditional logit model，mixlogit 模型能更好地拟合数据的随机分布。

表 5.13　菜农偏好的 mixlogit 回归结果

变量	系数	标准误	Z 值	显著性	95%置信区间	
			均值			
都不选	0.350 596 3	0.149 395 6	2.35	0.019	0.057 786 2	0.643 406 4
补贴金额	0.001 077 6	0.000 129 6	8.32	0.000	0.000 823 7	0.001 331 5
高水平化肥农药施用管理	−0.275 188 1	0.065 222 2	4.22	0.000	0.403 021 2	0.147 355 1
高水平追溯管理	−0.056 876 1	0.042 219 2	−1.35	0.178	−0.139 624 2	0.025 871 9
集中培训	0.023 944 9	0.070 844 7	0.34	0.735	−0.114 908	0.162 797 9
电话指导	−0.107 404 7	0.067 952	−1.58	0.114	−0.240 588 2	0.025 778 8
田间指导	0.144 438 6	0.097 176 7	1.49	0.137	−0.046 024 3	0.334 901 6
增产 5%	0.532 485 7	0.052 040 6	10.23	0.000	0.430 488	0.634 483 3

续表

变量	系数	标准误	Z 值	显著性	95%置信区间	
			方差			
高水平化肥农药施用管理	0.748 220 1	0.066 465 1	11.26	0.000	0.617 951	0.878 489 3
高水平追溯管理	−0.133 328 6	0.096 206 6	−1.39	0.166	−0.321 89	0.055 232 8
集中培训	0.156 983 7	0.143 469 1	1.09	0.274	−0.124 210 5	0.438 178
电话指导	−0.055 172 5	0.162 750 8	−0.34	0.735	−0.374 158 1	0.263 813 2
田间指导	0.782 634 1	0.116 212 3	6.73	0.000	0.554 862 2	1.010 406
增产 5%	0.447 701 4	0.062 267	7.19	0.000	0.325 660 3	0.569 742 6
LRchi2(6)= 214.69		似然对数值= −1633.420 7			Prob>chi2=0.000 0	

从均值的回归结果来看，受访农户偏好尽可能高的补贴金额、相对较低水平的化肥农药使用要求与追溯管理水平、能够进行面对面交流的集中培训和田间指导方式及较低的技术采纳风险。但高水平追溯管理与三种技术培训的系数显著性程度不高。

从方差的回归结果来看，受访农户对高水平的化肥农药使用要求、田间指导和技术采纳风险存在很大差别。换言之，受访农户对上述属性的偏好存在明显的异质性。

2）基于 latent class model 回归的农户 WTA 异质性分析

从表 5.14 可知，农户可分为如下几类：①低技术采用风险优先。群组比例约为 11.7%，该组农户最看重技术采用风险（系数最大），要求技术具有低采纳风险，同时补贴金额、电话指导和田间指导也显著影响了其安全友好型生产的接受意愿。只要能够保证安全友好型生产不会导致产量的下降，测土配方施肥和病虫害绿色防控技术、完备生产档案等安全友好型生产管理中所有高水平的要求都能被接受（虽然高水平化肥农药施用管理并不显著，但仍呈现正向相关关系）。在技术培训方式上，该组农户更偏好电话指导。在补贴金额上，农户希望补贴金额越高越好。进一步分析该组农户的特征发现，老龄农户与环境知识得分较低的农户落入该组的概率较大。②坚持按照当前方式生产。群组比例为 30.8%。该组农户选择的依据主要包括补贴金额、化肥农药施用管理、生产档案、集中培训和电话指导、技术采纳风险等因素。从回归系数与显著性程度来看，该组农户对安全友好型生产并不感兴趣，在选择中对测土配方施肥、病虫害绿色防控和生产档案等高水平的安全友好型生产较为排斥，更多选择选项 C，即按照当前的生产方式进行生产。从该组农户的特征来看，其相对于本地农户更愿意按照当前的生产方式生产而不愿意尝试安全友好型生产；如果农户蔬菜种植的土地是自有土地，他们也倾向于按照传统方式进行生产；最后，环境知识水平较低的农户也更愿意坚持按照当前方式生产。③低水平化肥农药施用管理优先。群组比例约为34.1%，是占比最大的一组农户。化肥农药施用管理是影响该组农户决策的主要依据。具体来讲，该组农户在选择中尽量避免选择测土配方施肥和病虫害绿色防控这种高水平的化肥农药施用管理，但也不会选择选项C（按照当前方式生产），这意味着他们能够接受较低水平的化肥农药施用管理，即能够接受规范使用规定范围内的化肥农药。从该组农户的特征来看，与群组②相比，除了是否本地、环境知识水平、土地来源对农户选择产生显著影响之外，销售渠道也产生了显著影响。回归结果显示，以批发市场和农贸市场为主要销售渠道的农户落入到该组的概率更高。④田间指导优先型农户。群组比例约为23.4%。补贴金额、化肥农药施用管理、田间指导和技术采纳风险是显著影响该组农户选择的主要因素。其中，田间指导变量的系数最大，意味着田间指导的培训方式对该组农户的选择影响是最主要的。只要能够提供田间指导的培训方式，该组农户愿意尝试高水平的化肥农药施用管理。在补贴金额和技术采纳风险的偏好上，与其他组农户一样，该组农户同样偏好更高的补贴金额和较低的技术采纳风险。

表5.14　latent class model分组回归结果

变量	低技术采用风险优先	坚持按照当前方式生产	低水平化肥农药施用管理优先	田间指导优先型农户
都不选	−1.273	2.814	2.398	1.158
补贴金额	0.008	0.001	0.000	0.002
高水平化肥农药施用管理	1.428	1.390	0.416	0.594
高水平追溯管理	0.865	−0.725	0.020	0.079
集中培训	1.478	0.675	0.019	0.233
电话指导	2.721	0.330	0.220	0.077
田间指导	−2.551	−0.147	0.086	1.058
增产5%	5.729	0.964	0.089	0.375
每组比例	11.7%	30.8%	34.1%	23.4%

第三节　本章小结

鉴于气候变化会通过温度、降水等因素影响农产品病虫害的暴发和传播，进而影响农业生产中化肥和农药的投入，最终影响农产品的质量安全。因此，本章基于农产品质量安全视角，从微观农户视角出发，利用大规模的农户调查数据，分别以水稻、蔬菜为研究对象，全面考察了气候变化对农户的化肥农药施用情况的影响，以此来衡量气候变化对农产品质量安全的影响，进而探究了气候变化对生产转型的关键影响并对其进行了效应评估。本章的研究结果如下。

第一，运用“气候变化的感知”来衡量气候变化对农户的作用，利用四省的稻农调查数据，从主观、客观两个维度考察了农户的化肥农药施用情况，以此来衡量气候变化对农产品质量安全的影响。结果表明，核心变量“气候变化感知”确实对农户的化肥农药施用产生了显著影响，气候变化感知程度高的农户会增加化肥农药的施用。调查发现，在其他因素保持不变的情况下，稻农关于极端气候对水稻种植影响的感知越强烈，就越有可能通过增加化肥农药投入来应对极端气候，从极端气候对水稻种植的“影响很明显”、“影响比较明显”到“没影响”，稻农所占样本比例分别为 58.74%、36.36%、4.9%。从化肥农药的具体施用量来看，稻农对极端气候感知的程度越高，其化肥农药施用量也相应会更高，从极端气候对水稻种植的“没影响”、“影响比较明显”到“影响很明显”，稻农的具体化肥农药施用量分别为 24.47 千克/亩、27.00 千克/亩、29.48 千克/亩，初步验证了极端气候会诱导稻农施用更多的化肥农药的研究假设。另外，实证研究发现，稻农关于极端气候对水稻种植影响的感知越强烈，其化肥农药施用的具体数量就越高。在其他条件不变的情况下，与没感知到极端气候对水稻种植影响的稻农相比，感知到极端气候影响很明显的稻农的化肥农药施用量平均多施用 3.42 千克/亩，感知到极端气候影响比较明显的稻农的化肥农药施用量平均多施用 1.20 千克/亩。因此，极端气候对稻农的化肥农药施用行为具有挤进效应。此外，风险态度、参加农业产业化组织也会对农户的化肥农药施用行为产生重要影响。农户的风险态度会显著影响稻农的施肥行为，是否加入农业产业化组织、是否参加施肥培训显著负向影响农户的化肥农药施用行为。不确定条件下，风险规避型的水稻种植户为了规避风险，减少了约 0.80 千克/亩的化肥农药投入量。反之，风险偏好型的水稻种植户为了追求产量最大化或收益最大化，则增加了 2.54 千克/亩的化肥农药投入量。因此，需要正确引导极端气候明显地区稻农化肥农药施用行为，采取多种措施降低气候变化对农户的潜在风险，加强农业产业化组织尤其是合作社的建设，从而提高稻农的适应能力，保障我国粮食生产质量安全。

第二，与水稻种植户一样，蔬菜种植户普遍认为近 10 年来气候发生了变化，极端气候加剧了蔬菜病虫害等，在一定程度上影响了蔬菜的产量、种植熟制、灌溉等。当前蔬菜种植户被访者中，农户对诸如增加化肥农药等投入、增加劳动投入、修建和完善基础设施等管理措施的采纳程度较高；而对于抗病、耐热、耐旱水稻品种，节氮精准施肥技术，浅湿干控制高产灌溉技术，减苗扩行高产栽培技术，无公害优质栽培技术，稻油、稻麦等间作套种耕作技术，标准化旱育秧与抛秧技术，病虫草害综合防治技术，全程机械化技术等亲环境技术组合，改善农田周边生态环境等技术措施的采纳程度相对较低一些。这些措施的采取与其对气候变化的认知程度、务农年限等都有关系，同时可以看出农户对于增加劳动投入、调整农时等简单易行的操作更加偏爱；而对于需要专业指导的新技术和新品种，由于需要花费更多的时间和人工投入，农户一般都持有保留态度。调查显示，对于亲环境新技术组合，受访菜农偏好尽可能高的补贴金额、相对较低水平的化肥农药施用要求，对于化肥农药施用要求高的技术，菜农表示只有在能够保证安全友好型生产不会导致产量下降、能提供田间指导时才愿意尝试。

第三，面对气候变化，无论是稻农还是菜农，其不愿意选择亲环境的适应措施的困难和原因如下。①认识不清、能力不足。在当前并没有相关法律法规对源头农户农业生态环境保护职责进行清晰界定的条件下，农户的环境意识与新技术的学习采纳能力对安全友好型生产的落实至关重要。但调查发现，无论是稻农还是菜农，都没有意识到自己的生产行为会给气候变化或环境带来影响，观念上没有进行环境友好生产转型的动力。文化程度较低、平均年龄较高是当前水稻、蔬菜种植劳动力群体的显著特征，新技术接受能力不足成为重要阻碍因素。从研究结果来看，老龄农户风险规避系数更高，即对风险更加厌恶，更加偏好稳定性高的技术。同时由于老龄农户往往受教育程度更低、学习能力较差，因此要使老龄农户接受安全友好型生产，必须通过田间指导等高成本的推广方式。②环境友好型生产效益较差。88.95%的稻农认为人工费已经成为近年来各单项成本中上涨最快的，使得绝大多数农户不愿意采用亲环境友好技术。对浙江省菜农而言，实施安全友好型生产管理生产成本将会提升 30%～45%，大约 1500～3150 元/（亩·年）。但在当前的市场体系下，安全友好型生产所能带来的市场收益很难实现。农户销售渠道依然以传统商贩上门收购和批发市场销售为主，难以实现质量安全农产品的溢价，制约了市场激励作用的发挥。市场激励作用受限也使得安全友好型生产的推广严重依赖政策补贴。③市场准入缺失阻碍优质安全农产品溢价和实现经济新常态的一个重要特征就是消费者消费日趋理性。反映在农产品消费上，就是消费者对农产品质量安全的要求越来越高，也愿意对安全、优质的农产品支付较高的价格，但必须以满足消费者对农产品产地环境、生产过程等方面更完整、更准确的信息要求为前提。④政府基层公共服务提供不足。调查还显示，在农业生产过程中遇到不同灾害时，往往由于信息渠道不通畅、政府关心扶持不足等，65%的农户报告只能依靠自己的生产经验或逐步试验来解决灾害的影响，只有 2%的农户在遭受自然灾害时可以完全依靠政府的力量来解决问题。由此可以看出，目前政府在自然灾害保护上的作用还未能很好地发挥。此外，农户在自己解决自然灾害影响的同时，除希望政府加强资金扶持和农田基本建设外，强烈希望政府加快应对气候变化的水稻技术研发和示范、加强基层农技推广和田间指导示范作用、及时提供气象信息服务、加大农民培训力度。⑤缺乏现代农业经营主体带动。研究表明，当前农户参加农业产业化组织的比重较小，而现代农业经营主体，如农民专业合作社是带动农户实施亲环境技术等的主要主体，但调查显示，由于现代农业经营主体激励力度不够，尚不能很好地克服合作社集体行动的困难，气候变化可能成为制约农产品特别是粮食生产能力的主要宏观限制因素。但气候变化不仅对农产品的数量安全产生影响，也对农产品的质量安全产生影响，因此，理解气候变化对农产品安全的影响需要更为全面的分析路径和更为成熟的建模。评估气候变化对农业高质量生产的影响，不仅需要考虑气候变化对农产品数量安全的影响，更需要从农产品质量安全的视角，深入评估气候变化对农业高质量生产的总体影响。此外，评估气候变化对农产品安全的影响时，不能局限于粮食作物安全，还应扩大到蔬菜等经济作物，否则可能导致气候变化对农业高质量生产的影响估计存在偏差。

第六章　新型农业经营主体带动小农户实现生产转型的作用评价与难点识别

分散小农户是中国农业生产的基本主体，气候变化对农业生产方式的影响集中分散在亿万小农户的生产行为上。在气候变暖与资源环境约束不断加强的时代背景下，传统高投入、高消耗、高污染、低效益的生产方式，不仅无法保障农产品的数量安全和质量安全，而且中国农业生产转型面临的挑战越来越大，成本越来越高，农产品安全生产转型的难点在小农户。因此，要实现生产转型，就必须将落脚点放在亿万小农户身上。随着专业大户、家庭农场、农业龙头企业等新型农业经营主体不断壮大，新型农业经营体系逐渐形成，新型农业经营主体的发展背景和组织特点决定了其在现代农业绿色发展进程中的角色，准确定位不同农业经营主体的功能和重点发展领域有助于针对性地实现带动小农户衔接现代农业的目标。在家庭农场、农业企业、农民专业合作社三类新型农业经营主体共存的格局下，如何发挥经营主体在农业转型，尤其是质量安全控制与环境友好型技术推广中的作用是一个关键问题。因此，如何发挥各类新型农业经营主体的优势，并解决其存在的问题以实现带动小农户衔接现代绿色农业的目标，识别影响或阻碍各类新型农业经营主体带动小农户实现生产转型的关键因素，对实现中国农业生产由“高消耗高污染”向“低碳高值”的现代绿色农业生产转型具有重要的理论意义和现实意义。

本章通过 2017 年 6 月～2018 年 8 月对浙江省范围内的 100 家合作社、56 户家庭农场、11 家龙头企业、312 位合作社农户及 129 位小农户进行实地访谈，基于有机衔接小农生产与现代绿色农业发展这一中心目标，结合当前小农户采纳绿色农业生产方式面临的困境，围绕如何发挥各类新型农业经营主体带动小农户实现生产转型的优势，采取案例分析与实证分析相结合的方法，重点讨论不同新型农业经营主体带动小农户实现生产绿色转型的作用及其难点，分析三类产业化组织在综合治理中的作用及组织间作用的差异，科学评价新型农业经营主体带动小农户的作用效果，并从治理结构、利益联结方式等视角揭示不同经营主体带动小农户实施绿色生产发展的条件、差异根源，分析各类组织在治理结构与带动能力方面的不足，以便为强化组织带动能力提供建议。

第一节　数据来源

本次调查采取分层抽样与随机抽样相结合的方法，对浙江省 11 个城市的每个县区的蔬菜、水果产量进行排序，以确定浙江省蔬菜、水果重点县名单，然后按照 3∶1 的比例确立重点县区、非重点县区的调查样本数。本书课题组于 2017 年 6 月～2018 年 8 月调查了 100 家合作社、56 户家庭农场、11 家龙头企业、312 位合作社农户及 129 位小农户，合计发放问卷 690 份，调查收回合格问卷 608 份，有效率 88.12%。

第二节　新型农业经营主体生产特征

土地、劳动力和资本是经典农业生产模型中最主要的投入要素，表 6.1 统计了小农户与三类新型农业经营主体在经营方面的特征。就主要负责人年龄而言，小农户主要负责人的平均年龄为 51.8 岁，高于新型农业经营主体主要负责人的平均年龄。合作社社长和农业企业负责人的平均年龄在 50 岁左右，家庭农场农场主的平均年龄最小，仅为 43.8 岁，比小农户主要负责人年轻近 8 岁。现阶段的高龄农户往往文化程度较低，在本章调查样本中，小农户主要负责人的教育年限最低，为 10.1 年，而三类新型农业经营主体主要负责人的教育年限均能达到高中水平，其中农业企业负责人的教育年限最高，为 12.4 年，当中 36.4%的企业负责人具备本科或大专文凭。与教育水平相对应，传统农户通常依赖于个人种植经验调整农业生产决策，小农户正是经验丰富农户的代表，其平均经营年限达到 16.6 年，而合作社本身是由农户自发组织而成的经济合作社组织，往往是由种植经验丰富的大户或种植能人领办，因而社长也拥有平均 15.1 年的种植经验，但种植经验将对农户转变风险态度、采用新兴绿色生产技术等产生积极还是消极的影响仍有待探究。

表 6.1　不同经营主体的经营特征均值

经营主体类型	主要负责人年龄/年	主要负责人教育年限/年	经营年限/年	经营规模/亩	上年亩均毛收入/万元
小农户	51.8	10.1	16.6	58.6	0.64
合作社	50.7	11.9	15.1	983.6	0.63

续表

经营主体类型	主要负责人年龄/年	主要负责人教育年限/年	经营年限/年	经营规模/亩	去年亩均毛收入/万元
农业企业	49.8	12.4	12.8	628.9	1.22
家庭农场	43.8	11.9	9.12	210.8	0.37

在经营规模方面，农业企业平均经营规模达628.9亩，约是家庭农场的3倍、小农户的10.7倍，这充分体现了农业企业在规模化种植上的优势及其优渥的资金储备。与农业企业不同的是，合作社在规模化的过程中无土地流转成本，伴随着农户的加入可自然扩大整体经营规模，因而合作社在提高农户组织化程度中起着极其关键的作用。除此之外，农业企业在市场营销方面也具有显著优势，过去一年内的亩均毛收入达到1.22万元，加之其较低的亩均投入成本，农业企业的盈利能力相对较优。小农户和合作社的亩均毛收入十分接近，合作社甚至略低于小农户，说明合作社在提高农户组织化率过程中存在不合理投入或管理效率损失。有趣的是，家庭农场的亩均毛收入最低，仅为0.37万元，甚至低于传统小农户，这反映了目前家庭农场发展过程中存在盲目规模化的问题。家庭农场仍是以家庭为生产单位，在农村劳动力外流、城乡一体化快速发展的背景下，农村劳动力的雇佣成本不断上升，而增加土地规模所带来的边际成本节约的优势开始削弱，甚至无法弥补土地租金的增加，这导致家庭农场面临着大规模、高成本、低收益的窘迫局面。

第三节　新型农业经营主体促进小农户实施绿色发展的比较

由于绿色农业内涵广泛，包含的技术和管理措施众多，因此本章选取质量安全控制作为各类产业化组织推广绿色农业发展的着力点，唯有协调环境与质量安全治理的亲环境技术（绿色生产技术）和管理措施才是根本解决农产品的质量安全问题的关键。在产品对象的选择上，以蔬菜和水果这两类质量安全风险较高且近年来质量安全事故发生较为频繁的产品作为研究对象。在具体标准的选择上，除参照综合治理的要求与农产品质量安全法外，从当前果蔬源头质量安全问题及其成因分析出发（刘畅等，2011），确定化肥农药使用不当与产地环境污染是质量安全控制针对的重点。由于有助于小农提升亲环境友好生产技术采纳的服务，如统一采购农资、帮助农户销售及技术培训辅导等，一般只出现在农业企业和合作社，因此，将蔬菜、水果产业化组织源头质量安全控制措施锁定在以下三项措施上。

第一，产地环境控制。农业生态环境对农产品质量具有直接影响，因此需要对产地环境进行检测，以确保产地环境适合农产品生产。产地环境控制是根据农产品的品种特性，确保产地的大气、土壤、水体中的有毒、有害物质状况等符合规定标准。但我国不像西方国家那样拥有专门的环境标签，我国产地环境检测通常包括在无公害、绿色、有机及地理标志等认证中。因此，本章选择产品认证代表产地环境控制。

第二，投入品管理与生产过程控制。产地环境安全是农产品质量安全的基础，投入品的规范使用与生产过程信息可追溯则是保障农产品安全的关键。目前，多数产业化组织已经建立了销售台账制度，能够保证产品销售后如果出现问题能够追溯到组织。但要实现更高精度、广度、深度的追溯，必须对生产过程进行严格控制，确保危及农产品质量安全的农药、兽药、饲料和饲料添加剂规范使用，同时建立包含投入品使用信息、生产管理信息、销售信息在内的完整的生产档案。此外，严格的投入品管理与生产过程控制也可以在一定程度上降低售前检测能力不足导致的安全风险。

第三，售前农残检测。农药残留是蔬菜与水果安全问题中最突出的问题，也是消费者最关心的质量安全问题。各类产业化组织自检与批发市场抽检是杜绝农残超标产品入市的关键，同时也是倒逼农户规范使用各种投入品的有力举措。2006年颁布的《中华人民共和国食品安全法》中明确提出，从事农业生产的各类组织必须在产品上市前进行自检或委托第三方机构进行抽检。

在明确三项控制措施的基础上，本章进一步筛选出三项衡量指标。由于当前无公害、绿色、有机认证都包含了产地环境检测，因此本章将是否取得上述一种认证作为评价是否实现产地环境控制的主要依据。需要说明的是，虽然三种认证对产地环境要求存在很大差别，但本章仅仅关注环境安全这一基础属性，因此未对三种认证做分级处理。生产档案是农产品质量安全追溯体系建设的重要内容，也是管理者实现对组织成员投入品使用与生产过程管理的重要依据，本章将要求农户建立生产档案作为评价各类经营主体质量安全控制的第二个衡量指标。而产品检测（包括送检和自检）作为农产品上市前的最后一步，同样是质量安全控制的重要环节，为此，本章将其作为第三个评价指标。

如表 6.2 所示，新型农业经营主体在产品入市检测方面的整体实施比例最高达到 75.4%，其次是生产档案，为 73.7%，认证的实施比例最低，仅为 63.5%，均高于小农户的实施率。产品检测一直是政府农产品监管的重点，《国家食品安全监管体系“十二五”规划》中明确提出将完善检验检测体系建设作为食品安全监管的重要内容。在此监管思路下，浙江省政府在明确了各类经营主体产品检测责任的基础上，为各类经营主体产品检测提供了大量优惠政策（如为各类经营主体免费配备快速检测设备、基层公共服务中心提供免费检测），极大降低了产品检测的实施成本。而售前检测又恰好处在组织产品流的聚合点，相对于生产档案这类贯穿生产过程全程的控制手段具有较高的实施效率，因而成为各类生产经营主体的最优选择。

表 6.2　三种主要质量安全控制措施的实施情况

经营主体类型	产品检测		生产档案		三种认证	
	0	1	0	1	0	1
合作社	37（37.0%）	63（63.0%）	38（38.0%）	62（62.0%）	32（32.0%）	68（68.0%）
农业企业	1（9.1%）	10（90.9%）	1（9.1%）	10（90.9%）	2（18.2%）	9（81.8%）
家庭农场	3（5.4%）	53（94.6%）	5（8.9%）	51（91.1%）	27（48.2%）	29（51.8%）
合计	41（24.6%）	126（75.4%）	44（26.3%）	123（73.7%）	61（36.5%）	106（63.5%）

生产档案作为一种生产过程控制手段，虽能带来更高程度的追溯深度与准确度，但要求农户建立规范的生产档案的成本偏高（除了记录所需花费的时间之外，监督组织内部成员如实规范记录也需要大量人工成本）。相较于产品检测，近年来三种认证为农户带来的产品增值效应有所削弱，虽然三种认证也有相关扶持政策，但认证费用与认证管理的复杂性决定了其实施比例相对较低。

在三类新型农业经营主体中，家庭农场在实施产品入市前检测和记录生产档案方面的整体实施比例最高，但其认证比例相对较低，而农业企业认证比例最高，其安全控制措施的实施程度显著高于合作社，合作社三类指标的实施率最低。

第四节　新型农业经营主体带动小农户实施绿色发展的实证分析

通过第三节的对比描述分析可知，三类新型农业经营主体在推动现代农业绿色发展过程中具有不同的比较优势。农业企业的优势体现在相对充裕的资本、全面的管理投入及较优的市场营销能力和竞争力；合作社可以实现比农业企业更大的规模化经营，在提高小农户组织化程度方面具备天然优势，但在内部组织管理上仍存在问题；家庭农场兼具企业和家庭经营的特性，能充分保障农户的自身利益并具备较高的劳动生产效率，但易受外部环境的影响，经营风险较高。为此，本章将逐一讨论如何发挥各类新型农业经营主体的优势，并解决其存在的问题，以实现带动小农户衔接现代绿色农业的目标。

一、农业企业

农业企业是起步最早、发展时期最长的新型农业经营主体，近年来在工商资本进入农业的浪潮中不断探索，发展出了三类主要的“农业企业+农户”合作模式：订单合同模式、产业工人模式、反租倒包模式。

（一）理论分析

订单合同模式是最为经典的“农业企业+农户”合作模式，农户专门从事农产品的生产，企业专门从事农副产品的加工和销售，两者会签订契约，约定农产品的交付时间、数量、品质和价格等。企业会在契约条款中明确最终交付的产品的品质指标，企业对农户的生产行为一般没有很强的控制力。也有企业会在条款中明确对农户提供一定的服务，如农资采购和农业技术服务等，这些附加服务条款的添加在一定程度上降低了农户的生产控制投入成本。

产业工人模式表现为企业统一提供土地、农资、农机等生产资料，农户到企业的生产基地“上班”，产出的农产品全部归企业所有并由企业来销售，农户的工资为固定工资，一般按照日薪或者月薪来计算，有固定的上下班时间，农户承受的风险水平最低。由于农户只负责生产的某个环节，不固定地负责某块地，因此，企业得以控制整个生产过程和产品质量水平。

反租倒包模式的操作形式比较多，相对典型的过程是农业企业先通过流转合同将土地流转过来，然后将已流转的土地进行整理，再承包给农户耕种，作物品种、种植面积和种植工作安排大多由承包农户和企业协商决定。反租倒包模式下，农户的身份不同于订单合同模式中纯粹的劳资关系，农户在这种模式下既属于企业雇佣的员工，又有很大的自主性。该模式在一定程度上既发挥了农户的生产积极性，又大幅度减少了企业的监督成本，不失为一种很好的合作关系。

从订单合同模式到反租倒包模式，再到产业工人模式，企业与农户的合作关系依次变得紧密，企业对农户生产行为的可控程度也依次更强。但从现代企业管理理念来说，随着企业控制力的增强，内部管理成本也在逐渐升高。订单合同模式控制的关键点仅限于最终的产品交付阶段，对农户的生产行为不能实施有效的控制。产业工人模式下，农户在企业的“自然厂房”中生产，会有技术员和管理员的监督，整个生产过程完全由企业决定。但农产品的种植过程劳动比较密集，工商资本农业企业管理者往往不能时刻监督，而且农户的工资相对固定，生产过程和最终的绩效不对应将导致经济激励手段失效。反租倒包模式下农户耕种企业的土地，农产品的产权归属于企业，农户没有农产品的处置权，因此可以避免订单合同模式下农户将产品卖给其他企业的情况，而且这种模式一般以该农户与企业约定的产品品质、数量和价格来交付，品质与最终的经济利益相对应，经济刺激方式有效，农户具有品质型农产品的生产积极性，因此企业的监督成本也不会很高。从理论上来说，反租倒包模式不失为一种比较理想的企业与农户合作的模式。

（二）农业企业案例分析

为进一步探究三种“农业企业+农户”模式在现代绿色农业发展中的表现，本节从保障农产品优质优价的角度出发，选取杭州萧山舒兰农业有限公司（以下简称舒兰农业）、浙江义远生态农业有限公司（以下简称义远生态农业）、蓝城农业科技有限公司（以下简称蓝城农业）为典型代表进行案例分析。

第一，舒兰农业。在产业工人模式下，舒兰农业在品种及生产流程研发方面的做法很值得借鉴，企业内设立研发岗位，与农业科学院联合研发推广新品种，并进行标准化生产过程的研究，将科技与产业紧密结合，形成品种和技术优势。在生产组织模式方面，舒兰农业通过“品控员+技术员+农户”的管理模式，设立技术员兼负责人的岗位，安排经验丰富的专业农民监督记录农户的生产过程，将农户生产过程中的态度和表现与工资挂钩，控制了农户的机会主义行为，从而有效地将品质型农产品生产标准落地实施，形成了企业的生产管理制度优势。另外，产业工人模式下农民工的劳动量比较大，而且会受到更加频繁的监督，因此这种模式更加适用于有大量外地农民工资源的企业。

第二，义远生态农业。在市场需求把握方面，义远有机农场定位于高端客户，将农产品的品质和产量与家庭配送和体验店专柜客户的需要相对应，并且制定了农产品的达标标准，实现了产销对接。在品种及生产流程研发方面，义远有机农场聘请浙江省农业科学院的技术专家定期频繁地对农场的生产活动进行指导，并且专家与企业的技术员进行了系统的品种和种植方式试验，探索标准的种植技术流程。农场的农户一致认为技术专家的技术指导对提高农产品品质有积极作用。在生产组织方面，义远有机农场采用两种生产组织模式，产业工人模式下的农户完成标准化程度比较高的任务，每天固定上下班时间，加班会有加班工资，农户的工作压力较小；反租倒包模式下的农户完成单品类的季度生产任务，最终产品的产量和品质决定了农户的薪酬，农户的态度和高品质农产品生产行为都比较主动。对这两种组织模式的实证分析表明，反租倒包模式下农户生产的农产品品质显著高于产业工人模式，并且反租倒包模式下的农户更愿意采用企业的技术标准进行品质型农产品的生产。这两种模式的特征主要由薪酬发放形式和奖励依据来决定，产业工人模式采用固定薪酬，奖金由工作态度和表现决定；反租倒包模式的薪酬发放采用定价收购方式，收入由农产品的品质和产量决定，两种模式的经济激励方式不同。相对来说，反租倒包模式更有利于提高农产品的品质，品质和产量与收入挂钩也更有利于提高农户生产高品质农产品的积极性。

因此，农业企业在应用反租倒包模式时，应该统一提供化肥农药来保证农产品的质量安全，也应该与科研院所密切合作来研究农产品品种和标准化生产流程，以此形成技术竞争优势。在管理农户方面，应该先制定农产品收购的品质标准，将品质和农户的收入挂钩，这样，农户对于技术员指导和专家培训的态度就会由被动接受变为主动采纳，标准化生产流程的落实也将更加有效率，从而形成企业的生产管理制度优势。这种模式下农户的劳动时间更加自由，更加符合农户的原有生产习惯，企业相当于社会化服务组织，比较容易组织当地农户进行生产，相对来说更适宜工商资本进入农村，带动当地农户增收致富。

第三，蓝城农业。蓝城农业与农户的合作模式由产业工人模式向反租倒包模式转变，最终又转化为订单合同模式。从蓝城农业由产业工人模式到反租倒包模式的转变来看，企业必须拥有三种核心能力：一是能够与科研院所密切合作，研发优质农产品品种和制定种植技术标准；二是能够拥有一批经验丰富的技术员，他们负责技术标准的落地实施；三是能够设计合理的激励制度，将品质和生产农户的收入挂钩，激励更多高品质农产品的生产。从蓝城农业由反租倒包模式到订单合同模式的转变来看，当母公司品牌强大，产品渠道开拓能力强，拥有有保证的潜在客户后，由于需求品类和数量的急剧增多，生产基地的管理难度加大，生产和销售难以匹配，这种情况下企业采取订单合同模式更佳。

（三）农户视角下的农业企业实施绿色生产的带动效果分析

与另外两家企业不同的是，义远有机农场同时存在两类合作农户，提供了同一环境下两类农户的自然对比环境。因此，本章对义远有机农场两种组织模式下的农户展开调查分析。

第一，农户基本情况方面。义远有机农场的农户都是本地人，大多都为 50 岁以上，60 岁及以上的有 4 人，老龄化程度高。所有农户中仅有 1 个男性，该男性处于反租倒包模式下。所有农户的文化水平都为小学及小学以下，文化程度较低。收入来源方面，两种生产组织模式下农户的收入来源都不只限于农业。卡方检验结果表明，两种生产组织模式下农户的基本情况都没有显著差异。

第二，农户态度方面。统计分析表明，在对农产品的品质重要性认知方面，义远有机农场6个反租倒包模式下的农民中有5个都认为农产品的品质十分重要，而 5 个产业工人模式下的农民中有 2 个认为重要、2 个认为一般，还有 1 个认为不重要。在品质型农产品的生产意愿方面，反租倒包模式下的 6 个农民都十分愿意为企业生产优质农产品，因为优质农产品的数量决定了他们的收入；而产业工人模式下的 5 个农民中，有 4 个对于是否愿意为企业生产优质农产品感觉无所谓，有 1 个甚至不愿意为企业生产优质农产品，认为优质农产品生产与他的收入无关，而且会更加辛苦。

在两种生产组织模式下对农户对于品质的态度和是否愿意为企业生产优质农产品进行相关性检验，由于两者都为定序变量，因此用 Spearman 等级相关系数进行相关性检验，检验结果 P 值小于 0.01，表现出极显著的相关性，结合 Fishbein 提出的多属性态度理论，农户对于农产品品质的态度决定了农户为企业生产优质农产品的行为意向。在对待技术员的技术指导和专家培训的认知方面，反租倒包模式下的农民都认为技术指导和专家培训对提高农产品品质非常有用；而产业工人模式下的农民中有 3 个认为技术员的指导比较有用，2 个认为一般，并且 5 个农民都认为专家培训对于提高农产品的品质效果一般。

卡方检验表明，不同合作模式下农户对于品质的态度、是否愿意生产优质农产品、认为技术员的技术指导和专家的技术培训对提高农产品品质是否有用都是显著不同的。综上，两种模式下的农户对于品质和技术有着截然不同的态度，在反租倒包模式下，农户对于优质农产品的认知、生产优质农产品的积极性，以及对于技术培训和指导的看法都显得更加积极。

第三，企业管理措施方面。反租倒包模式下的农户一致表示在种植过程中会经常受到技术员的指导，每个月都会参加一次专家的技术培训，而且技术员对他们的监督会更频繁；产业工人模式下的农户一致表示在种植过程中技术员偶尔会指导他们，他们也没有参加过技术培训，而且技术员对他们的监督也比较少。我们用 t 检验来确定两种生产组织模式下企业对农户的培训和监督是否具有差异，结果显示 $P<0.01$，说明反租倒包模式下农户受到的培训和监督更多。结合农户的态度来分析，产业工人模式下的农户既没有认识到品质的重要性和专家、技术员指导的重要性，也没有受到相应的监督和培训；反租倒包模式下的农户在受到频繁的指导和监督的情况下，没有表现出态度上的抵触，反而更愿意为企业生产优质农产品，也愿意听从技术员和专家的指导。在薪酬支付方式和奖励依据方面，反租倒包模式下的薪酬支付方式为企业定价收购，按照品质和产量进行奖励；产业工人模式下的薪酬支付方式为固定薪酬，按照工作态度和表现进行奖励。接着，我们对影响优质农产品生产绩效的因素进行分析。由于变量多为定序变量，因此先用 Spearman 等级相关系数来进行相关性分析。Spearman 相关性分析结果显示，生产组织模式、年龄、收入来源、对于专家培训的态度、技术员的田间指导频率、技术员的监督频率、薪酬支付方式和奖励依据与达标率显著相关（$P<0.05$）。利用两独立样本 t 检验来对产业工人模式和反租倒包模式下达标率的平均值进行检验，结果显示，反租倒包模式下样本达标率的平均值为 0.82，大于产业工人模式下达标率的平均值 0.70，且对应的概率 P 值为 0.027，因此两种组织模式下的农产品达标率平均值具有显著性差异，反租倒包模式下的平均达标率显著高于产业工人模式下的平均达标率。Spearman 相关性检验的结果表明年龄对达标率的影响为正，可以说年龄越大，达标率越大，但年龄和达标率都为等距变量，因此再用

Pearson 检验两变量的相关性，结果不显著，因此，可以否定年龄影响达标率的结论。收入来源与达标率呈负相关关系，即收入来源中农业收入占比越高，达标率越高。对于专家培训的态度和技术员的田间指导频率及技术员的监督频率与达标率呈负相关关系，因此，可以说农户对通过专家培训能提高达标率的态度越积极，最终生产的农产品达标率越高，技术员的田间指导频率和监督频率越高，达标率越高。由于已经证明了两种生产组织模式下达标率平均值有显著性差异，而生产组织模式的差别就体现在薪酬支付方式和奖励依据方面，这两个变量是组织模式所决定的变量，因此，薪酬支付方式和奖励依据自然对达标率具有显著影响，在定价收购与按照品质和产量进行奖励下的达标率显著更高。

值得注意的是，农户对于优质农产品的态度和生产意愿并没有显著影响最终的达标率。计划行为理论认为行为意向直接决定了行为，但本案例中农户的行为意向并没有直接决定达标率，这一结果的产生可能有两个原因：一是品质型农产品的生产行为与达标率之间可能并不是直接对应关系，可能存在其他中间变量；二是如果达标率可以作为优质农产品生产行为绩效的综合指标，那么可能是扩展的计划行为理论中诸多学者提到的农户心理因素之外的变量影响了农户的优质农产品生产行为绩效，如障碍因素、外在环境变量、个体技能和个体行为目标等（Pligt and Vries，1998；Willock et al.，1999；Bergevoet et al.，2004），在本案例中，障碍因素和外在环境变量可以解释为企业对农户的管理方式或农户所在的生产组织模式，而个体技能和个体行为目标可以解释为农户对于有机农产品生产技术的掌握程度和农户对于农业收入的目标（如已经证明农户的收入来源显著影响达标率）。另外，农户对于技术员田间指导的态度也没有显著影响最终的达标率，这一点可以解释为，在义远生态农业中，由于专家指导比较频繁，而技术员更多的是进行日常的田间指导和监督，因此农户在心理上更加依赖于专家的指导。

二、合作社

合作社作为农户自发组织而成的合作经济组织，其在组织农户、约束农户自律、实施质量安全监督等方面具有天然优势，合作社成员农户“惠顾者与所有者同一”的特征要求合作社基于服务性质实施组织管理（Jia et al.，2012；陈新建和谭砚文，2013；邓衡山等，2016）。本节以浙江省范围内的 100 家合作社及其对应的 312 位农户的调研数据为基础，结合合作社组织的实际运营特点和管理特征，将合作社内部管理模式分为结果控制、过程控制和社会控制。结果控制围绕初级农产品展开，包括限定产品数量和品级等；过程控制是指合作社对生产过程的严密把控；社会控制主要是通过组织内部信息交换及组织文化的构建来影响农户社会特征。

（一）描述分析

结果控制措施与农产品质量安全水平紧密相关，具体包括以下几个方面。①安全检测：合作社对农户收获的农产品进行统一的农药残留检测等。②产品分级：合作社对农户收获的农产品进行质量分级，实行差价收购，评判标准包括产品外观、重量、口感等。

过程控制措施则与整个产前、产中和产后的农户生产行为直接相关，具体包括以下几个方面。①统一农资供应：合作社统一提供生产过程中所需的化肥农药，或要求农户购买和使用指定的农资种类和品牌。②统一生产标准：合作社为农户制定标准的生产历，规定种植品种、化肥农药施用量与施用时间、收获时间与处理方式等。③统一加工：适用于可进行初加工的农产品，如腌菜、干果等，农民专业合作社统一对农产品进行初加工。④统一品牌：农民专业合作社要求社员使用统一的商标、产品包装等。⑤统一销售：农民专业合作社统一收购社员生产的农产品，并以农民专业合作社的名义统一销售农产品。

社会控制措施主要围绕组织内部信息交换和组织文化构建，与农户技能培养和价值观形成关系密切，具体包括以下几个方面。①奖惩考核：合作社对农户进行生产监督，并定期评选生产行为较好的农户进行表彰，对违反合作社相关要求的农户实施处罚。②技术培训：合作社针对种植技巧、农资使用、特殊灾害的防治等内容进行授课培训。③种植指导：合作社在关键农时点或特殊灾害期间，给予农户统一的应对指导。④档案记录：合作社对组织的整体运营情况进行档案记录。⑤互助协作：合作社将社员分为若干个生产小组，由生产小组内部进行自我管理。

结果显示，83%的样本合作社是县级及以上的合作社示范社，有 14%的合作社实施了全部 12 项管理措施，超过一半的合作社实施的管理措施在 9 项以上，所有管理措施的平均实施率达 70.87%。种植指导的实施率达到 100%，所有样本合作社均能在关键农时点或特殊灾害期进行生产信息的及时传递，具备保证生产完整进行的能力。除此之外，统一品牌和统一生产标准是两项实施率最高（约 83%）的管理措施，这与中央一号文件连续 11 年对合作社的政策扶持有关，合作社作为新型农业经营主体之一，承担着带动小农户实施标准化生产的责任。同时，近年来农业生产经营主体的市场参与意识增强，愈发重视以品牌建设为核心的营销手段（娄锋，2013）。产品分级体现了农产品市场的多样化需求和市场运行效率，是农业现代化过程中的必然趋势（赵卓，2009），这一措施的实施率高达 80%，充分说明了样本合作社具备较高的市场需求意识。技术培训的实施率约为 76%，这是因为地方农业部门普遍将合作社作为农业技术推广品牌，间接促进了合作社组织的内部技术培训。另外，安全检测和统一农资供应要求合作社具备一定的资金储备和管理资源，因此近 40%的合作社受限于较高的实施门槛而未采取该两类管理措施。档案记录和互助协作的实施门槛虽然较低，但仍有 40%左右的合作社因为缺少管理经验而忽视了组织生产信息的掌控和组织文化的构建。统一加工的实施率最低，约为 46%，因为多数果蔬产品无须进行再加工销售，或合作社尚没有纵向整合供应链的能力（表 6.3）。

表 6.3　合作社管理措施的实施情况

实施情况	A：安全检测	B：产品分级	C：统一农资供应	D：统一生产标准
合作社数量/个	63	80	59	83
农户覆盖率	62.2%	79.2%	61.2%	82.4%
实施情况	E：统一加工	F：统一品牌	G：统一销售	H：种植指导
合作社数量/个	47	83	75	100
农户覆盖率	45.5%	83.3%	75%	100%
实施情况	I：奖惩考核	J：技术培训	K：档案记录	L：互助协作
合作社数量/个	60	76	62	59
农户覆盖率	60.3%	76.6%	63.5%	61.2%

（二）计量分析

GAP 明确要求生产人员需严格按照收获前的停用期（pre-harvest interval，PHI）使用农药，设定并推行农药安全间隔期能有效保障农产品质量安全。为检验各类控制措施对引导农户合理使用农药防治病虫害并确保农产品质量安全方面的作用，本节尝试构建一个综合性指标来刻画不同作物的平均农药安全间隔期。首先，本节统计了样本合作社中农户主要的种植作物类型，并按照农业生物学特征将蔬菜分为叶菜、茄果、豆科和薯类，而水果由于更易区分，则直接按照品种归类。其次，本节以中国农业农村部信息中心主办的中国农业信息网中有关作物病虫害的信息为依据，统计夏季各作物常见病虫害（病害和虫害各至多统计三类）。再次，本节参考《农药合理使用准则（九）》中涉及的农药类型，统计针对各类病虫害常用的农药类型（至多三类），并记录其对应的农药安全间隔期。最后，通过简单平均的方式计算每一类病虫害对应的平均农药安全间隔期，再计算每一类作物对应的平均农药安全间隔期。具体而言，假设作物 i 在夏季有 k^j 类病虫害，其中第 k^j 类病虫害对应 t_k^j 类常用的农药，令第 t_k^j 类农药对应的农药安全间隔期为 I_{kt}^j，那么作物的平均农药安全间隔期

$S_i = \frac{1}{k^j}\sum_{1}^{k^j}\left(\frac{1}{t_k^j}\sum_{1}^{t_k^j} I_{kt}^j\right)$。通过这样的处理方式，本节得以充分考虑病虫害类型、农药毒性方面的差异，从平均水平上衡量各类作物在成熟阶段的一般农药安全间隔期。本节以作物平均农药安全间隔期为中心值对农户 j（j=1，2，…，312）的农药安全间隔期 X_{ij} 进行中心化处理，记偏离程度为 $\text{Gap}_j = X_{ij} - S_i$。若 Gap_j 大于 0，则说明农户的农药安全间隔期在最低标准线外，农户良好地执行了农药使用标准，反之则认为农户并未实施安全生产行为。负向偏离程度越大，农户生产行为风险越大；正向偏离程度越大，农户生产行为越安全。在 312 个样本农户中，负向偏离程度最大为 23 天，正向偏离程度最大为 32.33 天，平均偏离程度为 1.61 天，平均偏离方差为 6.47 天，约 40%的农户未能严格执行农药使用标准，存在农药残留问题和农产品质量安全风险。与农民专业合作社平均 70.87%的管理措施实施率相比，样本农户在执行农药使用标准上的表现不尽如人意，说明合作社管理存在效率损失的普遍现象。

表 6.4 为使用 OLS 一般估计和稳健估计所得的各类管理措施对农户农药安全间隔期偏离程度的边际作用。合作社各项管理措施中，产前和部分产后环节的过程控制对农户农药安全间隔期偏离程度的作用效果积极且显著。统一生产标准和统一品牌作为两项实施率最高的管理措施，均能有效提高农户农药安全间隔期偏离程度，说明以市场需求为导向的管理方式能有效激发农户的集体行动意识，印证了本节分析框架中对合作社组织行为逻辑的分析。因此，对还未实施任何管理措施的合作社而言，生产标准和品牌建设的实施门槛较低且作用效果显著，是合作社首当考虑实施的管理措施。统一农资供应对农户农药安全间隔期偏离程度的边际正向影响仅次于统一生产标准，但受限于流动资金和管理资源匮乏，多数合作社尚无能力采取统一农资供应的措施。组织农户技术培训也能显著提高农户农药安全间隔期偏离程度。然而，产后的统一加工环节显著不利于农户提高农药安全间隔期，这可能是因为合作社为保证供应链环节的连续性，出于节约时间成本的考虑，会弱化对初级农产品质量的评定，反而掩盖部分农户的安全生产行为风险，因此合作社在实施统一加工之余应配合实施其他措施，以保障初级农产品质量安全水平。

表 6.4　合作社单一质量安全管理措施的边际影响

被解释变量	农户农药安全间隔期偏离程度	
	模型 1：一般估计系数	模型 2：稳健估计系数
	控制变量	
家庭成员数量	0.327（0.137）**	0.327（0.102）***
受访人年龄	−0.079 7（0.034 4）**	−0.079 7（0.037 8）**

续表

被解释变量	农户农药安全间隔期偏离程度	
	模型 1：一般估计系数	模型 2：稳健估计系数
受访人教育水平	0.685（0.391）*	0.685（0.394）*
家庭种植面积	−0.002 37（0.003 44）	−0.002 37（0.003 00）
水果种植户	−2.763（0.684）***	−2.763（0.640）***
	解释变量	
安全检测	0.922（0.777）	0.922（0.757）
产品分级	−2.619（1.744）	−2.619（1.746）
统一农资供应	2.750（0.836）***	2.750（0.905）***
统一生产标准	3.222（1.036）***	3.222（1.030）***
统一加工	−1.424（0.736）*	−1.424（0.717）**
统一品牌	2.623（1.133）**	2.623（1.292）**
统一销售	1.285（1.442）	1.285（1.076）
奖惩考核	−0.280（0.783）	−0.280（0.838）
技术培训	2.975（1.057）***	2.975（1.029）***
档案记录	−0.027 7（0.778）	−0.027 7（0.763）
互助协作	−0.315（0.795）	−0.315（0.824）
样本总量	312	312
调整 R^2	0.304	0.304
F	9.503	27.14

注：括号内参数为标准差

***、**、*分别表示在 1%、5%和 10%的水平上显著

统一加工在本节中显示出不利于农户实施安全生产的原因在于合作社农户在生产过程中存在机会主义倾向，需要合作社致力于提高农户质量安全意识和生产技术。具备初级农产品再加工能力的合作社在实施统一加工前同样应该注意对农产品的质量安全检测，以减少农户投机行为发生的可能性。类似于奖惩考核的人力资源激励措施和档案记录、互助协作等组织文化构建措施，合作社应该充分考虑农户的接受程度和执行能力，同时应当公正、透明地执行。

整体来看，对还未实施任何控制管理措施的合作社而言，应选择难度较低且单一实施效果较优的管理措施，如组织技术培训、推广生产标准或注册合作社统一品牌，以更好契合市场需求，提高合作社竞争力。在积累一定流动资金和管理资源后，合作社可考虑采用实施难度较高但效果显著的管理措施，如统一农资供应以规范农户生产投入和产出行为。在完善产前、产后过程控制的技术上，合作社可进一步实施人力资本培养措施和组织文化构建措施，培养农户质量安全生产意识和技能，采用合理的激励方式引导农户进行自我管理，充分

发挥过程控制和社会控制的组合效应。同样，政府也应充分意识到目前制约我国合作社管理水平提高的关键在于流动资金匮乏、管理人员和经验缺失。从病虫害防治等社会化服务方面看，投资结构中政府所占比重较大，许多社会化服务主要由主体本身提供，但是从投入结构看，依然主要依靠政府，经费短缺问题最为严重，但大多归因于财政支持有限，而没有从收费标准或收费项目等与自身持续运营相关的原因去考虑。在目前的投资结构下，一旦政府投入减少，病虫害防治等社会化服务的持续将难以为继。因此，政府需考虑加强合作社或小农融资渠道的建设，重视对合作社社长和管理人员的指导和培训，以助力合作社突破当前的发展瓶颈，进一步深化农业生产标准化以保障农产品质量安全。

三、家庭农场

家庭农场是新型农业经营体系的新兴产物，兼具家庭和企业经营特征，是小农户转型的理想范例（张红宇，2015）。在调查涉及的 56 个家庭农场中，农场主平均年龄为 43.8 岁，平均受教育年限 11.9 年，是各类经营主体中平均受教育水平最高的群体。除此之外，家庭农场的平均家庭务农人数为 3 人，加上平均雇佣常工 6.4 人，一般全年配置 9～10 个农业劳动力。53.17%的家庭农场的家庭劳动力存在非农兼业行为，50%的家庭农场在非农兼业的同时雇佣外来农业劳动力，这说明家庭农场在劳动力时间分配上具有极高的灵活性。但这种灵活性也潜藏着市场风险，44.68%的家庭农场存在雇不到人的情况，雇工老龄化、优质雇工价格高、技术工匮乏等是家庭农场主面临的主要雇工问题，仅 8.16%的家庭农场表示不存在雇工问题。

家庭农场在具有其独特性的同时也意味着其面临着独特挑战。首先，家庭农场的经营规模受劳动力数量的限制无法自由扩大，且很大程度上受限于不完善的土地流转政策。调查数据显示，浙江省土地的平均租金为 971.45 元/（亩·年），37.5%的家庭农场表示土地的租金在 1000 元/（亩·年）以上，家庭农场面临着较高的土地流转成本。另外，波动的土地租金也是限制家庭农场发展的重要阻碍，有 51.35%的家庭农场在土地流转期间的租金发生变化，这进一步增加了家庭农场的经营风险。在经营规模方面，合作社平均经营规模达 983.6 亩，农业企业平均经营规模达 628.9 亩，家庭农场的平均经营规模达 210.8 亩，约为合作社经营规模的 21.4%企业经营规模的 33.5%，相当于 3～5 个家庭农场的规模便可与一个农业企业或合作社相当，远高于普通单个农户的种植规模。过去一年内家庭农场的平均贷款高达 95.5 万元，年利率约 4.97%，46.42%的家庭农场正处于前期高投入的亏损状态。在家庭农场经营成本结构中，人工雇佣成本平均占比最高，为 27%，其次为土地租金，高达 18%，资金流转压力是家庭农场面临的难点之一，有 66.67%的农场主认为财政支持匮乏是其无法进一步展开经营活动的主要原因。

在亲环境技术采纳方面，家庭农场相较于小农户额外采用了传统化肥农药替代品、新节能高效设施和田间管理措施（表 6.5）。75.00%的家庭农场使用有机肥替代传统化肥，在施肥用药技术方面，51.79%的家庭农场使用水肥一体化。另外，仍有近 50%的农场主未采用任何育种育苗技术，在 51.78%的采用育种育苗技术的农场主中，穴盘基质育苗的使用率最高。在田间管理方面，多膜覆盖保温技术和病虫害绿色防控技术的普及程度较高，其次是套种和轮作。与之对应的，小农户普遍使用了水溶肥这一单一的亲环境技术，且对亲环境技术对降低农资和劳动成本上的预期相对较低，反映出小农户对新环境技术种类及效果认知的局限及家庭农场对新技术的开放态度。

表 6.5　家庭农场对各类亲环境技术的采纳比例

	A1 缓释肥	A2 水溶肥	A3 有机肥	
采纳比例	25.00%	35.71%	75.00%	
	A4 微粉剂农药	A5 辅助类绿肥	A6 其他传统化肥农药替代品	
采纳比例	17.86%	19.64%	7.14%	
	B1 水肥一体化	B2 施药无人机	B3 其他新设施	
采纳比例	51.79%	1.79%	5.36%	
	C1 周年茬口安排	C2 穴盘基质育苗	C3 嫁接育苗	C4 其他育种育苗新技术
采纳比例	10.71%	23.21%	12.50%	5.36%
	D1 休耕	D2 轮作	D3 套种	D4 多膜覆盖保温技术
采纳比例	1.79%	25.00%	33.93%	55.36%
	D5 病虫害绿色防控技术	D6 综合种养	D7 其他田间管理	
采纳比例	44.64%	19.64%	8.93%	

尽管家庭农场在技术投入上的表现十分积极，但其亩均毛收入仅为 3700 元，甚至不及传统小农户的亩均毛收入，说明家庭农场并未成功将其转化为市场竞争力。表 6.6 统计了家庭农场主要的销售渠道及其产品销售比例。家庭农场中平均 37.7%的产品由批发市场向外流通，18.0%的产品为流动商贩收购（一般销往农贸或批发市场），15.6%的产品以零售的形式出售，而增值可能性较高的电商、超市连锁、企事业单位及采摘的产品销售比之和不足 30%。家庭农场目前的销售渠道仍以传统批发、农贸为主，缺乏市场营销意识与能力，急需增强市场竞争力实现

产品增值，以弥补技术投入成本，最终增加长期收益。

表 6.6　家庭农场各渠道产品销售比例

销售渠道	销售比例
批发市场	37.7%
流动商贩	18.0%
企事业单位	4.2%
超市连锁店	5.7%
电商	6.7%
采摘	11.7%
零售	15.6%

综上分析，农业企业、合作社、家庭农场三类新型农业经营主体在劳动力结构、资本构成等方面存在显著差异，三类产业化组织在带动小农户实现生产绿色转型发挥着不同作用，研究结果如下。

第一，产业化组织参与有助于推动亲环境生产管理技术采纳，但当前作用差别明显：首先，从亲环境友好产品认证、规范施肥施药及生产档案记录看，虽然三者差别较大，但证明三类产业化组织在绿色生产技术或管理方面的作用比较明显。从三种质量安全控制措施的实施情况来看，售前检测实施比例最高（实施比例达 75.4%），然后是生产档案（73.7%），产品认证最差（63.5%）。其次，从措施的实施比例来看，农业龙头企业质量安全控制综合效果最好，家庭农场虽刚刚起步但质量安全控制仍优于农民专业合作社。最后，治理结构差异是导致质量安全控制差异的重要原因，具有集体决策、民主管理、社员利益最大化为导向等治理特征的农民专业合作社在带动效果方面明显逊于权责明晰、治理规范的农业龙头企业和家庭农场。但每类产业化组织带动小农户绿色发展中都存在问题并需要完善，农业龙头企业体现在经营模式的完善，农民专业合作社体现在内部制度规范，家庭农场体现在适度规模与内部运营管理。

第二，三类新型农业经营主体在推动现代农业绿色发展过程中具有不同的比较优势。农业企业的优势体现在相对充裕的资本、全面的管理投入及较优的市场营销能力和竞争力；农民专业合作社可以实现比农业企业更大的规模化经营，在提高小农户组织化程度方面具备天然优势，但在内部组织管理上仍存在问题；家庭农场兼具企业和家庭经营的特性，能充分保障农户自身利益并具备较高的劳动生产效率，但易受外部环境的影响，经营风险较高。

第三，三类新型农业经营主体在综合治理中的作用及组织间作用的差异，需要从治理结构的视角揭示各类组织在治理结构与带动能力方面的不足，以便为强化组织带动能力提供建议。各经营主体应树立现代管理思想，完善内部管理制度，改变“以人治事”的管理方式，向“制度治事”转变，以缓解随着带动农户增加、成员异质性增强而产生的成本急速上升的局面，使品质和质量安全控制陷入不可持续发展的困境。①龙头企业。针对龙头企业在内部管理制度建设和渠道开拓上的优势，除了继续以市场需求为出发点，在企业内部建立以市场需求为导向的农产品全面质量管理体系，进而通过营销手段完成对消费者的教育，逐渐形成农产品的优质优价市场氛围外，最重要的是建立整个市场、运营的系统品质控制体系，提升运行效率，降低成本。农产品生产不同于工业品，农产品生产过程中品质的控制既不是单一的技术问题，也不是单一的管理问题，而是系统性的问题，需要通过建立完善的体系来对农产品品质进行控制。而该体系中，探索创新经济激励方式为动力的组织管理制度，建立与农户的合作关系是关键。企业如何处理与农户的利益分配关系决定了企业的生产效率和内部管理运行的稳定性，决定了品质提升能否为企业带来可观的经济回报，进而带动我国农业产业的转型升级。农业企业应该灵活运用反租倒包等各种合作模式，在确保农产品的绝对控制权和质量安全的情况下，通过品质标准的制定来明确农户的生产目标，让小农户在品质溢价中享有该有的成果，才能使经营持续化。②合作社。针对合作社质量安全控制上存在的天然劣势，需要将以下几点作为合作社带动能力建设的关键点：首先，将内部治理规则的建立与完善作为合作社带动能力建设的重点，逐步实现治理的规范化；其次，适当限制社员退出自由以保证合作社初期稳定运营，促进内部成员在质量安全控制上形成真正“合作”，从而能够真正发挥内部监督在品质控制中的作用；最后，以品牌为契机强化质量控制，以产品的标准化带动生产过程的标准化，以产品质量塑造产品差异，实现产品溢价，同时以品牌的收益反补绿色生产技术和管理的投入，确保农民专业合作社能够逐步发展完善。③家庭农场。家庭农场具备较高的劳动生产效率，且在实施绿色生产方式上优于小农户，是未来小农户转型的理想范例，但家庭农场目前受雇佣劳动力成本和土地流转租金增加的压力，面临着大规模、高成本、低收益的窘迫局面，部分家庭农场的土地经营规模超出了其经营能力，其亩均毛收入甚至低于传统小农户，这对实施绿色农业发展的持续性带来挑战。为此，家庭农场除了完善内部流程管理之外，还应针对其在机械化作业、市场营销、品牌经营等方面存在明显的规模不适度、专业程度低的问题，鼓励家庭农场组建经营服务社，通过“家庭农场+农民专业合作社”模式联合农业生产类型相同或相近的家庭农场组成利益共同体，开展农业专业化生产、企业化管理、社会化服务和产业化经营的组织形式，着眼于全产业链，针对家庭农场自身开展不经济、不专业的环节，开展以提升市场竞争力为目标的农民专业合作社服务。通过制度创新，实现家庭经营、规模适度、专业化生产、产业化经营优势特征的完美结合，从而提升家庭农场市场竞争的综合实力。

第五节　本 章 小 结

新型农业经营主体的发展背景和组织特点决定了其在现代农业绿色发展进程中的角色，农业企业、合作社、家庭农场三类新型农业经营主体在劳动力结构、资本构成等方面存在显著差异，准确定位不同农业经营主体的功能和重点发展领域，有助于针对性地实现带动小农户衔接现代农业的目标。本章通过 2017 年 6 月～2018 年 8 月实地访谈浙江省范围内 100 家合作社、56 户家庭农场、11 家龙头企业、312 位合作社农户及 129 位小农户，基于有机衔接小农生产与现代绿色农业发展这一中心目标，结合当前小农户采纳绿色农业生产方式面临的困境，围绕如何发挥各类新型农业经营主体带动小农户实现生产转型的优势，采用案例分析与实证分析相结合的方法，重点讨论了不同新型农业经营主体在带动小农户实现生产绿色转型的作用及其难点，分析了三类产业化组织在综合治理中的作用及组织间作用的差异，科学评价新型农业经营主体带动小农户的作用效果，并从治理结构、利益联结方式等视角揭示不同经营主体带动小农户实施绿色生产发展的条件、差异根源，分析各类组织在治理结构与带动能力方面的不足。因此，政府促进现代农业经营主体带动小农户实施绿色农业发展应该从以下几个方面入手。

第一，树立绿色发展理念，推动农业技术推广体系改革与完善。

鉴于当前农业发展面临问题重大的困难与挑战，在全社会贯彻中国特色社会主义绿色发展观念，营造绿色生产氛围和绿色生活氛围，迫在眉睫、刻不容缓。从思想观念到方式方法，从政策举措到工作安排，从科技研发到制度设计，都要转到绿色发展导向上来。

由于老龄农户往往受教育程度更低、学习能力较差，因此要使老龄农户接受安全友好型技术就必须通过田间指导等高成本的推广方式。但在当前的农业技术服务体系中，分散的小规模生产的老龄农户本就不是推广与监管的重心，可以说老龄农户的技术需求与当前农技推广方式的矛盾不可调和。因此，在老龄化不可逆的背景下，只能调整基层技术推广方式来保障综合治理的实施：一方面，大力发展专业化服务体系，将施肥用药等质量安全控制的关键环节外包，通过适当的分工，在提升生产效率的同时降低质量安全风险；另一方面，要注重基层农业产业化组织建设，充分发挥农民专业合作社等产业化组织在投入品控制、技术推广中的平台作用，同时将追溯管理等老龄农户无力解决的问题交由农民专业合作社等产业化组织统一管理。

第二，加强减量增效绿色技术的研发与集成，降低技术复杂性。

加快推进重大科研攻关和技术模式创新与集成是推进化肥农药减量增效技术推广的前提与基础。首先需要构建一个减量增效技术创新体系，以减量、增效、安全、低碳、循环为技术目标，力争在保持产量、提高化肥农药利用机制等基础理论方面实现突破，同时针对不同品种、不同区域集成一批绿色、减量、增效技术模式与技术规范，在测土配方、机械深施、生物防治、物理防治等重点领域和核心技术，高效缓释肥料、高效低毒低残留农药、生物肥料、生物农药等新型物资，以及施肥施药等方面实现突破性研究，提高技术成熟度和稳定性。化肥农药减量增效技术的研发必须要考虑技术的适用性和复杂性，选择与本地区生产环境、农户习惯和经济发展水平相适应的减量增效技术，通过简化技术步骤、提高技术稳定性、研发与技术施用相配套的工作、制定技术规范等多种途径降低农户的技术复杂性和采纳成本。

大力开展技术的研发与集成需要加大对减量增效技术研发体系和研发队伍建设的投入，组织实施好相关重大科技项目和重大工程，鼓励高等学校、职业院校、科研院所等科研主体开展深度合作，进一步完善各层级创新主体协同攻关机制，加强绿色生产技术领域的科技人才队伍建设，吸引社会资本参与科技创新，加强减量增效技术研发能力。

第三，完善农产品销售渠道建设，实现优质优价。

虽然近年来食品质量安全事故的频发已经促使政府在质量安全监管方面的投入力度不断加强，但在源头环节，有限的监管资源与分散的家庭生产之间的矛盾仍然是制约监管效率提升的关键。因此，调整监管思路，将有限的资源投入到批发市场这一物流与信息流聚合点上，从销售渠道的完善入手发挥市场的倒逼作用成为必然选择。但调查发现，当前主要的果蔬销售渠道中农产品抽检与身份信息等追溯要求仍然偏低，多数农户对农产品质量安全风险感知不足，因此也无意建立完备的生产档案来规避自身风险。鉴于当前农产品销售仍以批发市场和商贩上门收购为主，必须同时加强传统渠道改造和加快现代农产品销售渠道建设。首先，通过建设公益性批发市场来实现质量安全监管与产业发展职能的分离，保证严格监管、检测的落实。其次，落实严格的市场准入制度，杜绝不合格产品进入市场，并将消费者对安全优质农产品的需求信息传递到生产环节，激励生产者提升质量安全风险管理意识与安全生产意识，这才是市场倒逼的应有之意。最后，加快农产品电子商务平台等新型农产品销售渠道建设，加大冷链物流等现代流通体系基础设施建设，提升农产品效益。

第四，完善扶持策略，加强各类产业化组织带动能力建设。

坚持激励与监管并重、扶持与规制并行。在经营主体的内部管理与运行机制上，政府既要给予充分的激励，又要给予足够的监管。以是否具有市场竞争力为主要标准进行定期考核，引导产业组织从靠政策盈利走向拥有经营能力；重点引导新型农业经营主体在农业现代化的薄弱环节上发挥作用；在业务领域和发展方向上，政策既要有具体的支持措施，也要有明确的规制手段，根据不同类型新型农业经营主体的组织特征，引导和调控好新型农业经营主体的发展方向。针对家庭经营类主体，既要强化对家庭农场等专业家庭经营组织的扶持，也要引导兼业农户特别是以农为主的兼业农户发展现代农业；针对合作经营类主体，要重点使其成为克服家庭经营类组织局限性的纽带和桥梁；针对企业经营类主体，应坚持扬长避短、趋利避害的政策导向，引导其进入适宜企业化经营的领域，避免其争夺小农的利益，尤其要合理运用农业股份合作制和土地股份合作制，处理好农业家庭经营和企业经营的关系，防止新型农业经营主体培育中的主体异化和虚化。此外，政策支持体系需强化顶层设计。在支持对象上，要统筹各类农业经营主体，促进以适度规模经营为导向的多种经营方式共同发展。这就要求：不能用过去面向普通农户的惠农思路来指导制定新型农业经营主体的支持政策，而应根据新型农业经营主体相较于普通农户的优势来设置鼓励引导政策，不能把不同类型的新型农业经营主体的关系割裂对待，应引导建立不同类型新型农业经营主体之间的良性互动关系。在支持内容上，应采取共性与个性相结合的扶持策略。针对补贴、保险、信贷、用地等各类主体的共性需求，应以非排他的普惠型扶持政策为主。针对不同新型农业经营主体的特殊需求，应以明确目标群体的特惠型扶持政策为主。家庭经营类主体应重点解决其流动资金、设施用地、作业服务对接等问题；合作经营类主体应重点推动其规范化运行、合理化分配等；企业经营类主体应重点探索工商企业租种、托管耕地的准入监管办法和“非农化”“非粮化”等经营风险的防范措施。鉴于新型农业经营主体在快速融合态势下“一个主体多种身份”的情况较为普遍，不建议以主体身份作为政策扶持的主要标准，防止国家补贴“垒大户”现象的发生，而应重点以主体开展的具体业务类型来确定扶持方式与力度。

第五，完善小农户职业教育培训体系，推进全面职业农民制度。

一方面，注重广泛衔接，完善农民培育体系。培训要与现代农业发展进程相适应，依托县域乡村特色产业的发展要求，充分依托各地农业特色资源，从发展特色产业和产品入手，将农民的发展与“一村一品”“一村一特”等优势产业建设结合起来。注重农民职业素质和能力的长期养成，构建短期培训、学历教育、实践锻炼相衔接，多渠道、多层次、多形式的农民教育培训体系，鼓励有能力的农户积极申报家庭农场或组建农民专业合作社进行生产经营，开展自我服务及能够很好地融入企业化经营模式，以此路径逐步实现小农户与现代绿色农业的衔接。另一方面，铺设畅通有序的农业退出通道，引导有条件的小农户依法自愿有偿转让土地承包权、宅基地使用权、集体收益分配权，这有助于使务农劳动力的减少与我国经济和现代农业发展水平，工业化、城镇化进程相适应，也有助于提高农村资源利用效率，提升第一产业劳动生产效率和实现职业农民制度。

第七章　高质量农业生产转型的职业农民培育

应对气候变化，实现农业的高质量生产转型，仅依靠传统小农户无法实现，需要现代农业经营主体带动，因此，培养爱农业、懂技术、善经营的新型职业农民是实现高质量农业生产转型的重中之重。但与现代高质量农业发展对农业农村人才的迫切需求相比，“缺人”局面尚未根本扭转，青壮年劳动力留农、务农内生动力不足的问题突出。高质量农业发展仍然缺少高素质劳动者的支撑。

第一节　高质量现代农业的人才需求特征分析

应对气候变化，实现农产品从数量安全到数量与质量安全兼顾，满足人民群众安全、绿色、营养、健康的食物需求成为农业发展的新任务。推动质量兴农、绿色兴农、品牌强农，发展高质量现代农业已经成为农业供给侧结构性改革的方向。要实现这一转变，需要一批拥有安全高品质农产品生产能力、田园生态系统维护能力、产业要素聚合管理能力、跨产业发展能力的新型职业农民作为主力军。

一、安全高品质农产品生产能力

生产安全高品质农产品，既需要农产品质量安全管理意识，又需要各环节质量安全生产能力。首先，需要生产经营者熟悉相关产品质量安全风险的主要来源，形成良好的质量安全风险防范意识。其次，需要具备投入品规范使用的能力、农产品标准化生产与良好农业规范实施的能力、建立规范生产档案进行内部追溯的能力、质量安全认证管理的能力、农产品质量安全问题的处理与危机公关的能力。

二、田园生态系统维护能力

需要学习掌握生态循环农业模式，具备清洁绿色生产能力，掌握资源利用节约化、生产过程清洁化、产业链条生态化、废弃物利用资源化技术。需要掌握环境友好型生态种养技术，保持农业物种的多样性，具备田间生物群落和生态链维护能力。需要加强农业生态基础设施建设，保护和改善田园生态景观，优化乡村种植、养殖、居住等功能布局，打造生态田园、美丽田园。

三、产业要素聚合管理能力

高效生态现代农业，是各类要素充分聚合、高效利用的农业。在土地、资本、技术、管理等众多要素中，起到启动、协调、推动作用的就是管理能力。不仅要求生产经营者关注农业产业政策发展的趋势，更要求生产经营者能够把握市场风向，寻找市场热点，高效利用各种生产资源，熟悉农产品流通渠道，学习各类营销新模式与农产品线上、线下营销技巧，管理运营农产品品牌。

四、跨产业发展能力

需要具备以农业为依托，向产业链前端、后端进行拓展的能力，具备人力发展农产品精深加工及综合利用的资源与管理能力，具备发展种养加综合发展的能力，具备发展创意农业与乡村旅游的能力。掌握利用物联网、互联网、智能控制、远程诊断、产品标识等现代信息技术，推进智慧农业、提供农业现代化服务的能力。

第二节　发达国家职业农民培育的经验

职业农民是现代高质量农业建设的主体，农业现代化的发展推动了农业劳动主体由传统农民向职业农民的转变，农业劳动力转移、农业经营主体发展和农业社会保障体系的构建为农民职业化提供了外部环境和条件。当前，美国、法国和日本等农业现代化国家都已建立了农民职业化制度，其政府的政策在不同阶段对职业农民的发展起到了重要的作用。美国、法国和日本三国在工业化、城镇化发展时期，扩大了农民的经营规模，完成了农业劳动力向第二、第三产业和向城市的转移，农业劳动力占就业人数的比重低于 4%，农业总产值占 GDP 的比重低于 2%[①]。同时，职业农民的素质不断提高，职业农民亦即农场主的家庭收入也高于全国家庭平均收入。进入农业现代化发展阶段，职业农民的素质得到了全方位的提升，职业农民的竞争力增强，农民平均受教育年限超过 10 年。

在美国、法国和日本农民职业化发展的过程中，由于自然资源、土地制度、经济条件等国情的差异，政府扶持农民职业化发展的政策措施不尽相同，政策演变过程具有很强的代表性。

一、美国职业农民培育的经验

美国农村地区面积占其国土面积的 91.4%，农业人口占其总人口的 19.2%[②]。美国人少地多，劳动力资源短缺，形成了大型农场主+私营企业为主的农民职业化模式。要素的流通和农业经营主体之间的关系通过市场机制调节，美国农民职业化过程中的劳动力转移表现出高度市场化，而政府主要在农民教育培训等公益性领域发挥作用。美国农民职业化与农业现代化发展历程相契合，具体表现如下。

（一）工业化、城镇化起步阶段（1900～1935 年）：提升农业技能的技术推广体系

工业化、城镇化的发展推动了农村劳动力的转移，土地集中促进了农场间的兼并重组，使得大规模的农场数量不断增加。在农业机械化发展和保障战时粮食安全供应的背景下，改变传统的生产方式、增加粮食产量、提高农民的素质成为这一阶段的中心任务。美国政府通过颁布一系列法律，不断增加财政支持力度，逐步建立了农业培训和技术推广体系，规定了联邦政府及州政府提供土地建设农业学校，农业推广服务主要通过赠地大学来教授和传播农技知识，安排农业实践。政府以农村学校、非政府组织的农业项目为载体，规划了 4H（head、heart、health、hand）青少年发展等计划，采用学习和实践相结合的模式，在种养殖技术、农机作业及农场经验管理等方面培育农民。为保障送教下乡活动的顺利开展，地方政

① 这一数据由笔者计算得到。原始数据来源于 World Development Indicators，https://datacatalog.worldbank.org/dataset/world-development-indicators；日本国家统计局官网：http://www.stat.go.jp；法国农业部官网：http://agriculture.gouv.fr。

② 资料来源：《乡村振兴的他山之石：美国农业农村政策的演变历程和趋势》，https://www.htu.edu.cn/sannong/2018/1108/c5477a132263/page.htm，2018 年 11 月 8 日。

府出台了相应法规政策，给予配套的资金支持。

（二）工业化、城镇化快速发展阶段（1935～1992 年）：提升经营能力的培育支持体系

经过培训，农民素质得到改善，但是随着国内外市场竞争加剧，农业经营风险不断加大，从事农业所需的知识技能越来越复杂。为解决这一问题，政府大力推动农民培训内容和培训方式多元化，培训内容逐步从生产技术向经营管理技能倾斜。加大未来美国农民培训的力度，农业推广由简单的提高产量发展成全方位的农村支持体系。同时，为了保障农民的利益，降低农民生产经营风险，从财政补贴政策、金融信贷政策、农业保险政策等方面保障农民的权益。建立联邦农场贷款项目，针对弱势小规模家庭农场和新农民经营者的贷款困扰，提供专项联邦农场贷款项目。

（三）农业现代化发展阶段（1992 年至今）：实施新型青年农民高素质发展计划

美国农业补贴政策在分配上极不平均，加大了农民进入农业领域的壁垒，农民日益老龄化成为农业发展的新约束。另外，2008 年美国进入经济衰退期，农业出口成为美国经济恢复的主要动力之一，农业的产业竞争力亟待增强。为此，政府提出了新农民发展计划。一是在增地大学项目设立奖学金计划，旨在帮助对农业事业感兴趣的学生。2014～2018 年，美国每年向农村人才培养项目支出 8500 万美元，用于支付新农民参加公立人才培养课程的学费和培训补助。二是政府提供特色农作物科研与教育推广经费，鼓励发展有机农业，为新农民开辟新的农业产业领域。农业推广网站与大学合作教授有机农业知识，农民可在网上向有机专家提问。三是实行针对新农民的灵活性财政计划，《2014 年农业法案》（简称《法案》）通过放松借款农场条件，使更多新职业农民获得借款资格，其中还包括有专门支持新农民的贷款计划和新农民参加农作物保险的优惠政策，《法案》广泛地应用于救灾、灾害援助、商品保险、农场初创贷款和农业贷款等领域。

二、日本职业农民培育的经验

日本农村地区面积占全国面积的 1.2%，农业人口占其总人口的 20%[①]。日本人多地少，劳动力资源丰富，在以小农户为主的背景下，形成了小型农户+农协的农

① 资料来源：日本国家统计局官网（http://www.stat.go.jp）。

民职业化模式（洪仁彪和张忠明，2013）。为适应农业现代化的发展要求，促进农民职业化发展，日本政府坚持立法与教育并重。一方面，通过立法促进土地流转，推动劳动力转移，改变传统的生产经营结构，实现土地规模化经营；另一方面，构建职业农民培训体系，提升农民素质，发展适应现代农业生产的自立经营农户。

（一）工业化、城镇化起步阶段（1946～1960 年）：推进农业教育改革

受传统的农耕文化的影响，日本仍处于分散的小农户经营阶段，以家庭经营为主，农户经营规模小。为改变农村落后的生产方式，促进土地规模化经营，解决战时农业劳动力短缺问题，保障粮食供应，政府颁布了教育法案，实施了一系列的农民、农业教育改革和发展举措，着手建立多层次的农业推广体系，推动农民再教育。一是在全国范围内普及农业科技知识；二是形成全方位的职业农民教育培训体系，增加对初、高中和大学农业职业教育的经费投入，建立农业学校，着力引导和资助农民大学生学习农学；三是促进农村的全面发展，包括改良农业经营方式，改善农民生活条件，增强对农村青少年的培育等。这一阶段农民素质的改善带来了农业生产率的提高，伴随着工业化的进程，部分劳动力向城市转移，兼业化农民大量存在。

（二）工业化、城镇化快速发展阶段（1960～1995 年）：培育规模经营主体

随着日本工业化、城镇化发展进程加快，农村劳动力不断向城市转移，农户整体数量快速下降。但是小规模农户减少速度过慢，土地规模化发展不足，城乡发展失衡。为了进一步促进家庭农场规模化发展，日本政府开始重点扶持培育一批适于发展现代农业的大规模自立经营农户，通过立法重点推动土地合理流动，扩大农业经营规模，实施农地集中策略，鼓励小农户流转自有土地，转向非农产业。并于 1992 年颁布《新食料 · 农业 · 农村政策的方向》培育和扶持农业经营主体，鼓励新型农业经营主体带头创办专业化农业合作经济组织，实行农业产、供、销一体化，为农民提供育种培育、种养殖指导、营销帮助等多方面服务。同时，为解决农村剩余劳动力就业问题，政府通过财政支持、税收优惠等措施，吸引工业企业到村镇投资建厂。

（三）农业现代化发展阶段（1995 年至今）：建立职业农民社会支持体系

农户规模不断扩大，小农户的收入水平稳中有升，农户整体数量保持平稳下降。但随着经济的发展，日本城乡矛盾加剧，乡村人口老龄化，生态环境破坏严

重。为了振兴乡村，提高农产品在开放市场下的竞争力，政府通过农地三法完善相关制度，调整农业生产结构，走特色产业振兴型乡村发展道路，推进“一村一品”与六次产业化，把农村人才培养放在重要位置。重视发挥农协的作用，依托农协资源为农民提供指导，开办农业人才培训讲习班，增加农户间的作业互助；并且逐步允许以农民为大股东的公司法人进入农业领域，鼓励村落营户，不断提升土地规模和规模效益。与上一阶段重点提升农民生产能力不同，这一阶段的支持体系是在进一步完善法律体系的基础上，改善农村环境，引入工商资本，提高社会化服务水平，以帮助农民适应市场环境，进一步提升职业农民的经营能力。

三、法国职业农民培育的经验

法国是欧盟农业用地面积最大的国家，是世界第二大农产品出口国。耕地面积占其国土面积的 33.2%，农业人口占其总人口的 4%，农业劳动力占其总劳动力的 4.3%[①]。法国的农业以中小农场和家庭经营为主，形成了农民专业合作社+家庭农场的双层经营结构。法国政府在快速城市化的背景下，通过推动土地集中、推广农业科技、培育新型职业农民等一系列农业现代化政策来促进职业农民的发展，提高职业农民的素质。

（一）工业化、城镇化起步阶段（1945～1962 年）：推动大农户培育改革

历史上，法国小农经营项目多，农业生产以小农生产为主，为了改变传统的农业经营方式，推动土地规模化生产，提高粮食生产供给能力，政府采取了一系列农业政策。首先，推行土地规模经营的大农业政策。1950 年以后，政府成立“土地整治和农村安置公司”，从不愿务农的私人中购买土地并低价卖给中等规模经营的农民，为自愿合并土地的农民减免税费。国家为扩大农场规模，规定农场主只能把农场继承权给一位继承人，并给予大规模农场税收优惠和贷款支持。同时，为了使小农适应大规模生产，政府注重提升农民的生产技能，出资对农村剩余的青壮年进行培训。推动农民专业合作社和农业协会建设，在市场与政府的共同推动下，为农民提供专业化教育培训，使得农民素质水平适应市场经营需要，特别是加强对乡村薄弱地区的职业农民培训，促进区域协调发展。其次，采用多种办法推动农村剩余劳动力转移。政府给予 55 岁以上的离农农场主“离农退休补贴”，给予离农青年奖励性的赔偿和补助，引导其到第二、第三产业就业。

① 资料来源：法国农业部官网（http://agriculture.gouv.fr）。

（二）工业化、城镇化快速发展阶段（1962～1993 年）：实行农民职业化资格认证

1962 年后，法国进入工业化和城镇化快速发展阶段，农业就业人口急剧减少，农产品处于供过于求阶段，出现了农民素质与农业现代化发展不匹配的问题。为了更好地发挥职业农民制度的有效性，法国实行严格的职业资格证书制度，制定农业生产经营领域职业农民的技术标准。农民要想经营农场，获得国家农业财政补贴和优惠贷款，必须接受职业教育并取得相关证书。同时，政府建立了与资格认证相配套的农业教育、科研、推广体系，集人才培养、科学研究、技术转化为一体。政府农业推广机构、高校和科研院、农商合作社对农民、技师、科研人员等不同的服务对象、差异化的培养需求，进行针对性的教学培育。政府不仅重视实践能力的培养，而且注重提高农业经营者的生产技术和市场经营管理能力。包括农民的差旅费、食宿费等在内的培训费用由政府、农业专业协会、培训基金会承担。

（三）农业现代化发展阶段（1993 年至今）：建立职业农民终身学习制度

法国已建立起高效、多层次、多元化的高校农业教育、农业职业技术教育和农民再教育体系，但这一阶段，法国农村地区发展不平衡的现象日益严重，老龄化问题突出，并且国内外市场的竞争不断加剧，要求进一步扩大经营规模和促进职业农民的年轻化，全面提升农民的综合经营能力。本阶段制定了农村发展政策，为了使职业农民适用不断创新的农业技术和生产方式，政府建立了长效的农民终身学习体系，农民根据实际生产需求，每年接受两周的农业科技培训。另外，职业农民培育的重点放在了乡村薄弱地区，因地制宜地培育职业农民，并为面临人口稀少和社会经济结构转型难题的农村地区提供针对职业农民创业活动的长期税收优惠。同时，注重培育年轻农民。2009 年 8 月，法国内阁会议通过《2010—2015 年法国农村发展实施条例》，该条例鼓励青年到农村就业，为农业生产经营活动提供专业技能帮助和生产经营指导，向农学生、退休农民提供补贴。2017 年，法国农业部的财政预算有 1/3 用在了教育上，1975～2015 年，学习农业的学生增长了近 70%。

第三节　中国职业农民培育的现实困境与问题

一、中国职业农民培育的现实困境

目前，中国工业化和城镇化任务已基本完成，但是工农差距、城乡差距问题

突出，2018年我国农业GDP的比重为7.2%，但农村人口却占40.42%[①]，农业劳动力的比重远高于农业GDP的比重，农业劳动力对GDP的贡献率最低，非农产业的发展对农业的带动，尤其对农业剩余劳动力的吸纳不充分。在这种情况下，农业现代化实现的关键在于增强农业的内生发展动力，农业农村现代化离不开农民的现代化。中国目前处于向现代农业转型的关键时期，迫切需要大批适应现代化生产要素的农民，为此，2012年以来，中国积极地开展了新型职业农民的培育工作，中国新型职业农民队伍的规模不断扩大，发展质量显著提升。截至2018年末，全国新型职业农民共有1560万人，占第三次全国农业普查农业生产经营人员总量的4.46%，54.35%的新型职业农民为45岁及以下，30.34%的职业农民为高中及以上学历[②]。但是，新型职业农民发展过程中仍然有许多问题亟待解决：一是农村劳动力过剩和农业劳动力短缺并存，农民的结构性分化日趋明显。2017年，中国农村人口占总人口的41.5%，其中农村60岁及以上的老年人口占比达到了61%[③]，退出型、自给型、兼业型和发展型四类农民中，最需要和最有可能被引入农业现代化进程的发展型农民（贺雪峰，2015；郭晓鸣等，2007）比例偏低。二是中国目前的职业农民教育培训针对性和有效性不足。2017年，国家职业资格证书拥有者仅为7.5%，农民技术人员职称认定者仅为15.5%，新型职业农民正在接受学历教育的人仅为21.1%。职业农民全面发展的制度体系尚未建立，缺乏严格的资格认证体系，教育培训内容缺乏针对性，培训方式脱离实践，农民主动参与率低，重农业技术、轻经营能力，社会资源广泛参与的机制缺失。三是中国扶持新型职业农民发展的政策落实不到位。2017年，享受到规模经营补贴的新型职业农民为11.1%，获得金融贷款的新型职业农民仅有12.3%。扶持政策具有规模偏好性，发展性农民在资金支持、技术指导等方面的需求容易被忽视。

二、新型职业农民培育存在的问题分析

（一）培育偏重生产经营技能，对生态经营、综合管理、专业服务技能等的培育相对滞后

本书课题组在浙江、山东、福建等地区的调查和相关研究均显示，目前培育项目对生产经营型农民的增收作用更显著，这与目前的培训内容侧重优质品种选育、田间管理技术与环境友好型管理技术等生产经营技能有密切关系。但这同样表明现有培育内容相对单一，与高效生态现代农业发展所需的新型职业农民的要

① 资料来源：国家统计局官网（http://www.stats.gov.cn）。

② 资料来源：《2017年全国新型职业农民发展报告》。

③ 资料来源：国家统计局官网（http://www.stats.gov.cn）。

求还存在一定差距，职业农民的生态经营、综合管理、服务能力需求尚未得到有效满足。

（二）培育与政策扶持脱节，要素扶持、配套发展政策存在规模偏好

生态高效现代农业需要的新型职业农民涉及产业链各个环节，包括了生产经营型、专业技能型、专业服务型等不同类型，经营规模存在明显差异。但现有的扶持政策往往具有规模偏好性，导致很大一部分新型职业农民在资金支持、技术指导等方面的需求容易被忽视。《2017 年全国新型职业农民发展报告》显示，2017 年享受到规模经营补贴的新型职业农民仅为 11.1%，获得金融贷款的新型职业农民仅有 12.3%。

（三）职称评审亟须优化，评审标准及其与现有职称体系衔接尚不完善

从试点地区情况来看，虽然放宽了学历限制、淡化了职称论文要求，突出了业绩导向，但总体上缺乏综合性评价，品德、知识、能力等要素尚未充分体现，针对不同群体的差异化评价指标尚不完善。同时，新型职业农民资格证书、专业技术职称评审与涉农优惠扶持政策缺乏有效衔接，持证人才在农业项目、科技示范、土地流转和贷款融资等方面尚难以享受优惠政策，且与事业单位人才评价体系衔接不畅。

（四）“多元”参与力度尚显不足，培育资源有待进一步拓展

高效生态现代农业旨在实现农业由单一的农产品生产功能向综合发挥生态保护、文化传承、休闲教育、健康养老等多种产品和服务功能的转化。因而，相对于单一的技能培训，支撑高效生态现代农业发展需要的职业农民培育涉及的内容更广，精度更高，也更加先进，对培育机构、培育资源的需求也更高。但从调查情况来看，虽然开展新型职业农民培训的机构与培训项目众多，但内容同质化问题严重，课程体系的完整性不够、内容深度不足，这可能与社会力量缺乏有效参与机制有关。

第四节 本 章 小 结

与美国、日本、法国职业农民发展的条件和历程相比，中国职业农民的发展

条件和发展阶段更为复杂。政府既要处理好职业农民培育初期农村剩余劳动力转移的问题，又要解决现阶段农村劳动力，特别是青壮年劳动力留农、务农的内生动力不足的问题。因而，中国职业农民的培育不宜走美国的以大型农场主+私营企业为主的职业化模式，但可借鉴美国新型青年农民高素质发展的经验基础，吸收法国和日本的经验，通过"从上至下"引导与"从下至上"参与相结合的方式，形成新农人+家庭农场+农业新型农业经营主体的农民职业化的发展模式。

一、产业为核心，优化、扶持资源配置

发达国家的经验表明，良好的产业政策是实现产业兴旺、增加农业的人才吸引力和转移农村劳动力的重要基础。美国为新农民开辟新的农业产业领域；日本通过鼓励在农村设立工厂以吸引农村富余劳动力就业；法国将农业产业链的相关企业建立在农村，形成供、产、销的"农工商综合体"，并为面临人口稀少和社会经济结构转型难题的农村地区提供针对职业农民创业的长期税收优惠政策。因此，我国为提升发展型农户，首先应调整农村产业结构，发展当地特色产业、现代农产品加工业和乡村新型服务业，加快小城镇建设。一方面，通过三产融合，发展乡村企业，促进农村剩余劳动力转移就业；另一方面，推动城乡交流共建，鼓励乡村创新创业，通过发展电商、有机农业等，加强工商资本与人才向农业转移，支持家庭农场、农民专业合作社、农业龙头企业和发展性农民相互协调与合作，提高生产经营组织化程度。其次，加快探索土地流转政策，促进土地集中和规模化，通过对小农户开展免费非农技能培训，提供就业岗位，给予自愿停止经营或转让土地经营权的农户适当退休金或生活补贴等手段，让农民自愿放弃土地经营权。但是要吸取日本政府引进工商资本和人才进入农业领域时出现的工商资本控制股权等教训。政府要规范工商资本进入农业领域的相关政策，引导农业企业发展绿色、可持续的高质量农业，通过入股、托管等土地经营方式，切实保障农民的利益。

二、需求为导向，分层优选、分类精培

按发达国家的经验，职业农民素质必须与农业现代化、工业化、城镇化发展要求相契合。美国农民培训内容逐步从生产技术向经营管理技能倾斜，开展未来美国农民培训；日本资助高中毕业的农家子弟并将其培养成现代农业骨干人才，重点发展培育经营大户，依托农协资源开办农业人才培训讲习班，为农民提供指导；法国建立了职业农民终身学习体系。针对我国当前各地农业发展水平不一、

劳动力结构不合理的现实，应改革农业教育，按推动剩余劳动力转移、培育年轻农民和提升发展性农民的思路，改革培训内容与方式。首先，为推动剩余劳动力转移，应根据当地产业特色，出资对农民进行非农技能培训。其次，建立多元化的农民教育和再教育体系，满足不同层次的学习需求。针对年轻农民不足的问题，应实施新型青年农民高素质计划，通过财政补贴和政策引导青年学生接受农业高等基础教育，增加农场实践课程。针对发展性农户能力不足的问题，发展成人继续教育、乡村实用人才定向委培，从传统技术培训向绿色、品质产品生产管理乃至经营能力培训转化，对不同群体差异化的需求进行针对性的培训，借鉴美国农民可网上便捷地向专家提问的方式，开通农业信息化交流网站，解决技术入户难的问题；并通过激励机制，建立公益性职业农民终身学习体系，将农民教育纳入国家职业教育助学范畴，鼓励其提升学历层次。另外，法国经验表明，多方位的农民培训体系需要市场与政府的共同推动，以及建立各类主体参与职业农民培育的长效机制。同时需要整合培训资源，通过政府购买服务等形式鼓励高校、企业、行业协会及培训机构等开展培训工作，实现优势互补、资源共享，提高培训资源配置效率。

三、制度为基础，规范、健全培育机制

发达国家在农民职业化的进程中，合理的政策支持起到了重要的推动作用。美国建立了财政补贴、金融信贷、农业保险等全方位的支持体系；日本针对经营主体、农协和小农户差异化的政策需求分类施政；法国要求农民必须拥有资格证书，才能经营农场、享受国家补贴和优惠政策。我国政府应该建立专门政策机制，聚焦于发展型农民和新型农业经营主体带头人在生产条件、土地流转、设施建设、税收保险等方面的关键需求，做出差异化的政策安排。首先，加强顶层设计，通过各省级层面出台职业农民培育认定办法或指导性文件，明确农业发展各类人才需求的总体目标任务，规范职业农民的认定管理机制。实行标准评估体系，评估认定各类职业农民，建立职业农民信息档案。其次，衔接社会保障和福利，推动职业农民职称评定工作，推动将职业农民纳入城镇职工养老、医疗等社会保障体系，探索职业农民职业支持保护和职业救济制度，解决职业农民长远发展的后顾之忧。另外，政府需要继续加大财政投入力度，创新财政扶持农业保险机制，增加农业保险品种，兼容地区范围内各个龙头企业的资金和社会上其他资金来源，加快形成政府和市场共同推动的多元投入格局。

第八章　应对气候变化、保障农业高质量生产转型的总体思路与对策建议

第一节　总 体 思 路

近年来，随着中国食品安全事件频繁发生，国内消费者对农产品安全的关注与要求不断提高，推进农业生产向绿色、高效发展模式转变的同时确保产品安全已成为农业经营主体生存与发展的关键。农产品质量安全控制水平既与当前的消费者需求、法律法规等外部因素直接相关，又与经营主体内部治理结构、管理制度紧密相连，是一个理想的比较标准。同时，以质量安全为准绳，以环境友好型生产技术为支撑，规范生产过程中的产地环境检测、投入品使用、生产档案记录，确保生产源头质量安全信息完整，也是迎合消费者质量安全信息需求、发挥市场激励作用的必然选择。与此同时，我国粮食的进口规模也连续创下纪录，呈现出生产量、进口量、库存量“三量齐增”的怪现象。水稻出现供大于求的现象，人均消费水平稳中趋降。但考虑到我国是人口大国，65%以上的人口以稻米为主食，最重要的是，相比于国际粮食生产大国，我国粮食生产效率低，在生产条件短时间内难以改变，水稻种植面积因城镇化、工业化及农业结构调整难以增加，以及我国放开三孩政策带来水稻消费总需求增长可能加速的情况下，气候变暖，尤其是极端天气更威胁了我国粮食安全。目前，新冠肺炎疫情仍在世界许多地方传播，必须高度重视可能出现的相关风险，尽早谋划应对策略。首先，需监测我国粮食主销区成品粮的日常供应。做好低温仓建设，避免因疫情恐慌而抢购粮食从而引发的粮食非正常涨价。其次，应加强国际粮食安全与贸易政策协调，特别是关注非洲、南亚等地区低收入国家的粮食安全问题，适时适当地进行粮食援助。最后，有必要警惕和防范国际投机资本对粮食市场的炒作。

基于以上考虑，当前保障我国粮食安全、实现中国农业高质量生产转型的总

体思路是：树立“大食品安全观”，构建基于“数量和质量”双重农产品安全的农业高质量生产转型的制度框架，从“量”的角度分析气候资源和粮食生产力的空间分布之间的关系，从政策层面实现“保证口粮绝对安全”；从“质”的角度分析粮食质量与粮食安全保障的关系，从政策层面体现“高质量绿色发展”，从而促进农产品生产由以数量为主转向数量、质量并重，更加注重效益，注重市场导向，推进粮食安全与生态环境的可持续发展。既要突破耕地和淡水资源短缺等资源压力，解决农业效率低、生产成本上涨、青壮年劳动力转移、环境污染和生态退化等现实问题，也要适应气候变化背景下工业化、城市化、国际化、人口大国等一系列相互交织的问题，这就决定了中国农业高质量生产转型要实现国家粮食安全、资源节约、农村生态环境治理与保护、农产品质量安全、农民增收与农业增效、国民经济可持续发展等多重战略目标。要实现中国农产品高质量生产转型，必须以资源要素利用方式、生产体系、社会化服务、农业制度为核心，将以推进农业科技创新为动力的资源要素利用方式转变、以农村信息化为突破的农业社会化服务体系转变、以农业制度创新为引擎的政府农业职能转变作为有效途径。在具体制度设计方面，需要统筹运用财政、货币、价格、收储、流通、贸易、基建等政策工具，制定专项扶持农业生产发展的综合性政策措施；加强重要农业投入品生产和市场运行调度，全面保障农业生产资料市场供给稳定；加大对新型农业经营主体“新基建”的支持力度，全面提升其风险应对能力和综合竞争力；加大对我国对外依存度高的重要农产品贸易监测和预警的力度，尽早制订应对预案。

政府促进现代农业经营主体带动小农户实施绿色农业转型，实现小农户与现代绿色农业衔接的总体思路如下：应建立以城乡统筹、社会共治为基本理念，以营造绿色生产氛围和绿色生活氛围为导向，以针对综合提升绿色发展的专门性法律法规为依据，以生产主体为直接责任主体，以市场激励为主要手段的绿色农业发展的综合治理管理体系。政府职能的优化调整是以环境综合治理与质量安全实施为突破口，从解决信息不完整和不对称问题的关键目标出发，提出将信息披露、安全教育和安全友好型生产管理技术推广职能的优化调整作为重点；生产主体的优化是打造职业农民，提升生产与运营能力，加强经营主体间的分工与合作。

针对当前应对气候变化、保障粮食安全及实施生产转型中存在着政府与市场双“失灵”的现象，需要重新正确认识与处理政府和市场的关系。政府失灵的矫正思路是在同步法制化、民主化的过程中，转变政府治理模式和提升政府治理能力，即由传统的“由上到下管理的模式”向“上下互动的治理模式”转变，通过将社会化机制和市场机制相结合，建立组合式监管和激励机制。政府的主要机制是：①主体培育体制机制。培育多类型、多环节新型农业经营主体；建立和完善农业经营者“进入与退出”机制。②产业组织体制机制。建立农业新型规模化经营机制、合作与资本有机结合的农业纵向一体化机制。③技术支撑体制机制。加快农业技术转化与应用，建立政府、市场、中介分工明晰、有机结合、高效运转的农业技术推广体制。④政府调控体制机制。完善农业政策和价格体系，加大农业投入和转移支付力度，发挥好示范引导作用，推进农业发展方式的转变与转型。⑤信息交流机制。提供信息交流平台，教育消费者，设计让社会力量参与的激励机制。

第二节　对 策 建 议

一、严守基本农田保护制度，力争耕地数量和质量动态平衡

综合以上分析得出，毋庸置疑，区域带动性新技术，尤其是品种技术的突破，需通过加强农业基础设施建设、提高耕地的生产能力，这将成为我国挖掘粮食增产潜力、确保国家粮食安全的长期对策和主攻方向。为此，要从以下几个方面入手。

（1）切实保护耕地，使耕地的减少达到尽可能小的程度。保护耕地的重点就是要彻底杜绝不合理因素对耕地的占用，对基本农田实行世界上最严格的保护制度，充分运用行政和法律手段，确保任何单位和个人不得以任何理由占用基本农田。同时，在保护生态环境和实现农业可持续发展的前提下，可以通过适度开荒、复垦来增加一定数量的耕地面积。据国土资源部统计，2014 年我国未利用地中尚有可利用地 10 亿亩左右，其中约有 1 亿亩可开发成耕地；因各种人为因素废弃的土地已累计达 2 亿多亩，其中约 9500 万亩可以整理、复垦为耕地。发达国家的土地复垦率一般在 50%以上，法国、德国等更是高达 80%，而我国目前只有 25%左右，开发潜力很大。通过土地开发、整理和复垦增加耕地面积，应该成为我国稳定粮食生产面积的一个重要举措。

（2）加强农业基础设施建设，加强对田间灌溉技术、节水技术、排灌技术配套模式的管理。要进一步扩大中央投资规模，加快大中型灌区改造与建设、大型灌排泵站更新改造、节水灌溉增效示范等农田水利工程建设，加强中小型水源、中小型灌排泵站改造与建设。通过以奖代补、先建后补等方式，探索农田水利基础建设新机制，完善农田水利设施建设管护机制，明确农田水利工程产权和管护主体，吸引社会资金投资农田水利设施建设。认真实施全国高标准农田建设总体规划，加大投入力度，规范建设标准，探索监管维护机制。支持沃土工程、种子工程、植保工程、节水农业、中低产田改造、大型商品粮基地等一批重大粮食工程项目建设，稳步提高粮食综合生产能力。频繁发生的极端气候事件，充分反映了我国农田水利设施基础差、底子薄、供给不足的突出问题。因此，我国应当加

强对田间灌溉技术、节水技术、排灌技术的管理，以及将各单项技术综合配套使用，因地制宜地形成集成配套模式的管理；应该着力加大对农业基础设施的投资力度，全面提高我国农业的抗灾、抗险能力。虽然近年来，我国在农村基础设施方面投入了不少财力、物力，在一定程度上改善了农村基础设施，但是随着我国城市化速度的不断加快，农村人口进城务工的趋势越来越明显，农村人口向城市转移的数量越来越多，未来我国农村谁来种地的问题将会变得越来越突出。因此，我国政府需要高度重视，加大对农业的投入力度，积极推进土地制度改革，努力贯彻实施乡村振兴战略，从而保障粮食生产和粮食安全。

（3）加快发展生态友好型农业，切实提高耕地质量。要落实最严格的水资源管理制度和环境保护制度，强化监督考核和激励约束。根据不同地区的水资源状况，分区域规模化推进高效节水灌溉行动，推进机械化深松整地和秸秆还田试点，增加土壤有机质，提升补贴规模和范围。加大农业面源污染治理力度，开展高效肥和低残留农药施用、规模养殖场畜禽粪便资源化利用、新型农业经营主体使用有机肥等试点，分类探索耕地修复保护模式，尽快启动重金属污染耕地修复试点，调整种植结构，改良土壤。

二、树立绿色发展理念，推进农业技术研发

鉴于当前农业发展面临的重大困境与挑战，在全社会树立起中国特色社会主义绿色发展观念，营造绿色生产氛围和绿色生活氛围，迫在眉睫、刻不容缓。从思想观念到方式方法，从政策举措到工作安排，从科技研发到制度设计，都要转到绿色导向上来。由于老龄农户往往受教育程度更低、学习能力较差，因此，要使老龄农户接受安全友好型技术，就必须通过田间指导等高成本的推广方式。但在当前的农业技术服务体系中，分散的小规模生产的老龄农户本不是推广与监管的重心，可以说，老龄农户的技术需求与当前农技推广方式的矛盾不可调和。因此，在老龄化不可逆的背景下，只能通过调整基层技术推广方式来保障综合治理的实施：一方面，大力发展专业化服务体系，将施肥用药等质量安全控制的关键环节外包，通过适当的分工提升生产效率的同时降低质量安全风险；另一方面，要注重基层农业产业化组织建设，充分发挥合作社等产业化组织在投入品控制、技术推广中的平台作用，同时将追溯管理等老龄农户无力解决的问题交由合作社等产业化组织统一管理。

中华人民共和国成立以来，我国粮食单产从每亩 138 斤增加到 2018 年的每亩 749 斤，在很大程度上是由于科技进步提高了土地生产率和促进了农业自然资源的开发。科技进步对提高我国粮食单产的巨大作用已是不争的事实，但与发达国

家相比，差距仍然较大。我国农业科技进步贡献率“十一五”末为 53%，而同期发达国家已达 85%～90%，科技进步的作用还有比较大的潜力。《中国农业产业发展报告 2020》显示，2005～2018 年，中国农业全要素生产率指数（total factor productivity index，TFPI）年均增长率降至 2.2%，其中，技术变化指数（exchange technology index，ETI）对农业全要素生产率指数增长的贡献降至 10.45%，这说明依靠农业科技进步驱动农业全要素生产率增长是提升中国农业竞争力的主要途径。因此，要贯彻落实“科教兴农”战略，调整财政预算配置，大幅增加对农业科研的投入力度，引导金融信贷、风险投资等进入农业科技创新领域，支持农业重大前沿关键技术创新。采取以奖代补等方式引导科研机构联合研发，支持国家农业科技园区协同创新战略联盟和现代农业产业技术体系建设，加快振兴种业，建立以企业为主体的现代种业创新体系，对育繁推一体化企业给予政策扶持，继续实施动植物良种工程和粮食丰产科技工程，启动中低产田增产增效科技示范工程。如果我国农业科技进步贡献率在今后几年内能有一个比较大的提高，将会明显促进粮食单产水平的提高。具体如下。

（1）加大对耐旱、耐高温、抗病虫等抗逆性强的优良水稻品种的培育。全球变暖尤其是频繁发生的极端气候，改变了之前适宜水稻品种生长的水热条件，从而优良品种优势得不到充分发挥。鉴于采用抗逆品种有助于降低气候风险，并且也容易被稻农所采用，因此，培育适宜气候变化的抗逆性强的优良水稻品种，将成为我国农业生产应对极端气候的重要措施之一，尤其是要培育具有耐旱、耐高温、抗病虫等抗逆性强、生育期较长、适应性较广的水稻新品种，从而实现水稻品种在耐旱、耐高温、抗病虫等方面的突破，进而充分发挥水热资源的优势，最大程度地减少气候变化对水稻生产的不利影响。

（2）加大对保护性耕作的推广与技术指导。鉴于保护性耕作适应极端气候变化的有效性，我国农业部门应加大对保护性耕作的推广与大力提供技术指导服务，定时指派技术专家到田间指导，减少稻农采用新技术的顾虑和限制，从而提高稻农对保护性耕作技术的采用率。值得注意的是，免耕播种是实施保护性耕作的关键，保护性耕作取得成效还需要其他相关配套技术的综合运用，但我国目前的国情还不适于推行全部农田绝对免耕，且适度的耕作有利于改善稻田土壤的通透性，长期免耕反而会增加甲烷的排放。因此，今后在推广保护性耕作技术时，还需要通过其他配套措施来抑制甲烷的排放，特别要注意综合运用测土配方施肥等先进的农业技术措施，并且结合农机农艺技术，优化农作物栽培，加强农作物的后期田间管理，来促进实施保护性耕作效果的实现。

（3）加强减量增效绿色技术的研发与集成，降低技术复杂性。加快推进重大科研攻关和技术模式创新与集成是推进化肥农药减量增效技术推广的前提与基础。首先需要构建一个减量增效技术创新体系，以减量、增效、安全、低碳、循环为技术目标，力争在保持产量、完善化肥农药利用机制等基础理论方面实现突破，同时针对不同品种、不同区域集成一批绿色减量增效技术模式与技术规范，在测土配方、机械深施、生物防治、物理防治等重点领域和核心技术，高效缓释肥料、高效低毒低残留农药、生物肥料、生物农药等新型物资，以及施肥施药机械方面实现突破性研究，提高技术成熟度和稳定性。化肥农药减量增效技术的研发必须要考虑技术的适用性和复杂性，选择与本地区生产环境、农户习惯和经济发展水平相适应的减量增效技术，通过简化技术步骤、提高技术稳定性、研发与技术施用相配套的工作、制定技术规范等多种途径降低农户技术的复杂性和采纳成本。此外，大力开展技术的研发与集成需要加大对减量增效技术研发体系和研发队伍建设的投入，组织实施好相关重大科技项目和重大工程，鼓励高等学校、职业院校、科研院所等科研主体开展深度合作，进一步完善各层级创新主体协同攻关机制，加强绿色生产技术领域的科技人才队伍建设，吸引社会资本参与科技创新，加强减量增效技术的研发能力。

三、提高农技推广配套服务水平，强化基础设施建设与公共服务能力

（1）面对当前生产主体老龄化危机与安全友好型生产管理推广的矛盾，在老龄化不可逆的背景下，只能调整基层技术推广方式。一是大力发展专业化服务体系，将施肥用药等质量安全控制的关键环节外包，通过适当的分工提升生产效率的同时降低质量安全风险；二是注重基层组织建设，充分发挥农民专业合作社等产业化组织投入品控制、技术推广与生产过程中社员互相监督的优势。此外，面对农户不愿承担技术风险与安全友好型生产管理推广的矛盾，要推广安全友好型生产管理，就必须完善和建立应对气候变化的农业技术推广配套服务和补贴机制。研究结果表明，农技推广服务水平、当地水利基础设施建设水平和政府补贴对农户适应气候变化技术与管理措施的采纳意愿和采纳数量有重要影响。政府应通过新建和改善农业水利基础设施、完善农技推广服务体系，提高对适应气候变化技术与管理措施的采纳率；同时，加大对应对气候变化的农业技术研发和试验示范农户的技术指导与物资供应相结合服务方式的补贴力度。这些配套服务实际上降低了相关应对气候变化技术和管理措施的采纳门槛。

（2）面对农户对气候变化的认知显著影响适应气候变化技术与管理措施的采纳意愿的问题，应通过教育培训让农户了解农业本身也是造成气候变化的原因之一，同时，针对农户对气候变化认知的敏感性，重点筛选和推广兼顾提高农业适应能力和减缓气候变化的技术，加强对调整品种和采用新的水稻生产技术等主动

性适应性行为的引导，如正确引导稻农的化肥农药施用行为。研究发现，稻农关于极端气候对水稻种植影响的感知越强烈，其施用化肥农药的具体数量就越高。在其他条件不变的情况下，与没感知到极端气候对水稻种植影响的稻农相比，感知到极端气候影响很明显的稻农的化肥农药施用量平均多施用 3.42 千克/亩，感知到极端气候影响比较明显的稻农的化肥农药施用量平均多施用 1.20 千克/亩。因此，要特别加强对易受极端气候影响地区中的稻农合理施肥行为的引导，如通过加强对农户的科学施肥培训，强化农户对农用化学品危害的认知，从而引导农户减少对化肥农药的施用，采用多种措施引导稻农采取更加科学、合理的适应性行为，鼓励稻农根据绿色农业发展的要求，采取亲环境友好的水稻生产技术，进而促进水稻生产的可持续发展。

（3）气象和农业部门应加强作物适宜播种期的预测预报服务，加强对农业气象的预测、预报、预防，全面提高农业的防灾、减灾能力。例如，传播灾期或灾后预警信息，提供新品种技术指导，指派技术专家到田间指导等，这些服务对农户决定是否采用抗逆品种起着至关重要的作用。此外，自然灾害预警信息的可获得性有利于提高农户对极端天气事件的潜在危险意识。加强对水稻新品种的技术指导和推广有利于减少稻农对新品种采用的可能性限制，从而提高对水稻新品种的采用率。然而，在我们的调查样本区域内，仅仅只有四分之一的稻农可以获得此类公共服务。很显然，将气象信息和品种推广等方面的服务纳入中国公共服务推广体系的空间还很大。

四、完善农户职业教育培训体系，加强产业化组织带动能力建设

（1）以产业提质增效为先导，增强职业农民培育内生动力。聚合产业发展资源，调结构、转方式、建品牌，打破农产品同质竞争和增产不增收的困境，真正提升高效生态农业的经济效益，提升农业的人才吸引力。第一，优化产业布局，形成一村一品、一县一业的产业布局，避免恶性竞争。第二，转变农业生产方式，提升绿色生产水平与质量安全水平，加大清洁生产技术等关键技术的推广力度，加大对经营性质量安全服务、病虫害绿色防控服务、畜禽污染有偿处理服务等配套服务的扶持力度。第三，强化品牌建设与营销创新，加大区域农业公共品牌的培植和推广力度，以农产品品牌建设带动生产过程标准化和规范化，推动互联网与农业深度融合的创新营销模式，通过农产品电商、社区农业、社交媒体营销等模式，切实提升农业产业效益。

（2）以满足多元需求为目标，增强培训内容的吸引力。第一，普查建档，明确农民多元化需求。把开展新型职业农民培育纳入各地乡村振兴总体规划，因地

制宜、因时制宜，制订特色产业发展人才需求计划，对区域范围内的农业龙头企业、家庭农场、农民专业合作社、种养大户等新型农业经营主体进行普查，建档立卡，制订职业农民培育长期计划与年度计划。第二，丰富培训内容，在满足特色产业发展所必需的生产技能培育基础之上，增加质量安全管理、生态安全管理、市场风险管理等内容，逐步实现因人、因岗设课。第三，优化培育形式，以产业链不同环节、不同类型职业农民差异化的培育需求为出发点，建立多元化、多层次的培育和再教育体系，开展职业培训、学历教育、技能培训和终身学习等多种培训形式，拓展短视频课程等培训方式，满足不同层次职业农民的学习需求。

（3）以智慧培育为抓手，提高职业农民培育资源配置效率。第一，以互联网为媒介加大培训和资源整合力度。以“互联网+新型职业农民培育”的实施为助手，加速各级政府、各部门、企业及其他社会相关主体培训内容与扶持资源的整合，尤其是各地产业特色发展所需要的针对性更强、更具深度、更加先进的“特色”培训内容与扶持资源，切实提升培训内容与扶持资源供给质量。第二，以大数据分析为培训内容提高资源配置效率。借助各级职业农民培育大数据的整理分析，进一步明确不同类型职业农民发展的需求特征，提升职业农民培育内容设置与配套资源供给的“智慧水平”，实现培育需求与配置资源的高效衔接。

（4）以制度改革为动力，全方位加大对新型职业农民的扶持力度。第一，改革职业农民认定制度，进一步优化新型职业农民评估标准，确保标准既能体现业绩导向，又能兼顾群体差异，同时规范评估认定流程，构建职业认定体系，建立新型职业农民信息档案、新型职业农民责任清单和负面清单。第二，改革职业农民扶持制度，推动新型职业农民认定与农业扶持政策挂钩，重点加大对土地流转、设施建设、融资保险等方面的扶持力度。第三，改革职业农民社会保障制度，推动将新型职业农民纳入城镇职工养老、医疗等社会保障体系，探索新型职业农民职业支持保护和职业救济制度。

（5）加强各类产业化组织带动能力建设，高度重视新型农业经营主体的带动辐射效应。坚持激励与监管并重、扶持与规制并行。在经营主体的内部管理与运行机制上，政府既要给予充分的激励，又要给予足够的监管。按照是否具有市场竞争力为主要标准进行定期考核，引导产业组织从靠政策营利走向拥有经营能力；重点引导新型农业经营主体在农业现代化的薄弱环节上发挥作用；在业务领域和发展方向上，政策既要有具体的支持措施，也要有明确的规制手段，根据不同类型新型农业经营主体的组织特征，引导和调控好新型农业经营主体的发展方向。针对家庭经营类主体，既要强化对家庭农场等专业家庭经营组织的扶持，也要引导兼业农户，特别是以农为主的兼业农户发展现代农业；针对合作经营类主体，要重点使其成为克服家庭经营类组织局限性的纽带和桥梁；针对企业经营类主体，应坚持扬长避短、趋利避害的政策导向，引导其进入适宜企业化经营的领域，避免其争夺小农的利益，尤其要合理运用农业股份合作制和土地股份合作制，处理好农业家庭经营和企业经营的关系，防止新型农业经营主体培育中的主体异化和虚化。此外，政策支持体系需强化顶层设计。在支持对象上，要统筹各类农业经营主体，促进以适度规模经营为导向的多种经营方式共同发展。这就要求：不能用过去面向普通农户的惠农思路来指导制定新型农业经营主体的支持政策，而应根据新型农业经营主体相较于普通农户的优势来设置鼓励引导政策；不能把不同类型的新型农业经营主体的关系割裂对待，应引导建立不同类型新型农业经营主体之间的良性互动关系。在支持内容上，应采取共性与个性相结合的扶持策略。针对补贴、保险、信贷、用地等各类主体的共性需求，应以非排他的普惠型扶持政策为主；针对不同新型农业经营主体的特殊需求，应以明确目标群体的特惠型扶持政策为主。家庭经营类主体应重点解决其流动资金、设施用地、作业服务对接等问题；合作经营类主体应重点推动其规范化运行、合理化分配等问题；企业经营类主体应重点探索工商企业租种、托管耕地的准入监管办法和“非农化”“非粮化”等经营风险的防范措施。鉴于新型农业经营主体在快速融合态势下“一个主体多种身份”的情况较为普遍，不建议以主体身份作为政策扶持的主要标准，防止国家补贴“垒大户”现象的发生，而应重点以主体开展的具体业务类型来确定扶持方式与力度。新型农业经营主体大多从事规模养殖、农产品加工或乡村旅游业。一定程度上，新型农业经营主体的规模优势成为规模风险，规模效益成为规模损失。建议将新型农业经营主体作为政策扶持的重点，精准发力，助其解决生存之忧和尽快恢复产能。对疫情后的新型农业经营主体进行融资专项支持，防止因资金链断裂导致的大量破产或倒闭，防止诱发系统性风险。及时启动农业保险赔付，弥补因疫情造成的相关损失，帮助新型农业经营主体恢复再生产。此外，要加大对新型农业经营主体“新基建”的支持力度，全面提升其风险应对能力和综合竞争力。

（6）鼓励农村土地流转，实现土地资源优化配置，形成适度规模经营。实证结果表明，水稻生产专业化程度越高的农户客观上越有可能采纳适应气候变化的技术管理措施。因此，应该鼓励土地实现自由流转，把加快农业经营方式转变作为推动水稻生产技术进步的基础条件，引导农户在家庭经营中增加技术、资本等生产要素投入，鼓励农村土地流转，实现土地资源优化配置，形成适度规模经营。例如，鼓励农户采取联合与合作、与涉农企业建立利益联结机制等方式，采用政府引导、能人带动的方式，利用市场机制等共同促进土地流转规范运行，形成多元化、多层次的家庭农业经营体制，大力提高水稻生产的组织化和规模化程度。与此同时，政府应加强组织建设，将提高农户适应气候变化能力纳入以实现规模经营为代表的农业现代化中来，将构建农业技术推广体系纳入政府农村社会公共品建设规划体系之中，发展以政府推广体系为主，农业科研教育部门、农业企业、专业技术协会、农民专业合作组织共同参与的农业技术服务体系。同时加大对农业推广体系软硬件设施的投入力度，如农业生产信息提供和宣传等软件的投资；提高农技服务体系的效率，有效提高农业资源利用效率，把先进技术的应用推广作为推动农产品生产实现现代化的根本动力，努力提高农产品单产和质量。

五、完善农产品销售渠道建设，实现农产品优质优价

（1）以优化品种、提高质量、增加效益为中心，不断增加优质粮食的生产量。随着人民生活水平的提高，居民口粮的消费将逐渐转向优质化，因此，在粮食生产中应逐渐扩大优质粮食的种植面积，提高优质粮食在粮食生产中的比重。

（2）适当调整直接消费部分和间接消费部分的比例关系，发展稻米转型升级深加工。据测算，目前我国粮食总需求中直接消费需求只占到30%左右，另外的70%将主要满足以饲料的派生需求和工业用粮为主的间接消费需求。随着经济的增长和人民消费水平的不断提高，间接消费部分的比例还会逐渐增大。因此，应进一步提升农业现代化水平，对水稻生产设备进行转型升级，对供过于求的水稻品种进行深加工，拉长产业链。更多运用市场化机制，积极化解产能过剩矛盾，改善国内竞争环境。逐步去产能化，循序渐进地推进步伐。

（3）发挥市场机制，实现稻米优质优价。坚持市场化改革取向与保护农民利益并重，采取“分品种施策、渐进式推进”的办法，完善农产品市场调控制度。按照政策性职能和经营性职能分离的原则，改革完善中央储备粮管理体制；深化国有粮食企业改革，发展多元化市场购销主体；科学确定水稻等重要农产品国家储备规模，完善吞吐调节机制。具体而言：①强化培育，加快农产品品牌建设。农产品特殊的物品性质引发了信息不对称，并由此导致了农产品柠檬市场的形成，因此，想要调动农民种植优质农产品的积极性，可以从发展农产品品牌着手。不同品牌代表不同标准的农产品，这在一定程度上可以解决信息不对称的问题。②加大生态优质农产品销售力度，采取多种营销手段提高产品销售量。利用互联网、大数据等新技术了解满足个性化需求并与市场直接对接的产品，根据市场需求调节生产。大力推进“互联网+”现代农业，应用物联网、云计算、大数据、移动互联等现代信息技术，推动农业全产业链改造升级。学习有机农业发展较好国家的经验，探索优质农产品社区销售、农场直接送货上门等直销模式，以缩短消费者与生产者之间的距离，直接沟通、了解消费者的即时需求。③加强稻米质量安全监管。在我国认证系统还不完善的情况下可以考虑类似于失信惩戒机制、驾照扣分制等的诚信机制。如果因为无心施用化肥农药或造成污染等降低了优质农产品的品质，可以实行扣分机制，若扣满，则

一段时间内拒绝收购或按照较低品质的农产品价格进行收购。如果是恶意混淆、以次充好，则采取类似取消优质农产品优先收购资格的惩戒措施，让消费者对我国农产品分级制度产生信任。

六、构建粮食生产长效机制，强化农业生产的综合性政策措施

（1）以粮食主产区为投入重点，建立主产区粮食生产发展长效机制。从近几年的全国粮食生产情况来看，13 个粮食主产省耕地面积占全国的 64%以上，粮食播种面积占全国的 70%以上，粮食产量占全国的 75%以上，每年增加的粮食产量占总增量的 90%以上，在全国农业发展格局中具有举足轻重的地位。要始终坚持以粮食主产区为重点，进一步加大扶持力度，优惠政策进一步向粮食主产区倾斜，资金投入进一步向粮食主产区集中，各项增产、增收、增效措施也要在粮食主产区集成采用，特别是要大力推进高标准农田建设和中型灌区节水配套改造，集中力量在全国建设一批基础条件好、生产水平高和调出量大的粮食核心产区，着力提升农业整体素质、效益和竞争力，为保障国家粮食安全和重要农产品有效供给提供稳定、可靠的战略基地。

（2）加强扶持农业生产的综合性政策措施的出台。近期中央和地方陆续出台了一系列应对措施，对稳定农业生产和恢复农村生活秩序等发挥了重要作用。2020 年提前公布稻谷最低收购价，籼稻较上一年每斤提高 1 分钱，粳稻价格持平，释放了国家重农稳粮的信号，但涨幅仍未达到市场预期，远不能弥补因疫情影响带来的生产成本提升和市场波动。因此，既要看到这些单一的、临时的政策的短期效果，也要正视后疫情时期对农业的潜在影响和持续压力，建议统筹运用财政、货币、价格、收储、流通、贸易、基建等政策工具，制定专项扶持农业生产发展的综合性政策措施。

（3）完善粮食流通体系和市场调控机制。进一步优化布局，支持粮食主产区粮食仓储设施建设，建立健全常态化的仓储设施维修改造机制，扩大粮食仓库维修改造中央补助资金规模，加快“危仓老库”改造，支持农户储粮装具建设，切实解决农户卖粮难和储粮安全问题。规划建设一批辐射全国、连接国际的国家级粮食批发市场，加强粮食市场信息化建设，支持兴办综合性、专业性的区域粮食服务中心等公共服务平台。加快“北粮南运”主要物流通道建设，提升完善主要粮食物流节点的功能，重点推进散粮火车入关运营和铁路、公路、水路联运，降低粮食流通成本，提高粮食流通效率。同时，在粮食产区和销区之间建立起长期稳定的、法制化的区域合作机制。一方面，要完善粮食跨省流通方面的法律法规，规范交易双方的行为，维护合同的严肃性；另一方面，可通过调整粮食风险基金

中央补助款分配、征收专门税收或基金，鼓励主销区到主产区直接投资建设粮食基地和多承担国家储备任务等办法，以省区市人均粮食产量为依据，探索建立主销区对主产区进行利益补偿的机制。

七、积极利用国内国际市场，加强粮食安全预警监测与市场调控

通过对我国粮食安全状况的总体分析得出：第一，从供给看，中国未来粮食生产在气候变化下将面临三个突出问题：一是粮食生产会变得不稳定，粮食产量波动变大，如果不采取相应的适应性措施，粮食将以减产为主；二是粮食生产结构和布局会发生变动，作物种植制度可能产生较大变化；三是农业生产条件会发生改变，农业生产成本因气候变化会大幅度增加。未来气候变暖可能成为制约我国农产品，特别是粮食生产能力的主要宏观限制因素，气候变暖将严重威胁中国长期的粮食安全和社会持续发展。就水稻生产来说，其受制于城镇化、工业化及农业结构调整，种植面积难以增加，以及受到气候变化影响，我国南方水稻产量下降，特别是籼稻单产及质量有所下降，但以黑龙江为代表的东北地区，气候变暖有利于该地区水稻种植制度安排，促进粳稻产量增长，进而确保我国水稻数量的稳定，使得我国水稻总体还处于增长状态。第二，从需求看，近几年我国水稻全年继续供大于求，人均消费水平稳中趋降，但随着我国放开三孩政策，今后人均食品消费的增长速度有可能反弹，消费总需求的增长可能加速，消费总量有增长前景。不可否认，无论今后稻米消费是否增长，当前稻米供需存在的最大问题是品种和质量矛盾比较突出，区域差异较大，早中晚稻米供需不均衡，在稻谷总量平衡和略有盈余的情况下，早稻和中稻的供求关系比较宽松，晚稻供给相对偏紧。考虑到我国当前农业产业化水平不高、耕地面积及质量下降趋势明显、水稻抵御自然灾害能力较差等因素，气候变化对一个地区乃至全国农产品数量和质量安全问题的影响不可忽视，特别是农户，他们作为我国最基本的社会单元和生产单元，是气候变化影响最直接的感知者，他们对气候变化的感知及其适应能力，是我们近阶段保障粮食数量和质量安全，实现向亲环境生产转型的关键。

从以上对我国粮食安全状况的总体分析来看，靠我国现有资源实现 100%的粮食自给率是不可能的；从资源转换所形成的经济利益来看，保持过高的粮食自给率也是不合算的。但从粮食供给的安全角度讲，对于我们这样一个人口大国而言，如果粮食自给率太低，一旦受制于人，在经济利益和意识形态发生严重冲突的情况下，处境会相当危险。在实现我国粮食供求大体平衡中应避免自给率过高和过低两个偏差，坚持实施“以我为主、立足国内、确保产能、适度进口、科技支撑”的国家粮食安全战略，坚持不懈抓好国内粮食生产，集中力量优先确保谷物基本

自给、口粮绝对安全。同时，抓紧制定重要农产品国际贸易战略，加强进口农产品规划指导，加快进口来源地布局，建立稳定可靠的贸易关系。加快实施农业“走出去”战略，制定财税、金融等配套政策，平等支持国有企业和民营企业采取多种形式到境外直接投资农产品仓储物流设施、并购参股国际农产品加工和贸易企业，扶持培育具有国际竞争力的大粮商，支持边境省份开展境外农业生产合作。用好国际、国内两种资源、两个市场，通过适时、适度进口，保持农产品供求基本平衡，这应该是满足未来我国粮食需求、保障国家粮食安全的一个有益途径。此外，此次新冠肺炎疫情从公共卫生危机开始，逐渐向经济危机、社会危机及国际贸易危机蔓延。提高粮食贸易壁垒可能不仅成为短期应急选项，很有可能发展为长期的大趋势。因此，要密切关注全球粮食市场走势，特别是跟踪监测世界主要产粮国和出口大国的政策变化，动态调整我国粮食进出口策略。非常时期要优先保障国内粮食供给，牢牢守住口粮安全底线。还要加大对我国对外依存度高的重要农产品贸易监测和预警力度，推演不同情势下我国农业产业链、供应链的影响与变化，及早制定应对预案。总而言之，中国未来粮食产品越来越缺乏比较优势，未来粮食进口量将继续增加。但进口应当走出一条生产合作、互利双赢的新路，保障中国粮食进口稳定可持续。国内农业将进一步发挥比较优势，扩大劳动密集型和资本密集型产品的生产，发展特色农产品，增强中国农业竞争力，促进有比较优势的农产品出口。因此，在未来中国粮食供应方面，国内生产和国外生产将更加协调；在具体粮食贸易方面，饲料粮进口和优势品种农作物出口将不断增加；在与国外主要粮食生产国的合作方面，农产品进口和工业产品出口的配合将更为密切。

参考文献

艾利思 F. 2006. 农民经济学：农民家庭农业和农业发展. 胡景北，译. 上海：上海人民出版社.

安艺明，赵文武. 2012. 全球气候变化与粮食安全——2012 年 Planet Under Pressure 国际会议述评. 生态学报，32（15）：4940-4942.

蔡祖聪. 1999. 中国稻田甲烷排放研究进展. 土壤，31（5）：266-269.

曹承忠，孙素芬，罗长寿. 2008. 我国现代农业发展研究. 安徽农业科学，36（2）：788-790.

曹熔琨. 2011. 油菜种植户新品种采用行为影响因素实证分析. 经济视角，（23）：146-147.

陈超，庞艳梅，莫志鸿. 2016. 四川单季稻区主栽水稻品种的生长模拟. 中国农业气象，（3）：307-315.

陈洪滨，刁丽军. 2004. 2003 年的极端天气和气候事件及其他相关事件. 气候与环境研究，（1）：218-223.

陈洪滨，范学花. 2007. 2006 年极端天气和气候事件及其他相关事件的概要回顾. 气候与环境研究，12（1）：100-112.

陈洪滨，范学花. 2008. 2007 年极端天气和气候事件及其他相关事件的概要回顾. 气候与环境研究，13（1）：102-112.

陈洪滨，范学花. 2010. 2009 年极端天气和气候事件及其他相关事件的概要回顾. 气候与环境研究，15（3）：322-336.

陈洪滨，范学花. 2011. 2010 年极端天气和气候事件及其他相关事件的概要回顾. 气候与环境研究，16（6）：789-804.

陈洪滨，范学花. 2012. 2011 年极端天气和气候事件及其他相关事件的概要回顾. 气候与环境研究，17（3）：365-380.

陈欢，周宏，王全忠，等. 2014. 农户感知与适应气候变化的有效性分析——来自江苏省水稻种植户的调查研究. 农林经济管理学报，（5）：467-474.

陈鹏飞，于延春，杨飞，等. 2013. 气候变化对鲁西北平原冬小麦产量的影响及对策. 自然资源学报，（2）：211-219.

陈诗波. 2009. 基于协同理论的循环农业发展主体研究. 南方农业，3（5）：103-107.

陈帅. 2015. 气候变化对中国小麦生产力的影响——基于黄淮海平原的实证分析. 中国农村经济，（7）：4-16.

陈涛. 2010. 生态技术推广的体制性缺陷与破解路径——皖南大公圩生态养殖技术推广的实践与启示. 广西民族大学学报（哲学社会科学版），（6）：87-93.

陈锡文. 2013. 构建新型农业经营体系刻不容缓. 求是，（22）：38-41.

陈新建，谭砚文. 2013. 基于食品安全的农民专业合作社服务功能及其影响因素——以广东省水果生产合作社为例. 农业技术经济，(1)：120-128.
丑洁明，叶笃正. 2006. 构建一个经济-气候新模型评价气候变化对粮食产量的影响. 气候与环境研究，(3)：347-353.
崔静，王秀清，辛贤，等. 2011. 生长期气候变化对中国主要粮食作物单产的影响. 中国农村经济，(9)：13-22.
邓衡山，徐志刚，应瑞瑶，等. 2016. 真正的农民专业合作社为何在中国难寻？——一个框架性解释与经验事实. 中国农村观察，(4)：72-83，96-97.
邓宗兵. 2013. 发挥新农村建设中农民主体作用的影响因素分析. 2008年全国博士生学术论坛——农林经济管理. 重庆.
丁一汇，李巧萍，柳艳菊，等. 2009. 空气污染与气候变化. 气象，(3)：3-14，129.
丁勇，侯向阳，尹燕亭，等. 2011. 半农半牧区农户生产现状及对气候变化的感知与应对——基于内蒙古林西县的调查研究. 中国农学通报，27(14)：104-112.
董红敏，李玉娥，陶秀萍，等. 2008. 中国农业源温室气体排放与减排技术对策. 农业工程学报，24(10)：269-273.
杜华章. 2011. 基于因子分析的江苏县域农业竞争力评价. 农业部管理干部学院学报，(1)：17-21.
房世波，齐月，韩国军，等. 2013. 1961—2010年中国主要麦区冬春气象干旱趋势及其可能影响. 中国农业科学，47(9)：1754-1763.
房世波，阳晶晶，周广胜. 2011. 30年来我国农业气象灾害变化趋势和分布特征. 自然灾害学报，(5)，69-73.
冯晓龙. 2017. 苹果种植户气候变化适应性行为研究——以陕西8个基地县为例. 西北农林科技大学博士学位论文.
傅爱民，王国安. 2007. 论我国家庭农场的培育机制. 农场经济管理，(1)：14-16.
高雪，李谷成，范丽霞，等. 2017. 雨涝灾害对农户生产要素投入行为的影响——基于湖北农村固定观察点数据的分析. 资源科学，(9)：1765-1776.
戈峰，陈法军，吴刚，等. 2010. 我国主要类型昆虫对 CO_2 升高响应的研究进展. 昆虫知识，47(2)：229-235.
巩前文，穆向丽，田志宏. 2010. 农户过量施肥风险认知及规避能力的影响因素分析——基于江汉平原284个农户的问卷调查. 中国农村经济，(10)：66-76.
郭建平，王春乙，温民，等. 2001. 大气中 O_3 浓度变化对水稻影响的试验研究. 作物学报，(6)：822-826.
郭庆海. 2013. 新型农业经营主体功能定位及成长的制度供给. 中国农村经济，(4)：4-11.
郭晓鸣. 2018. 乡村振兴战略的若干维度观察. 改革，(3)：54-61.
郭晓鸣，廖祖君，付娆. 2007. 龙头企业带动型、中介组织联动型和合作社一体化三种农业产业化模式的比较——基于制度经济学视角的分析. 中国农村经济，(4)：40-47.
郝朝晖. 2004. 农业产业化龙头企业与农户的利益机制问题探析. 农村经济，(7)：45-47.
何安华，楼栋，孔祥智. 2012. 中国农业发展的资源环境约束研究. 农村经济，(2)：3-9.
贺雪峰. 2015. 农业问题还是农民问题？. 社会科学，(6)：64-77.
洪仁彪，张忠明. 2013. 农民职业化的国际经验与启示. 农业经济问题，(5)：88-92，112.
侯雯嘉，耿婷，陈群，等. 2015. 近20年气候变暖对东北水稻生育期和产量的影响. 应用生态学报，(1)：249-259.

胡定寰. 2005. 农产品“二元结构”论——论超市发展对农业和食品安全的影响. 中国农村经济，（2）：12-18.
胡凌啸. 2018. 中国农业规模经营的现实图谱：“土地+服务”的二元规模化. 农业经济问题，（11）：20-28.
黄季焜，仇焕广，Keyzer M，等. 2009. 发展生物燃料乙醇对我国区域农业发展的影响分析. 经济学（季刊），8（2）：727-742.
黄钦海，李沙娜. 2010. 我国发展低碳农业的障碍与对策分析. 重庆科技学院学报（社会科学版），（21）：89-90，100.
黄维，邓祥征，何书金，等. 2010. 中国气候变化对县域粮食产量影响的计量经济分析. 地理科学进展，（6）：677-683.
黄宗智. 2010. 中国的隐性农业革命. 中国乡村研究，（2）：1-10，259.
黄祖辉，米松华. 2011. 农业碳足迹研究——以浙江省为例. 农业经济问题，（11）：40-47，111.
黄祖辉，徐旭初. 2005. 中国的农民专业合作社与制度安排. 山东农业大学学报（社会科学版），7（4）：15-20，125.
黄祖辉，俞宁. 2010. 新型农业经营主体：现状、约束与发展思路——以浙江省为例的分析. 中国农村经济，（10）：16-26，56
纪志耿. 2013. 中国粮食安全问题反思——农村劳动力老龄化与粮食持续增产的悖论. 厦门大学学报（哲学社会科学版），（2）：38-46.
贾晋，蒲明. 2010. 购买还是生产：农业产业化经营中龙头企业的契约选择. 农业技术经济，（11）：57-65.
贾文雄. 2012. 近 50 年来祁连山及河西走廊极端气温的季节变化特征. 地理科学，（11）：1377-1383.
姜绍静，罗泮. 2010. 以农民专业合作社为核心的农业科技服务体系构建研究. 中国科技论坛，（6）：126-131.
金攀. 2010. 美国保护性耕作发展概况及发展政策. 农业工程技术（农产品加工业），（11）：23-25.
居煇，许吟隆，熊伟. 2007. 气候变化对我国农业的影响. 环境保护，（11）：71-73.
柯炳生. 2007. 关于加快推进现代农业建设的若干思考. 农业经济问题，（2）：18-23，110.
孔祥智，楼栋. 2012. 农业技术推广的国际比较、时态举证与中国对策. 改革，（1）：12-23.
李安宁，范学民，吴传云，等. 2006. 保护性耕作现状及发展趋势. 农业机械学报，（10）：177-180，111.
李凤博，方福平，程式华. 2011. 浙江省水稻生产能力和制约因素及对策. 农业现代化研究，（3）：261-265.
李凯. 2016. 农业面源污染与农产品质量安全源头综合治理——以浙江省蔬菜产业为例的机制与推广研究. 浙江大学博士学位论文.
李明贤. 2010. 我国低碳农业发展的技术锁定与替代策略. 湖南农业大学学报（社会科学版），11（2）：1-4.
李启平. 2010. 低碳农业对农产品安全的影响研究. 中国安全科学学报，（3）：145-150.
李清泉，王安乾，周兵，等. 2015. 2014 年全球重大天气气候事件及其成因. 气象，（4）：497-507.
李涛，郭杰. 2009. 风险态度与股票投资. 经济研究，（2）：56-67.
李小云，刘慧，杨育凯. 2015. 干旱背景下农户生产要素投入行为研究——以华北平原为例. 资源科学，（11）：2261-2270.

李祎君，王春乙，赵蓓，等. 2010. 气候变化对中国农业气象灾害与病虫害的影响. 农业工程学报，26：263-271.
李治国. 2013. 近40a河南省农业气象灾害对粮食生产的影响研究. 干旱区资源与环境，(5)：126-130.
廖西元，李凤博，徐春春，等. 2011. 粮食安全的国家战略. 农业经济问题，(4)：9-16，110.
林而达，张厚瑄，王京华，等. 1997. 全球气候变化对中国农业影响的模拟. 北京：中国农业科技出版社.
林梅，刘碧云，周凯. 2012. 福建低碳农业发展存在问题及对策研究. 江西农业学报，(10)：185-187.
林毅夫. 1992. 制度、技术与中国农业发展. 上海：上海三联书店.
刘畅，张浩，安玉发. 2011. 中国食品质量安全薄弱环节、本质原因及关键控制点研究——基于1460个食品质量安全事件的实证分析. 农业经济问题，32（1）：24-31，110-111.
刘红梅，修伟明，赵建宁，等. 2011. 不同施肥量和方式对小麦产量及土壤硝态氮的影响. 湖北农业科学，(2)：253-255，262.
刘佳磊. 2010. 浅谈我国生态农业推广过程中的制约因素及解决措施. 吉林农业，(11)：7-8.
刘杰，许小峰，罗慧. 2012. 极端天气气候事件影响我国农业经济产出的实证研究. 中国科学：地球科学，(7)：1076-1082.
刘玲，刘建栋，于强，等. 2003. 黄淮海地区冬小麦品种进化过程中叶片农业气象指标演化分析. 中国农业气象，(3)：1-4.
刘彦随，刘玉，郭丽英. 2010. 气候变化对中国农业生产的影响及应对策略. 中国生态农业学报，(4)：905-910.
刘颖杰，林而达. 2007. 气候变暖对中国不同地区农业的影响. 气候变化研究进展，(4)：229-233.
龙方，杨重玉，彭澧丽. 2011. 自然灾害对中国粮食产量影响的实证分析——以稻谷为例. 中国农村经济，(5)：33-44.
娄锋. 2013. 农民专业合作社产品品牌建设及其影响因素分析. 经济问题，(3)：107-113.
楼栋，孔祥智. 2013. 新型农业经营主体的多维发展形式和现实观照. 改革，(2)：65-77.
卢锋，谢亚. 2008. 我国粮食供求与价格走势（1980～2007）——粮价波动、宏观稳定及粮食安全问题探讨. 管理世界，(3)：70-80，187.
卢丽萍，程丛兰，刘伟东，等. 2009. 30年来我国农业气象灾害对农业生产的影响及其空间分布特征. 生态环境学报，(4)：1573-1578.
卢良恕. 2006. 现代农业发展与社会主义新农村建设——（三）现代农业的内涵、特点与发展趋势. 安徽农学通报，12（8）：1-3.
陆文聪，李元龙，祁慧博. 2011. 全球化背景下中国粮食供求区域均衡：对国家粮食安全的启示. 农业经济问题，(4)：16-26，110.
罗必良. 2007. “三农”问题的症结及其化解逻辑. 经济理论与经济管理，(4)：57-62.
罗锋，牛宝俊. 2009. 国际农产品价格波动对国内农产品价格的传递效应——基于VAR模型的实证研究. 国际贸易问题，318（6）：16-22.
罗峦，周俊杰. 2014. 农户安全施药行为选择及影响因素分析——基于安仁县600户水稻种植户的调查. 中国农学通报，(17)：145-150.
吕亚荣，陈淑芬. 2010. 农民对气候变化的认知及适应性行为分析. 中国农村经济，(7)：75-86.
吕志轩. 2009. 质量安全背景下农业龙头企业对合同关系的选择问题——约束条件、治理机制及其绩效分析. 山西财经大学学报，(S2)：228-229.
马洁华，刘园，杨晓光，等. 2010. 全球气候变化背景下华北平原气候资源变化趋势. 生态学报，(14)：3818-3827.
马柠馨，孟枫平. 2012. 安徽省农业产业化龙头企业融资难问题的研究——基于皖江城市带农业产业化龙头企业融资问题的思考. 安徽农业大学学报（社会科学版），(1)：8-10，99.
满明俊，周民良，李同昇. 2010. 农户采用不同属性技术行为的差异分析——基于陕西、甘肃、宁夏的调查. 中国农村经济，(2)：68-78.
蒙秀锋，饶静，叶敬忠. 2005. 农户选择农作物新品种的决策因素研究. 农业技术经济，(1)：20-26.
孟庆珍. 2009. 吉林省农业产业化龙头企业发展存在的问题及对策. 吉林农业科技学院学报，18(1)：57-59.
米建伟，黄季焜，陈瑞剑，等. 2012. 风险规避与中国棉农的农药施用行为. 中国农村经济，(7)：60-71，83.
米松华. 2013. 我国低碳现代农业发展研究——基于碳足迹核算和适用性低碳技术应用的视角. 浙江大学博士学位论文.
缪启龙，丁园圆，王勇，等. 2009. 气候变暖对中国热量资源分布的影响分析. 自然资源学报，24(5)：934-944.
宁金花，陆魁东，霍治国，等. 2014. 拔节期淹涝胁迫对水稻形态和产量构成因素的影响. 生态学杂志，(7)：1818-1825.
潘根兴，高民，胡国华，等. 2011. 气候变化对中国农业生产的影响. 农业环境科学学报，(9)：1698-1706.
潘盛洲. 2010. 转变农业发展方式要三管齐下. 农村工作通讯，(15)：13-15.
潘志华，郑大玮. 2013. 适应气候变化的内涵、机制与理论研究框架初探. 中国农业资源与区划，(6)：12-17.
齐振宏，王培成. 2010. 博弈互动机理下的低碳农业生态产业链共生耦合机制研究. 中国科技论坛，(11)：136-141.
钱凤魁，王文涛，刘燕华. 2014. 农业领域应对气候变化的适应措施与对策. 中国人口·资源与环境，(5)：19-24.
仇焕广，栾昊，李瑾，等. 2014. 风险规避对农户化肥过量施用行为的影响. 中国农村经济，(3)：85-96.
曲福田. 2009. 亚洲绿色增长国际会议——经济转型和东亚、东南亚农业可持续发展. 国际学术动态，(5)：33-35.
邵勰，廖要明，柳艳菊. 2016. 2015 年全球重大天气气候事件及其成因. 气象，(4)：489-495.
隋丹，于海，孙晶. 2011. 有效应对气候变化保障农业安全生产. 吉林农业，(9)：34.
孙芳. 2008. 农业适应气候变化能力研究——种植结构与技术方向. 中国农业科学院博士学位论文.
孙水鹅. 2016. 不确定性条件下种稻大户农业技术扩散决策研究——以江西省为例. 江西农业大学硕士学位论文.
孙卫国，程炳岩，杨沈斌，等. 2011. 区域气候变化对华东地区水稻产量的影响. 中国农业气象，

（2）：227-234.

孙新章，张新民. 2010. 农业产业化对农户环保行为的影响及对策. 生态经济，（5）：26-28，33.

覃志豪，唐华俊，李文娟. 2015. 气候变化对我国粮食生产系统影响的研究前沿. 中国农业资源与区划，（1）：1-8.

谭方颖，王建林，宋迎波. 2010. 华北平原气候变暖对气象灾害发生趋势的影响. 自然灾害学报，（5）：125-131.

谭智心. 2011. 农民对气候变化的认知及适应行为：山东证据. 重庆社会科学，（3）：56-61.

檀学文. 2010. 现代农业、后现代农业与生态农业——"'两型农村'与生态农业发展国际学术研讨会暨第五届中国农业现代化比较国际研讨会"综述. 中国农村经济，（2）：92-95.

唐国平，李秀彬，Fischer G，等. 2000. 气候变化对中国农业生产的影响. 地理学报，（2）：129-138.

唐利群. 2018. 中国水稻种植户极端气候适应性行为及效应研究. 浙江大学博士学位论文.

唐利群，周洁红，于晓华. 2017. 采用保护性耕作对减少水稻产量损失的实证分析——基于4省1080个稻农的调研数据. 自然资源学报，（6）：1016-1028.

万宝瑞. 2010. 我国农业与农村经济发展的五大增长点. 农业经济问题，31（2）：4-8，110.

汪宝龙，张明军，魏军林，等. 2012. 1960—2009年青海省极端气温事件的变化特征. 中国农业气象，（1）：41-47.

王国敏，翟坤周. 2012. 中国粮食安全战略研究新框架：资源·结构·制度. 西南民族大学学报（人文社会科学版），33（12）：129-135.

王浩，杨贵羽，杨朝晖. 2013. 水土资源约束下保障粮食安全的战略思考. 中国科学院院刊，（3）：329-336，321.

王慧军，李友华. 2003. 国外农业推广组织特色及借鉴意义研究. 华北农学报，18（S1）：9-13.

王静. 2013. 苹果种植户技术选择行为研究——基于苹果产业技术市场视角. 西北农林科技大学硕士学位论文.

王平，魏丽，杜筱玲，等. 2008. 1990～2000年中国稻田甲烷排放变化模拟. 地球信息科学，（5）：573-577.

王亚静，祁春节. 2007. 我国契约农业中龙头企业与农户的博弈分析. 农业技术经济，（5）：25-30.

王艳姣，高蓓，周兵，等. 2014. 2013年全球重大天气气候事件及其成因. 气象，（6）：759-768.

危朝安. 2010. 如何转变农业发展方式——全国农村改革与发展座谈会研讨专题特辑. 农村工作通讯，（15）：8-12.

魏百刚，冯中朝，杨春悦. 2009. 农户发展农业循环经济的动力、问题及对策. 中国人口·资源与环境，19（4）：107-111.

温涛，王小华，杨丹，等. 2015. 新形势下农户参与合作经济组织的行为特征、利益机制及决策效果. 管理世界，（7）：82-97.

温铁军，董筱丹，石嫣. 2010. 中国农业发展方向的转变和政策导向：基于国际比较研究的视角. 农业经济问题，31（10）：88-94.

吴娟. 2012. 基于粮食安全的我国粮食储备体系优化研究. 华中农业大学博士学位论文.

吴婷婷. 2015. 南方稻农气候变化适应行为影响因素分析——基于苏皖两省364户稻农的调查数据. 中国生态农业学报，（12）：1588-1596.

吴向伟. 2008. 转变农业发展方式的内涵与途径. 经济纵横，（2）：23-25.

吴岳慧. 2012. 低碳模式下基于农户视角的农产品价格利益冲突研究. 中南民族大学硕士学位论文.
肖风劲，张海东，王春乙，等. 2006. 气候变化对我国农业的可能影响及适应性对策. 自然灾害学报，(S1)：327-331.
肖国举，张强，王静. 2007. 全球气候变化对农业生态系统的影响研究进展. 应用生态学报，(8)：1877-1885.
谢立勇，李悦，徐玉秀，等. 2014. 气候变化对农业生产与粮食安全影响的新认知. 气候变化研究进展，(4)：235-239.
熊伟. 2001. 气候变化对水稻生产影响的模拟研究. 中国农业科学院硕士学位论文.
熊伟，居辉，许吟隆，等. 2006. 气候变化下我国小麦产量变化区域模拟研究. 中国生态农业学报，(2)：164-167.
熊伟，杨婕，林而达，等. 2008. 未来不同气候变化情景下我国玉米产量的初步预测. 地球科学进展，23（10）：1092-1101.
徐德利. 2009. 江苏省水稻生产回顾及展望. 耕作与栽培，(6)：5-7.
徐旭初. 2009. 现代化进程中的农村改革与发展问题（笔谈）——应该提倡“农民主体观”. 浙江社会科学，(2)：32-34.
颜廷武，张童朝，贺孟业，等. 2015. 农产品供应链对农户减贫增收的关联效应分析——基于滇、桂、苏、闽四省（区）的实证. 农业现代化研究，36（6）：973-980.
杨沈斌，申双和，赵小艳，等. 2010. 气候变化对长江中下游稻区水稻产量的影响. 作物学报，(9)：1519-1528.
杨卫军，叶祥松. 2008. 不确定性与我国农业多层次风险防范体系的建立. 贵州社会科学，(10)：94-98.
杨宇，王金霞，黄季焜. 2016. 农户灌溉适应行为及对单产的影响：华北平原应对严重干旱事件的实证研究. 资源科学，(5)：900-908.
姚凤梅. 2005. 气候变化对我国粮食产量的影响评价——以水稻为例. 中国科学院研究生院（大气物理研究所）博士学位论文.
姚凤梅，张佳华，孙白妮，等. 2007. 气候变化对中国南方稻区水稻产量影响的模拟和分析. 气候与环境研究，(5)：659-666.
叶宏亮. 2013. 基于国内外耕地资源有效供给的中国粮食安全研究. 浙江大学硕士学位论文.
尹朝静. 2017. 气候变化对中国水稻生产的影响研究. 华中农业大学博士学位论文.
尹成杰. 2008. 关于建设中国特色现代农业的思考. 农业经济问题，29（3）：4-9，110.
于晓华. 2015. 农地是农民的保险手段而不是致富工具. 农村经营管理，(6)：20-21.
于晓华，Bernhard B，钟甫宁. 2012. 如何保障中国粮食安全. 农业技术经济，(2)：4-8.
余丽燕，郑少锋，罗良标，等. 2010. 探析农民专业合作社发展面临的主要问题及对策——基于福建省农民专业合作社的调查分析. 经济问题探索，(9)：59-63.
虞国平，朱鸿英. 2009. 我国水稻生产现状及发展对策研究. 现代农业科技，(6)：122-126，130.
袁涓文，颜谦. 2009. 农户接受杂交玉米新品种的影响因素探讨. 安徽农业科学，(14)：6651-6652，6654.
袁天泽，徐燕，黄仁军，等. 2010. 水稻施肥量对农田水质的影响. 江苏农业科学，(2)：343-344.

苑鹏. 2008. 对公司领办的农民专业合作社的探讨——以北京圣泽林梨专业合作社为例. 管理世界,(7):62-69.
云雅如,方修琦,田青. 2009. 中国东北农业生产适应气候变化的行为经济学解释. 地理学报,64(6):687-692.
曾福生,李小卉. 2002. 农村合作组织是农业社会化服务的主导力量. 农业现代化研究,(5):390-392.
曾福生,匡远配,陈代双. 2008. 农业工业化进程的评价指标体系构建与实证分析. 农业技术经济,(2):38-45.
曾维军,侯明明. 2014. 影响农户减施化肥行为因素实证研究——以云南省洱源县为例. 安徽农业科学,(5):1489-1494.
翟盘茂. 2011. 全球变暖背景下的气候服务. 气象,(3):257-262.
翟盘茂,刘静. 2012. 气候变暖背景下的极端天气气候事件与防灾减灾. 中国工程科学,(9):55-63,84.
翟治芬. 2012. 应对气候变化的农业节水技术评价研究. 中国农业科学院博士学位论文.
占小军. 2012. 粮食主产区农户加入农业合作组织意愿的实证分析——以江西省为例. 经济地理,(8):131-135.
张碧溶. 2013. 全球生物质能源对中国粮食安全的影响研究——基于价格与政策传导路径的实证. 浙江大学硕士学位论文.
张兵,张宁,张轶凡. 2011. 农业适应气候变化措施绩效评价——基于苏北 GEF 项目区 300 户农户的调查. 农业技术经济,(7):43-49.
张福琐. 2006. 测土配方施肥技术要揽. 北京:中国农业大学出版社.
张福锁,崔振玲,陈新平,等. 2010. 最佳养分管理技术列单. 北京:中国农业大学出版社.
张国友,王敏,毛雪飞,等. 2014. 水稻生产过程质量安全控制要点分析及研究展望. 农产品质量与安全,(6):48-51.
张海英. 2011. 江西省低碳农业发展质量评价及影响因素分析. 南昌大学硕士学位论文.
张红宇. 2015. 新常态下的农民收入问题. 农业经济问题,36(5):4-11.
张建平,刘宗元,何永坤,等. 2015. 西南地区水稻干旱时空分布特征. 应用生态学报,(10):3103-3110.
张建云,王国庆,贺瑞敏,等. 2009. 黄河中游水文变化趋势及其对气候变化的响应. 水科学进展,(2):153-158.
张健,王海东. 2007. 阜阳市气候变化及其对农业生产的影响. 安徽农业科学,35(32):10437-10438.
张利庠,张喜才. 2007. 我国现代农业产业链整合研究. 教学与研究,(10):14-19.
张仁寿,顾益康. 2001. 一部研究中国粮食与农业结构调整的好书——评《危机与出路:中国粮食结构与农业发展新论》. 浙江社会科学,(1):159.
张望,陈秀开,蔺国强,等. 2013. 气候变化与食品安全. 检验检疫学刊,23(2):73-76.
张蔚文,石敏俊,黄祖辉. 2006. 控制非点源污染的政策情景模拟:以太湖流域的平湖市为例. 中国农村经济,(3):40-47.
张晓山. 2006. 建设社会主义新农村之二:浅析农民专业合作组织的发展与农业基本经营制度的创新. 中国党政干部论坛,(6):8-11.

张燕. 2011. 我国生态农业技术推广体系的构建. 农村经济，(2)：100-103.
张仲威. 1994. 中国农业现代化若干问题的探讨. 农业现代化研究，15 (3)：129-133.
章家恩. 2007. 我国水稻安全生产存在的问题及对策探讨. 北方水稻，(4)：1-7.
赵俊芳，郭建平，张艳红，等. 2010. 气候变化对农业影响研究综述. 中国农业气象，31 (2)：200-205.
赵雪雁. 2014. 农户对气候变化的感知与适应研究综述. 应用生态学报，(8)：2440-2448.
赵卓. 2009. 农产品质量分级促进农业现代化的作用机理研究. 上海交通大学博士学位论文.
郑斯中. 1993. 全球变暖对我国粮食产量影响估计中的乐观倾向. 中国农业气象，14 (5)：44-47.
中国气象局. 气象灾害预警信号及防御指南. http://www. cma.gov.cn/kppd/kppdqxwq/kppdfzbd/201212/t20121217_197660.html[2007-06-21].
中华人民共和国国家统计局. 2014. 中国统计年鉴 2014. 北京：中国统计出版社.
中华人民共和国国家统计局. 2015. 中国统计年鉴 2015. 北京：中国统计出版社.
中华人民共和国水利部. 2014. 中国水旱灾害公报 2014. 北京：中国水利水电出版社.
钟甫宁. 2011. 粮食储备和价格控制能否稳定粮食市场？——世界粮食危机的若干启示. 南京农业大学学报（社会科学版），11 (2)：20-26.
钟钰，陈金波. 2016. 农户对不同类型农业产业带动模式选择——基于一个博弈理论模型. 农业现代化研究，37：1107-1113.
钟真，穆娜娜，齐介礼. 2016. 内部信任对农民合作社农产品质量安全控制效果的影响——基于三家奶农合作社的案例分析. 中国农村经济，(1)：40-52.
周建华，杨海余，贺正楚. 2012. 资源节约型与环境友好型技术的农户采纳限定因素分析. 中国农村观察，(2)：37-43.
周洁红，魏珂. 2019. 发达国家职业农民培育政策的演变及启示. 农业经济问题，(8)：138-144.
周洁红，刘青，王煜. 2017. 气候变化对水稻质量安全的影响——基于水稻主产区 1063 个农户的调查. 浙江大学学报（人文社会科学版），(2)：148-160.
周洁红，唐利群，李凯. 2015a. 应对气候变化的农业生产转型研究进展. 中国农村观察，(3)：74-86，97.
周洁红，幸家刚，虞轶俊. 2015b. 农产品生产主体质量安全多重认证行为研究. 浙江大学学报（人文社会科学版），45 (2)：55-67.
周力，周曙东. 2012. 极端气候事件的灾后适应能力研究——以水稻为例. 中国人口·资源与环境，(4)：167-174.
周力，周应恒. 2011. 粮食安全：气候变化与粮食产地转移. 中国人口·资源与环境，(7)：162-168.
周立群，曹利群. 2001. 农村经济组织形态的演变与创新——山东省莱阳市农业产业化调查报告. 经济研究，(1)：69-75，83.
周曙东，朱红根. 2010. 气候变化对中国南方水稻产量的经济影响及其适应策略. 中国人口·资源与环境，(10)：152-157.
周曙东，周文魁，林光华，等. 2013. 未来气候变化对我国粮食安全的影响. 南京农业大学学报（社会科学版），(1)：56-65.
周应恒，胡凌啸，严斌剑. 2015. 农业经营主体和经营规模演化的国际经验分析. 中国农村经济，

（9）：80-95.
周振民. 2013. 污水灌溉区生态环境污染和粮食安全风险评价. 华北水利水电学院学报，34（2）：1-4.
朱红根，周曙东. 2011. 南方稻区农户适应气候变化行为实证分析——基于江西省 36 县（市）346 份农户调查数据. 自然资源学报，（7）：1119-1128.
朱红根，翁贞林，陈昭玖，等. 2010. 农户稻作经营代际传递意愿及其影响因素实证分析——基于江西 619 个种粮大户调查数据. 中国农村经济，（2）：22-32.
朱晓莉，王筠菲，周宏. 2013. 气候变化对江苏省水稻产量的贡献率分析. 农业技术经济，（4）：53-58.
朱哲毅，邓衡山，应瑞瑶. 2016. 价格谈判、质量控制与农民专业合作社农资购买服务. 中国农村经济，（7）：48-58.
朱珠. 2013. 江苏省水稻产量对气候变化的响应特征. 南京信息工程大学硕士学位论文.
祝华军，田志宏. 2012. 低碳农业技术的尴尬：以水稻生产为例. 中国农业大学学报（社会科学版），29（4）：153-160.
Abdulai A，Huffman W. 2014. The adoption and impact of soil and water conservation technology：an endogenous switching regression application. Land Economics，90（1）：26-43.
Antle J M. 1983. Testing the stochastic structure of production：a flexible moment-based approach. Journal of Business & Economic Statistics，1（3）：192-201.
Antle J M. 2000. No such thing as a free safe lunch：the cost of food safety regulation in the meat industry. American Journal of Agricultural Economics，82（2）：310-322.
Antle J M，Goodger W J. 1984. Measuring stochastic technology：the case of Tulare milk production. American Journal of Agricultural Economics，66（3）：342-350.
Arrow K J，Chenery H B，Minhas B S，et al. 1961. Capital-labor substitution and economic efficiency. The Review of Economics and Statistics，43（3）：225-250.
Atafar Z，Mesdaghinia A，Nouri J，et al. 2010. Effect of fertilizer application on soil heavy metal concentration. Environmental Monitoring and Assessment，160（1/2/3/4）：83-89.
Bai J F，Xu Z G，Qiu H G，et al. 2015. Optimising seed portfolios to cope ex ante with risks from bad weather：evidence from a recent maize farmer survey in China. Australian Journal of Agricultural and Resource Economics，59（2）：242-257.
Barro R J. 2006. Rare disasters and asset markets in the twentieth century. Quarterly Journal of Economics，121（3）：823-866.
Bergevoet R H M，Ondersteijn C J M，Saatkamp H W，et al. 2004. Entrepreneurial behaviour of Dutch dairy farmers under a milk quota system：goals，objectives and attitudes. Agricultural Systems，80（1）：1-21.
Bi P，Zhang Y，Hiller J，et al. 2009. Climate variability and salmonella infection in an Australian temperate climate city. Epidemiology，20（6）：S98.
Binswanger H P. 1980. Attitudes toward risk：experimental measurement in rural India. American Journal of Agricultural Economics，62（3）：395-407.
Bohensky E L，Smajgl A，Brewer T. 2013. Patterns in household-level engagement with climate change in Indonesia. Nature Climate Change，3（4）：348-351.

Bradshaw B, Dolan H, Smit B. 2004. Farm-level adaptation to climatic variability and change: crop diversification in the Canadian prairies. Climatic Change, 67 (1): 119-141.

Bryan E, Deressa T T, Gbetibouo G A, et al. 2009. Adaptation to climate change in Ethiopia and South Africa: options and constraints. Environmental Science & Policy, 12 (4): 413-426.

Burke M, Lobell D. 2010. Food security and adaption of climate change: what do we know? . Climate Change and Food Security, 37: 133-153.

Burton L, Kates R W, White G F. 1978. The Environment as Hazard. Oxford: Oxford University Press.

Caswell J A, Bredahl M E, Hooker N H. 1998. How quality management metasystems are affecting the food industry. Applied Economic Perspectives and Policy, 20 (2): 547-557.

Challinor A J, Wheeler T R, Craufurd P Q, et al. 2007. Adaptation of crops to climate change through genotypic responses to mean and extreme temperatures. Agriculture, Ecosystems & Environment, 119 (1/2): 190-204.

Chavez F P, Ryan J, Lluch-Cota S E, et al. 2003. From anchovies to sardines and back: multidecadal change in the Pacific Ocean. Science, 299 (5604): 217-221.

Chen C C, McCarl B A. 2001. An investigation of the relationship between pesticide usage and climate change. Climatic Change, 50 (4): 475-487.

Chen H, Wang J X, Huang J K. 2014. Policy support, social capital, and farmers' adaptation to drought in China. Global Environmental Change, 24: 193-202.

Christensen L R, Jorǵenson D W, Lau L J. 1973. Transcendental logarithmic production frontiers. The Review of Economics and Statistics, 55 (1): 28-45.

Cobb C W, Douǵlas P H. 1928. A theory of production. The American Economic Review, 18: 139-165.

Cohen S, Demeritt D, Robinson J, et al. 1998. Climate change and sustainable development: towards dialogue. Global Environmental Change, 8 (4): 341-371.

Collier P, Conway G, Venables T. 2008. Climate change and Africa. Oxford Review of Economic Policy, 24 (2): 337-353.

Cuculeanu V, Marica A, Simota C. 1999. Climate change impact on agricultural crops and adaptation options in Romania. Climate Research, 12: 153-160.

Deressa T, Hassan R M, Ringler C, et al. 2009. Determinants of farmers' choice of adaptation methods to climate change in the Nile Basin of Ethiopia. Global Environmental Change, 19(2): 248-255.

Deschênes O, Greenstone M. 2007. The economic impacts of climate change: evidence from agricultural output and random fluctuations in weather. The American Economic Review, 97 (1): 354-385.

di Falco S, Chavas J P. 2009. On crop biodiversity, risk exposure, and food security in the Highlands of Ethiopia. American Journal of Agricultural Economics, 91 (3): 599-611.

di Falco S, Veronesi M, Yesuf M. 2011. Does adaptation to climate change provide food security? A micro-perspective from Ethiopia. American Journal of Agricultural Economics, 93(3): 829-846.

Ding Y, Schoengold K, Tadesse T. 2009. The impact of weather extremes on agricultural production methods: does drought increase adoption of conservation tillage practices?. Journal of Agricultural and Resource Economics, 34 (3): 395-411.

Easterling W E, Aggarwal P. 2007. Food, fiber and forest products//Parry M L, Canziani O F, Palutikof J P, et al. Climate Change 2007: Impacts, Adaptation and Vulnerability. Cambridge: Cambridge University Press.

Ervin C A, Ervin D E. 1982. Factors affecting the use of soil conservation practices: hypotheses, evidence, and policy implications. Land Economics, 58 (3): 277-292.

Falcon W P, Naylor R L, Smith W L, et al. 2004. Using climate models to improve Indonesian food security. Bulletin of Indonesian Economic Studies, 40 (3): 355-377.

Falconer K. 2000. Farm-level constraints on agri-environmental scheme participation: a transactional perspective. Journal of Rural Studies, 16 (3): 379-394.

FAOSTAT. 2011. Statistics Database of Food and Agriculture Organization of the United Nations. Cambridge: Cambridge University Press.

Feder G. 1979. Pesticides, information, and pest management under uncertainty. American Journal of Agricultural Economics, 61 (1): 97-103.

Feder G, Just R E, Zilberman D. 1985. Adoption of agricultural innovations in developing countries: a survey. Economic Development and Cultural Change, 33 (2): 255-298.

Freedman D A. 2006. On the so-called "huber sandwich estimator" and "robust standard errors". The American Statistician, 60 (4): 299-302.

Fuglie K O, Kascak C A. 2001. Adoption and diffusion of natural-resource-conserving agricultural technology. Review of Agricultural Economics, 23 (2): 386-403.

Gebrehiwot T, Veen A. 2013. Farm level adaptation to climate change: the case of farmer's in the Ethiopian Highlands. Environmental Management, 52 (1): 29-44.

Gitay H, Brown S A, Easterling W E, et al. 2001. Ecosystems and their goods and services//McCarthy J J, Canziani O F, Leary N A, et al. Climate Change 2001: Impacts, Adaptation, and Vulnerability. Cambridge: Cambridge University Press.

Godwin R J, Richards T E, Wood G A, et al. 2003. An economic analysis of the potential for precision farming in UK cereal production. Biosystems Engineering, 84 (4): 533-545.

Guiso L, Paiella M. 2008. Risk aversion, wealth, and background risk. Journal of the European Economic Association, 6 (6): 1109-1150.

Hall G V, D'souza R M, Kirk M D. 2002. Foodborne disease in the new millennium: out of the frying pan and into the fire?. The Medical Journal of Australia, 177: 614-618.

Hanemann W M. 2000. Adaptation and its measurement. Climatic Change, 45 (3): 571-581.

Hjelle L A, Ziegler D J. 1981. Personality theories: basic assumptions, research, and applications. Essential Psychology, 5044: 564.

Holst R, Yu X H, Grün C. 2013. Climate change, risk and grain yields in China. Journal of Integrative Agriculture, 12 (7): 1279-1291.

Holt C A, Laury S K. 2002. Risk aversion and incentive effects. The American Economic Review, 92 (5): 1644-1655.

Hou L L, Huang J K, Wang J X. 2015. Farmers' perceptions of climate change in China: the influence of social networks and farm assets. Climate Research, 63（3）: 191-201.

Hou L L, Huang J K, Wang J X. 2017. Early warning information, farmers' perceptions of, and adaptations to drought in China. Climatic Change, 141（2）: 197-212.

Huang J K, Hu R F, Cao J M, et al. 2008. Training programs and in-the-field guidance to reduce China's overuse of fertilizer without hurting profitability. Journal of Soil and Water Conservation, 63（5）: 165A-167A.

Huang J K, Wang Y J, Wang J X. 2015. Farmers'adaptation to extreme weather events through farm management and its impacts on the mean and risk of rice yield in China. American Journal of Agricultural Economics, 97（2）: 602-617.

IPCC. 2001. Climate change: The scientific basis. http://www.ipcc.ch/2001[2020-06-05].

IPCC. 2007. Summary for Policymakers in Climate Change 2007: The Physical Science Basis, Contribution of Working Group Ⅰ to the Fourth Assessment Report of the Intergovernmental Panel on Climate Change. Cambridge: Cambridge University Press.

IPCC. 2013. Climate Change 2013: The Physical Science Basis, Contribution of Working Group Ⅰ contribution to the Fifth Assessment Report of the Intergovernmental Panel on Climate Change. Cambridge: Cambridge University Press.

IPCC. 2014. Climate Change 2014: Impacts Adaptation and Vulnerability. Cambridge: Cambridge University Press.

Jia X P, Huang J K, Xu Z G. 2012. Marketing of farmer professional cooperatives in the wave of transformed agrofood market in China. China Economic Review, 23（3）: 665-674.

Ju X T, Kou C L, Christie P, et al. 2007. Changes in the soil environment from excessive application of fertilizers and manures to two contrasting intensive cropping systems on the North China Plain. Environmental Pollution, 145（2）: 497-506.

Just R E, Pope R D. 1978. Stochastic specification of production functions and economic implications. Journal of Econometrics, 7（1）: 67-86.

Kandlikar M, Risbey J. 2000. Agricultural impacts of climate change: if adaptation is the answer, what is the question?. Climatic Change, 45（3/4）: 529-539.

Kebede Y, Gunjal K, Coffin G. 1990. Adoption of new technologies in Ethiopian agriculture: the case of Tegulet-Bulga district Shoa Province. Agricultural Economics, 4（1）: 27-43.

Kim K, Chavas J P. 2003. Technological change and risk management: an application to the economics of corn production. Agricultural Economics, 29（2）: 125-142.

King J A, Bradley R I, Harrison R, et al. 2004. Carbon sequestration and saving potential associated with changes to the management of agricultural soils in England. Soil Use and Management, 20（4）: 394-402.

Knowler D, Bradshaw B. 2007. Farmers' adoption of conservation agriculture: a review and synthesis of recent research. Food Policy, 32（1）: 25-48.

Kurukulasuriya P, Mendelsohn R, Hassan R, et al. 2006. Will African agriculture survive climate change?. The World Bank Economic Review, 20（3）: 367-388.

Kurukulasuriya P, Rosenthal S. 2013. Climate change and agriculture: a review of impacts and adaptations, climate change series 91. Environment Department Papers.Washington D C: The World Bank.

Kuruppu N, Liverman D. 2011. Mental preparation for climate adaptation: the role of cognition and culture in enhancing adaptive capacity of water management in Kiribati. Global Environmental Change, 21 (2): 657-669.

Lambrou Y, Piana G. 2006. Gender: the missing component of the response to climate change. Rome.

Lancaster K J. 1966. A new approach to consumer theory. Journal of Political Economy, 74 (2): 132-157.

Lee L F, Trost R P. 1978. Estimation of some limited dependent variable models with application to housing demand. Journal of Econometrics, 8 (3): 357-382.

Lippert C, Krimly T, Aurbacher J. 2009. A Ricardian analysis of the impact of climate change on agriculture in Germany. Climatic Change, 97 (3/4): 593-610.

Liu H, Li X B, Fischer G, et al. 2004. Study on the impacts of climate change on China's agriculture. Climatic Change, 65 (1/2): 125-148.

Lobell D B. 2014. Climate change adaptation in crop production: beware of illusions. Global Food Security, 3 (2): 72-76.

Lobell D B, Burke M B. 2010. On the use of statistical models to predict crop yield responses to climate change. Agricultural and Forest Meteorology, 150 (11): 1443-1452.

Lobell D B, Ortiz-Monasterio J I, Asner G P, et al. 2005. Analysis of wheat yield and climatic trends in Mexico. Field Crops Research, 94 (2/3): 250-256.

Lobell D B, Torney A, Field C B. 2011. Climate extremes in California agriculture. Climatic Change, 109 (1): 355-363.

Lybbert T J, Bell A. 2010. Stochastic benefit streams, learning, and technology diffusion: why drought tolerance is not the new Bt. AgBioForum, 13: 13-24.

MacLeod M, Moran D, Eory V, et al. 2010. Developing greenhouse gas marginal abatement cost curves for agricultural emissions from crops and soils in the UK. Agricultural Systems, 103 (4): 198-209.

Maddala G S. 1986. Limited-Dependent and Qualitative Variables in Econometrics. Cambridge: Cambridge University Press.

Maddison D. 2007. The perception of and adaptation to climate change in Africa. Washington D C: World Bank Publications.

Mendelsohn R, Dinar A. 1999. Climate change, agriculture, and developing countries: does adaptation matter?. The World Bank Research Observer, 14 (2): 277-293.

Meza F J, Silva D, Vigil H. 2008. Climate change impacts on irrigated maize in Mediterranean climates: evaluation of double cropping as an emerging adaptation alternative. Agricultural Systems, 98 (1): 21-30.

Meze-Hausken E. 2004. Contrasting climate variability and meteorological drought with perceived drought and climate change in northern Ethiopia. Climate Research, 27 (1): 19-31.

Miraglia M, Marvin H J P, Kleter G A, et al. 2009. Climate change and food safety: an emerging issue with special focus on Europe. Food and Chemical Toxicology, 47 (5): 1009-1021.

Moorby J M, Chadwick D R, Misselbrook T H, et al. 2007. A review of research to identify best practice for reducing pollution gases from agriculture and land management. London: IGER-ADAS, Defra AC0206 Report.

Nelson G C, Rosegrant M W, Palazzo A, et al. 2010. Food security, farming, and climate change to 2050: scenarios, results, policy options. Washington D C: International Food Policy Research Institute.

NERA. 2007. Maket mechanisms for reducing GHG emissions from agriculture. London: Forestry and Land Management.

Ngigi S N, Savenije H H G, Thome J N, et al. 2005. Agro-hydrological evaluation of on-farm rainwater storage systems for supplemental irrigation in Laikipia district, Kenya. Agricultural Water Management, 73 (1): 21-41.

Nicholas K A, Durham W H. 2012. Farm-scale adaptation and vulnerability to environmental stresses: insights from winegrowing in Northern California. Global Environmental Change, 22 (2): 483-494.

O'Hara P, Freney J. 2003. Abatement of agricultural non-carbon dioxide greenhouse gas emissions—a study of research requirements. New Zealand: A Report Prepared for the Ministry of Agriculture and Forestry.

Parry M L, Carter T R. 1989. An assessment of the effects of climatic change on agriculture. Climatic Change, 15: 95-116.

Parry M, Canziani O, Palutikof J P, et al. 2007. Climate Change 2007: Impacts, Adaptation and Vulnerability. Cambridge: Cambridge University Press.

Patt A G, Schröter D. 2008. Perceptions of climate risk in Mozambique: implications for the success of adaptation strategies. Global Environmental Change, 18 (3): 458-467.

Pray C, Nagarajan L, Li L P, et al. 2011. Potential impact of biotechnology on adaption of agriculture to climate change: the case of drought tolerant rice breeding in Asia. Sustainability, 3 (10): 1723-1741.

Reilly J. 1995. Climate change and global agriculture: recent findings and issues. American Journal of Agricultural Economics, 77 (3): 727-733.

Ringler C, Zhu T J, Cai X M, et al. 2010. Climate change impacts on food security in sub-Saharan Africa: insights from comprehensive climate change scenarios. IFPRI Discussion Paper.

Rosenzweig C, Parry M L. 1994. Potential impact of climate change on world food supply. Nature, 367 (6459): 133-138.

Rosenzweig C, Iglesias A, Yang X B, et al. 2001. Climate change and extreme weather events; implications for food production, plant diseases, and pests. Global Change and Human Health, 2 (2): 90-104.

Rosenzweig C, Tubiello F N, Goldberg R, et al. 2002. Increased crop damage in the US from excess precipitation under climate change. Global Environmental Change, 12 (3): 197-202.

Sato K. 1967. A two-level constant-elasticity-of-substitution production function. The Review of Economic Studies, 34 (2): 201-218.

Schlenker W, Lobell D B. 2010. Robust negative impacts of climate change on African agriculture. Environmental Research Letters, 5 (1): 014010.

Schlenker W, Hanemann W M, Fisher A C. 2005. Will U.S. agriculture really benefit from global warming? Accounting for irrigation in the hedonic approach. The American Economic Review,

95（1）：395-406.

Schultz T W. 1966. Transforming traditional agriculture：reply. American Journal of Agricultural Economics，48：1015-1018.

Scialabba N E H，Müller-Lindenlauf M. 2010. Organic agriculture and climate change. Renewable Agriculture and Food Systems，25（2）：158-169.

Seo S N，Mendelsohn R. 2008. Measuring impacts and adaptations to climate change：a structural Ricardian model of African livestock management1. Agricultural Economics，38（2）：151-165.

Shen X，Hartarska V. 2013. Derivatives as risk management and performance of agricultural banks. Agricultural Finance Review，73（2）：290-309.

Shetty N S. 1969. A factor analysis of use of fertilizers by farmers. Indian Journal of Agricultural Economics，24（1）：1-13.

Shortle J S，Dunn J W. 1986. The relative efficiency of agricultural source water pollution control policies. American Journal of Agricultural Economics，68（3）：668-677.

Sidhu S S. 1974. Economics of technical change in wheat production in the Indian punjab. American Journal of Agricultural Economics，56（2）：217-226.

Smit B，Skinner M W. 2002. Adaptation options in agriculture to climate change：a typology. Mitigation and Adaptation Strategies for Global Change，7（1）：85-114.

Smit B，Burton I，Klein R J T，et al. 1999. The science of adaptation：a framework for assessment. Mitigation and Adaptation Strategies for Global Change，4：199-213.

Smit B，Burton I，Klein R J T，et al. 2000. An anatomy of adaptation to climate change and variability. Climatic Change，45（1）：223-251.

Smith P，Trines E. 2006. Commentary：agricultural measures for mitigating climate change：will the barriers prevent any benefits to developing countries？. International Journal of Agricultural Sustainability，4（3）：173-175.

Smith J，Smith P，Wattenbach M，et al. 2005. Projected changes in mineral soil carbon of European croplands and grasslands，1990—2080. Global Change Biology，11（12）：2141-2152.

Smith P，Martino D，Cai Z C，et al. 2007. Policy and technological constraints to implementation of greenhouse gas mitigation options in agriculture. Agriculture Ecosystems & Environment，118（1/2/3/4）：6-28.

Smith P，Martino D，Cai Z C，et al. 2008. Greenhouse gas mitigation in agriculture. Philosophical Transactions of the Royal Society of London. Series B，Biological Sciences，363（1492）：789-813.

Solow R M. 1960. On a family of lag distributions. Econometrica，28（2）：393-406.

Tang L Q，Zhou J H，Bobojonov I，et al. 2018. Induce or reduce? The crowding-in effects of farmers' perceptions of climate risk on chemical use in China. Climate Risk Management，20：27-37.

Tenge A J，de Graaff J，Hella J P. 2004. Social and economic factors affecting the adoption of soil and water conservation in West Usambara Highlands，Tanzania. Land Degradation & Development，15（2）：99-114.

Thomas D S G，Twyman C，Osbahr H，et al. 2007. Adaptation to climate change and variability：farmer responses to intra-seasonal precipitation trends in South Africa. Climatic Change, 83 (3): 301-322.

Thompson H E, Berrang-Ford L, Ford J D. 2010. Climate change and food security in sub-Saharan Africa: a systematic literature review. Sustainability, 2 (8): 2719-2733.

Tubiello F N, Rosenzweig C, Goldberg R A, et al. 2002. Effects of climate change on US crop production: simulation results using two different GCM scenarios. Part Ⅰ: wheat, potato, maize, and citrus. Climate Research, 20 (3): 259-270.

Tweeten L, Dishon C L, Chern W S, et al. 1994. Japanese and American agriculture: tradition and progress in conflict. Pacific Affairs, 67 (1): 117-119.

van der Pligt J, de Vries N K. 1998. Belief importance in expectancy-value models of attitudes. Journal of Applied Social Psychology, 28 (15): 1339-1354.

Virk D S, Witcombe J R. 2007. Trade-offs between on-farm varietal diversity and highly client-oriented breeding—a case study of upland rice in India. Genetic Resources and Crop Evolution, 54 (4): 823-835.

Vogel C, O'Brien K. 2006. Who can eat information? Examining the effectiveness of seasonal climate forecasts and regional climate-risk management strategies. Climate Research, 33 (1): 111-122.

Wang J X, Mendelsohn R, Dinar A, et al. 2009. The impact of climate change on China's agriculture. Agricultural Economics, 40 (3): 323-337.

Wang Y J, Huang J K, Wang J X. 2014. Household and community assets and farmers' adaptation to extreme weather event: the case of drought in China. Journal of Integrative Agriculture, 13 (4): 687-697.

Welch J R, Vincent J R, Auffhammer M, et al. 2010. Rice yields in tropical/subtropical Asia exhibit large but opposing sensitivities to minimum and maximum temperatures. Proceedings of the National Academy of Sciences of the United States of America, 107 (33): 14562-14567.

Wheeler T, von Braun J. 2013. Climate change impacts on global food security. Science, 341(6145): 508-513

Willock J, Deary I J, Edwards-Jones G, et al. 1999. The role of attitudes and objectives in farmer decision making: business and environmentally-oriented behaviour in Scotland. Journal of Agricultural Economics, 50 (2): 286-303.

Wooldridge J M. 2010. Econometric Analysis of Cross Section and Panel Data. Cambridge: The MIT Press.

You L Z, Rosegrant M W, Wood S, et al. 2009. Impact of growing season temperature on wheat productivity in China. Agricultural and Forest Meteorology, 149 (6/7): 1009-1014.

Zhou J H, Tang L Q, Yu X H. 2018. Estimating the average treatment effect of adopting stress tolerant variety on rice yield in China. Journal of Integrative Agriculture, 17 (4): 940-948.

附　录　一

水稻种植户调查问卷简表

您好，这是课题组关于国家社会科学规划基金项目（项目批准号：13AZD079）的农户调查问卷。请您按照实际情况或者想法进行如实选择。非常感谢您的合作与参与！

____省____市____县____乡镇____村；调查员____；

____年____月____日；问卷编号____

	调查问项
一、户主基本情况	1.您的姓名：_______；电话：_______________；性别：___；年龄：___岁 2.您的受教育程度_______（①小学及以下　②初中　③高中　④大专　⑤本科及以上） 3.您从事水稻生产_______年；是否本地人_______（①是　②否） 4.您是否有进城务工的经历？_______（①是 ②否） 您是否在涉农企业或部门工作过？_______（①是 ②否） 5.您所在地区是否是传统产粮区：_______（①是　②否） 6.所在地区目前农户种稻是否普遍：_______（①是　②否） 您家是否为水稻科技示范户_______（①是　②否）；是否有试验田或示范田_______（①是　②否） 您家水稻种地属于_______（①洼地　②平原　③坡地）；种地质量_______（①好　②一般　③不好） 您是否参加过水稻技术培训？（①1=是　②0=否）；共培训_______次 主要技术来源：_______（①农技员　②村干部　③亲朋邻居　④农业农村部　⑤媒体） 7.所在地区经济作物（如蔬菜、水果等）发展如何？_______（①好　②一般　③不好） 8.您是下列哪种类型的农户？（可多选） ①＜5 亩的小规模农户　②5～20 亩的中等规模农户　③20～100 亩的种粮大户 ④≥100 亩的种粮大户　⑤家庭农场　⑥加入了农民合作社等产业化组织的农户 9.如果您是加入产业组织的农户，那加入了：_______ ①合作组织＋农户　②龙头企业＋农户　③专业市场＋农户　④其他

续表

二、家庭基本情况

1.家庭人口_______人，劳动力（16～60 岁）_______人，其中主要从事农业的劳动力_______人

2.近 3 年家庭总收入情况及来源构成情况？请在空白处填写相应选中项序号

年份	家庭年均总收入 ①5 万元以下；②5 万～10 万元； ③10 万～15 万元； ④15 万～20 万元； ⑤20 万元及以上	农业收入占总收入比例 ①<25%；②25%～50%； ③50%～75%；④≥75%	水稻收入占总收入比例 ①<10%；②10%～25%； ③25%～50%；④50%～75%； ⑤≥75%
2016			
2015			
2014			

3.您家的收入水平在当地属于？_______

①很低　②中等偏下　③中等　④中等偏上　⑤很高

三、生产经营情况

1.您家为什么种植水稻？（单选）_______

①解决口粮　②挣钱致富　③收益稳定　④没有更好选择

2.水稻之外家庭还种植_______（①蔬菜　②水果　③其他）

原因是（可多选）：_______（①轮作需要　②增加收入　③其他）

3.近 3 年粮食播种面积变化情况

年份	家庭 总耕地面积/亩	从别人家 流转耕地面积/亩	水稻耕地总面积/亩	单季或 双季	年亩产量/ （斤/亩）
2016					
2015					
2014					

4.您家是否有土地流转？_______（①有　②没有）【若选没有，请跳至 5】

4.1 租用土地有否签书面协议_______（①有　②没有），土地租用时间为_______年

4.2 土地流转形式是：_______（①村集体统一出租　②流转自分散农户　③其他）

4.3 您在耕地流转过程中遇到的主要问题是（可多选）：_______

①土地流转期短　②土地流转金太高　③土地流转合同不规范，土地随时可能被收回

④土质不好，投资改造成本高　⑤土地细碎，流转时需要协调成本太高

4.4 您最希望通过以下哪些形式流转土地？_______

①亲戚朋友　②自己直接谈　③村委会　④当地政府　⑤其他途径

4.5 近年来您家所在地土地租金平均变化情况是？

	2016 年	2015 年	2014 年
每亩租金/元			

5.您家目前在水稻生产经营过程中面临的主要困难有哪些？（请在选中项打“√”）

困难形式	没有问题	问题很小	问题较小	问题较大	问题很大
农资采购					
种子种苗					

续表

技术方面					
土地方面					
信贷方面					
用工方面					
农机方面					
水利设施					
稻谷储存					
销售价格					
销售渠道					
自然灾害					

三、生产经营情况

6.您未来 2～3 年水稻种植面积计划：_______

①扩大规模 ②规模保持不变 ③缩小规模 ④放弃生产

6.1 准备扩大种粮规模最主要原因是什么？（可多选）_______

①规模大能降低各种投入费用 ②预期粮价会上涨

③上规模能得到政府更多的支持 ④其他产业就业机会减少 ⑤其他

6.2 准备缩小规模或放弃生产的原因是什么？（可多选）_______

①生产成本上升快 ②气候变化带来的灾害损失增加 ③外出务工收入更高

④种粮比较效益低，改种更赚钱的经济作物 ⑤劳动力不足，雇不到人

⑥土地不适合种粮或租不到土地 ⑦水利等基础设施差

7.近 3 年您家水稻生产成本变化情况（单位：元）

成本类型	2016 年	2015 年	2014 年
总雇工成本			
总物资成本（肥料、农药等）			
总租地成本			
其他费用			

8.您家是否雇工？______（①是 ②否） 【若选否，请跳至 9】

如果雇工，近 3 年您家所在地平均人工工资变化情况是？

	2016 年	2015 年	2014 年
各年份每天工资/元			

9.您接受过以下哪些部门提供的相关技术培训？（可多选）_______

①政府部门 ②合作社、协会 ③企业 ④其他_______【请注明】

10.您家有没有参加农业保险？_______（①有 ②没有）

11.您觉得目前农业保险发展面临的主要问题有哪些？（可多选）_______

①提供农业保险公司太少，选择余地少 ②保险覆盖面少 ③保险理赔困难

④赔偿金额偏低 ⑤政府对农业保险补贴不到位

续表

12.近3年在水稻生产过程中，您家是否付钱来完成以下水稻生产作业情况？（请打“√”）

年份	耕地		播种		植保		收割		烘干	
	是否购买	每亩价格	是否购买	每亩价格	是否购买	每亩价格	是否购买	每亩价格	是否购买	百斤价格
2016	①是 ②否		①是 ②否		①是 ②否		①是 ②否		①是 ②否	
2015	①是 ②否		①是 ②否		①是 ②否		①是 ②否		①是 ②否	
2014	①是 ②否		①是 ②否		①是 ②否		①是 ②否		①是 ②否	

13.如果付钱购买过以上水稻生产作业服务，是否满意？没有付钱购买以上服务的原因？（请打“√”）

水稻生产作业服务	付钱购买过						没有付钱购买的原因			
	满意度			不满意因素			没有该项服务	价格太高	质量难保证	自己有机械
	满意	基本满意	不满意	价格高	质量差	不方便				
耕地										
播种										
植保										
收割										
烘干										

14.您当前的购买服务者与希望的服务提供者？（选中请打”√”）

水稻生产作业服务	您当前是向谁购买服务的？					最希望向谁购买服务？				
	其他农户	合作社	村集体	公司	农技部门	其他农户	合作社	村集体	公司	农技部门
耕地										
播种										
植保										
收割										
烘干										

15.您家粮食主要通过下列哪些途径销售及所占比例情况？

水稻销售比例	政府订单收购	合作社统一收购	商贩上门收购	公司订单收购	当地农贸市场	批发市场

16.近3年您家粮食总产量和出售量情况是？

年份	总产量/斤	出售数量/斤	出售价格/（元/斤）
2016			
2015			
2014			

续表

<table>
<tr><td>四、化肥农药生产资料投入与管理</td><td>1.您家化肥、农药来源：_______
①个人购置于农资店 ②肥、药公司上门推销 ③基地合作社统一购置
2.化肥、农药的施用一般是按照？_______
①凭经验 ②严格按照说明书 ③按照农资销售人员建议 ④按农技推广人员建议
3.您家水稻用地在最近三年是否接受过测土配方：_______（①是 ②否）【若选否，请跳至4】
如果有测土配方，你会按测土配方要求施肥吗？_______①有，约_______% ②没有
感觉效果如何？_______①节本和增产效果明显 ②节约了化肥成本，但产量未见增加 ③没什么感觉
4.您是否每年都会对土壤进行杀菌处理？_______
①是，费用由_______承担 ②不是，每年一次 ③没有杀菌
5.您是否在施用了化肥农药或产品销售后都会做生产记录？_______（①是 ②否）
如有记录，一次生产记录大约花费_______分钟；您的生产记录一般保存_______年
6.您是否参加过科学施肥（如施肥数量、时间等）的相关培训？_______（①是 ②否）
7.如果现在有一项施肥技术能使施肥量减少20%～30%，且不影响水稻产量，您在下列何种情况下最有可能采纳？_______
①农技推广部门推荐，并明确告之水稻生长不同阶段化肥施用种类、施用量
②看邻居、亲戚、朋友降低施用量后的效果
③新的施肥技术和管理措施操作简单，容易掌握
④新的施肥技术和管理措施不会引起新的病虫草</td></tr>
<tr><td>五、风险态度与认知</td><td>1.您认为水稻生产面临多大的风险？_______
①很大 ②不太大 ③没有风险

2.如果认为有风险，经营风险来源于（可多选，选中请打"√"）_______
<table><tr><td>风险类型</td><td>具体原因</td></tr><tr><td>产量风险</td><td>①病虫害 ②灌溉条件 ③不精通耕种技术 ④其他</td></tr><tr><td>市场风险</td><td>①价格波动大 ②市场供求变化 ③运输流通困难 ④省外水稻供应影响</td></tr><tr><td>气候风险</td><td>①旱涝等极端天气增多 ②天气变化导致投入成本增加</td></tr><tr><td>其他风险</td><td>①农业保险政策不完善 ②固定投资没保障 ③土地随时可能被收回</td></tr></table>
3.您是否愿意引进新的水稻品种和技术？_______（①愿意 ②不愿意）
4.您认为引进新的水稻品种和技术，最大的担忧和风险来自（可多选）_______
①单产不高 ②生产成本增加 ③不懂新品种种植技术 ④品质下降 ⑤销售渠道不畅 ⑥其他

5.请对下列各项表述说明您的看法和态度（请打"√"）
<table><tr><td>风险意愿</td><td>非常不同意</td><td>不同意</td><td>一般</td><td>同意</td><td>非常同意</td></tr><tr><td>为获取高收益，我愿意冒一定风险</td><td></td><td></td><td></td><td></td><td></td></tr><tr><td>与获得利润相比，我更担心遭受损失</td><td></td><td></td><td></td><td></td><td></td></tr><tr><td>我对生产经营中新的设想或主意非常谨慎</td><td></td><td></td><td></td><td></td><td></td></tr><tr><td>与其他人相比，我更愿意冒风险来采纳新技术</td><td></td><td></td><td></td><td></td><td></td></tr><tr><td>与其他人相比，我愿意承担更多风险来销售农产品</td><td></td><td></td><td></td><td></td><td></td></tr><tr><td>与其他人相比，我愿意冒更大风险来借贷资金</td><td></td><td></td><td></td><td></td><td></td></tr></table></td></tr>
</table>

续表

五、风险态度与认知

6.您是否考虑过未来可能发生的意外事故？______

①从不考虑　②很少考虑　③有时考虑　④经常考虑

7.假如您有一项投资，您会选择以下哪种类型？______

①风险大、收益大、亏损大　②风险中、收益中、亏损中　③风险小、收益小、亏损小

8.您认为以下哪些途径可以降低水稻生产经营风险？（可多选）______

①参加农业保险　②通过学习提高自家水稻种植技术　③参加产业组织

④引新品种　⑤通过各种方式了解市场信息　⑥其他

9.您认为影响稻米收益波动的主要原因有（可多选）：______

①粮价波动太大　②种子、化肥等生产资料价格上涨　③补贴等政策因素

④天气状况　⑤机械、人工成本上升　⑥其他______【请具体说明】

六、对气候变化的认知及适应性行为分析

1.您所在村庄或乡镇是否有气象信息服务？______（①有　②没有）

您所在村庄或乡镇是否有提供抵御干旱或洪涝等基层公共服务？______（①有　②没有）

2.您认为近10年气候变化是否明显？______（①明显　②较为明显　③不明显）

近10年极端气候变化（干旱、洪涝等）是否明显？______（①明显　②较为明显　③不明显）

3.如果感觉有变化，您认为当地极端气候变化主要表现在：（可多选）______

①温度上升、气候变暖　②温度下降、气候变冷　③降雨减少、干旱增多

④降雨增加、洪涝增多　⑤极端气候现象时有发生　⑥其他______

4.您认为导致极端气候变化的原因是（可多选）______

①城市发展　②汽车尾气排放　③大气污染　④工业废气排放　⑤农业面源污染　⑥不知道

5.极端气候对水稻种植的影响程度：______

①影响很明显　②比较明显　③没影响

如果有影响，那么影响主要表现在：（可多选）______

①耕种时间改变　②极端天气增多　③病虫害增加

④无霜期增加　⑤产量波动更大　⑥其他______

6.近3年来，您家在水稻生产过程中遭受的主要灾害有哪些？（可多选）：______

①干旱　②洪涝　③病虫害　④台风暴雨　⑤高温热害

⑥低温阴雨　⑦寒潮/强冷空气　⑧冰雹　⑨雪灾　⑩霜冻

近3年来，您家在水稻生产过程中是否遭受干旱导致减产？（①是　②否）

近3年来，您家在水稻生产过程中是否遭受洪涝导致减产？（①是　②否）

7.如果遭受过灾害，导致您家水稻减产情况是？（选中请打"√"）

年份	没遭灾	≤10%	11%～20%	21%～30%	31%～50%	>50%
2016						
2015						
2014						

8.根据过去的受灾情况，您觉得下一年的水稻生产会遭灾吗？______（①会　②不会）

如果会遭灾，您预计因此而导致的水稻减产情况：______

①≤10%　②11%～20%　③21%～30%　④31%～50%　⑤>50%

9.您家在水稻种植过程中如果遭受自然灾害（旱、涝、病虫害等），怎样解决？______

①政府帮助与自助相结合解决　②靠自己解决　③政府解决　④其他

10.您平时在水稻生产管理过程中关注气象消息吗？

①关注　②不关注

续表

六、对气候变化的认知及适应性行为分析

11.您主要从以下哪些渠道获得农业技术、销售、气象等信息？（可多选）_______

①电视广播、报刊、电脑网络　②政府部门的宣传　③农技专家或农技员的指导

④与其他专业大户交流　⑤专业合作社提供　⑥农业龙头企业提供　⑦自己摸索

12.您是否为了减少极端气候对水稻的不利影响而采取以下适应性行为？（选中请打“√”）

具体适应性行为	是	否
调整农时（如提前播种和收获）		
增加化肥或农药投入		
调整农业种植结构，如种植多样化，减少面积或退出种粮		
选用抗逆新品种（如采用抗灾抗旱、转基因水稻品种）		
采用保护性耕作		
修建基础设施，如灌溉设施、排水设施		
改善农田周边生态环境（如种树等）		
购买农业保险		

13.你认为政府在提升水稻应对气候变化的能力时，应该（可多选）_______

①设立专项资金

②加强农田基本建设

③加快应对气候变化的水稻技术研发和示范

④及时提供气象信息服务

⑤加强基层农技推广和田间指导示范作用

⑥加大农民培训力度

⑦健全应对气候变化的体制机制

⑧加强应对气候变化的知识教育和宣传力度

七、气候变化对大米质量安全的认识

1.您认为当前产地环境（空气、土壤、水质）是否会对您水稻质量安全产生影响？_______

①没有污染　②有污染　③不清楚

2.您感觉水稻存在质量安全问题吗？_______（①有　②没有）

如果有，可能造成的原因是（可多选）_______

①化肥农药施用不当　②土壤自身污染　③育秧环节不当　④收获储藏或运输不当

3.使用低毒农药和正规化肥就能保证水稻质量安全，您是否认同这一观点？_______

①是　②否

4.您认为建立农产品生产档案来实施追溯会对生产经营风险有何影响？_______

①增加经营风险　②有一定风险，但不大　③不会增加任何风险

5.随着近年来“镉大米”质量安全事件曝光的增加，您认为因质量安全问题导致的大米经营风险是：_______

①增加　②降低　③不变

6.您家生产或销售的粮食获得了哪些认证？（可多选）_______

①无认证　②无公害产品　③绿色产品　④有机产品

7.您认为获得认证的产品售价与无认证产品价格有差别吗？（可多选）_______

①没有差别　②无公害产品与没认证产品差不多　③绿色产品价格高　④有机产品价格高

8.您认为水稻抽穗时施用农药是否影响质量安全？_______

①是　②否

抽穗时如果有病虫害，此时你会选择：_______

①不施用任何农药　②施用农药，但是低毒或生物农药

③按农技人员要求施用农药　④施用能杀死病虫害的农药

续表

八、水稻生产新技术采纳行为	1.您家水稻生产中技术信息获取的主要途径包括哪些？（可多选）_______ ①农技推广部门　②自己摸索　③请教有经验的农户　④粮食专业合作社 ⑤专业技术协会　⑥电视或广播　⑦农业信息网　⑧研究机构　⑨订单农业中的公司 ⑩乡镇政府/村集体 2.下列水稻生产新技术，选出您最感兴趣的3项：_______ ①抗病、耐热、耐旱水稻新品种培育技术　②节氮精准施肥技术　③浅湿干控制高产灌溉技术 ④减苗扩行高产栽培技术　⑤免耕、少耕等保护性耕作技术　⑥稻油、稻麦间作套种耕作技术 ⑦标准化旱育秧与抛秧技术　⑧病虫草害综合防治技术　⑨全程机械化技术 3.您是否在水稻种植中采纳了以上水稻生产新技术？_______（①是　②否）【若选否，跳至3.2】 3.1 如果采纳了，效果如何？_______ ①增产和抗虫害效果均明显 ②抗虫害效果明显，增产效果不明显 ③没什么感觉 您是否愿意继续采纳：_______ ①是　②否 您认为采纳该项技术和管理措施最大的困难是？_______ ①何时灌溉、何时排水、间歇时间等方面缺乏指导　②投入人工较多，人工费增加 ③费时费力且增产效果不明显　④不习惯　⑤其他 3.2 如果没有采纳，在下列哪种情况下会考虑采纳？_______ ①邻居采纳后效果好再考虑采纳　②等家里人手多了再考虑 ③等种植规模大了再考虑　④等村里的排灌工程弄好再考虑　⑤其他 4.在您决定采纳一项新的技术或管理措施时，最主要的考虑因素是？（限选3项）_______ ①资金投入　②是否能提高水稻产量　③是否能提高水稻品质　④是否能节省劳动投入 ⑤新技术现掌握的难易程度　⑥是否有农技部门的培训和指导　⑦他人试验示范的效果 ⑧是否有补贴等配套优惠政策　⑨是否需要购买新的农机具　⑩是否对环境有利 5.对于一项新的农业技术或管理措施，您往往是：_______ ①最先采纳　②别人采纳后有效果再采纳　③最晚采纳　④不愿采纳 6.稻田有“人工湿地”之称。假设现在推荐给您一系列农业技术，旨在发挥稻田生态功能应对气候变化，同时提高稻田可持续生产能力，以下哪种描述符合您的真实想法_______ ①会采纳，为了环境保护 ②会采纳，为了得到生态保护补偿金 ③如果容易实施且能获得较高生态补偿金会考虑采纳 ④不会采纳 7.您对目前所种植的水稻品种总体满意度如何？_______（①满意　②一般　③不满意） 当地地方政府（乡镇政府、部分村集体）有否提供水稻新品种推广与技术指导服务？_______ ①是　②否 8.请您对以下水稻品种采纳的优先顺序进行排序（多选并排序）_______ ①高产品种　②优质品种　③抗病、抗逆品种　④耐热、耐旱品种　⑤氮素高效利用品种 9.关于保护性耕作技术采用情况： 9.1 您认为下列哪些技术属于保护性耕作技术？ ①少耕播种　②免耕播种　③深松　④秸秆覆盖　⑤病虫草害综合防治 9.2 您认为保护性耕作技术具有下列哪些作用？ ①节本增收　②改善土壤　③防治水土流失　④蓄水保墒　⑤减少温室气体排放

续表

<table>
<tr><td rowspan="14">八、水稻生产新技术采纳行为</td><td>9.3 您在水稻生产过程中，</td></tr>
<tr><td>是否采用少耕免耕播种技术？1=是，0=否</td></tr>
<tr><td>是否秸秆覆盖（如秸秆还田）？1=是，0=否</td></tr>
<tr><td>是否对稻田深松？1=是，0=否</td></tr>
<tr><td>是否采用病虫草害综合防治技术（种子包衣、苗期药物喷洒、除草等）？1=是，0=否</td></tr>
<tr><td>您认为保护性耕作技术对作物产量的影响如何？1=减少，2=几乎没有影响，3=增加</td></tr>
<tr><td>您认为保护性耕作技术对劳动力投入的影响如何？1=减少，2=几乎没有影响，3=增加</td></tr>
<tr><td>您认为保护性耕作技术对农资投入的影响如何？1=减少，2=几乎没有影响，3=增加</td></tr>
<tr><td>您认为保护性耕作技术对机械作业费的影响如何？1=减少，2=几乎没有影响，3=增加</td></tr>
<tr><td>政府是否对采用保护性耕作有补贴？1=是，0=否</td></tr>
<tr><td>是否参加过这类培训？1=是，0=否</td></tr>
<tr><td>是否经常与他人交流生产技术？1=经常，0=不经常</td></tr>
<tr><td>是否经常参观保护性耕作示范田？1=经常，0=不经常</td></tr>
<tr><td>在作业时节，您是否很容易就能雇佣到保护性耕作作业机械？1=容易，0=不容易
10.您对采用保护性耕作的效果是否满意？1=满意，0=不满意</td></tr>
<tr><td>九、对政府相关政策的评价</td><td>1.您家最希望政府在下列哪些方面提高补贴力度？（限选 3 项）_______
①种粮直补 ②良种补贴 ③农资综合补贴 ④农机购置补贴
⑤租地补贴 ⑥农业保险补贴 ⑦水利设施改善补贴

2.您获得过哪几种粮补贴？补贴金额？满意度如何？（请打“√”）
（见下表）

3.您家最希望政府帮助解决什么问题？（限选 3 项）_______
①种粮技术、经营管理知识培训 ②农业信贷服务/贷款担保
③资金上给予项目扶持 ④及时提供市场信息 ⑤及时提供气象信息
⑥协助流转土地 ⑦帮助解决贷款担保、抵押难问题 ⑧道路、水利建设维护
⑨用水、用电等优惠 ⑩仓储</td></tr>
</table>

您家从政府得到了下列哪些补贴？	是否得到过补贴	补贴金额/（元/亩）	满意度评价		
			满意	基本满意	不满意
种粮直补	①是②否				
良种补贴	①是②否				
育插秧补贴	①是②否				
农资综合补贴	①是②否				
统防统治补贴	①是②否				
农机购置补贴	①是②否				
租地补贴	①是②否				
农业保险补贴	①是②否				
其他补贴	①是②否				

附 录 二

蔬菜种植户质量安全控制的行为调查问卷

调查地点：____市____县____镇（乡）____村

调查时间：________调查员：_______

您好，这是一份关于蔬菜质量安全控制与环境友好生产技术实施情况的调查问卷。问卷中问题的答案无对错之分。您填答的所有资料，仅供学术研究使用，绝不外流。请您按照实际情况或者想法进行选择。非常感谢您的合作与参与！

浙江大学中国农村发展研究院

一、农户家庭情况

户主姓名	性别	年龄	文化程度	种过几年菜/年	是否本地人	家里一共几口人/人	种菜几口人/人

1. 您家种了哪些菜（可多选）：①叶菜类 ②茄果类 ③根茎类 ④菌类 ⑤豆类

2. 上一年蔬菜种植毛收入为_______元，家庭总收入为_______元，除了蔬菜种植收入之外，其他收入来源包括：

①其他家庭成员打工 ②其他农作物收入 ③其他 ④无其他收入来源

二、土地、劳动力与投入品管理

1. 蔬菜种植面积_______亩，分为_______块

2. 您家的菜地是：

①流转自他人（请回答题目 2.1～2.6）

②自有土地（请回答题目 3）

③都有，自有土地亩，流转土地亩（请回答题目 2.1～2.6）

2.1 土地流转合同签了_______年，租金_______元/年，租金_______年交一次；

与上次土地流转合同签订时相比，最近一次土地流转价格：

①每亩地增加_______元 ②每亩地降低_______元 ③不变

土地流转合同年限是：①变长了 ②缩短了 ③不变

2.2 土地流转形式是：①村集体统一出租 ②流转自分散农户

2.3 合同订立主要通过：①与村集体商谈 ②与分散土地承包户商谈

2.4 合同订立一般经历几次沟通？①1 次就完成 ②2～5 次 ③6 次及以上

2.5 土地流转合同形式：①书面 ②口头

2.6 您在耕地流转过程中遇到的主要问题是（可多选）：

①土地流转期短

②土地流转金太高

③土地流转合同不规范，土地随时可能被收

④菜地土质不好，投资改造成本高

⑤土地细碎，流转时需要协调成本太高

3. 如果您是外地人，您感觉在以下方面是否与本地农户存在差别（可多选）：

①流转土地 ②水、电等必需品价格 ③农业补贴政策获取与落实

④蔬菜销售

4. 在蔬菜采收季节，是否需要雇人？

①是（请回答题目 4.1～4.3） ②否（请回答题目 5）

4.1 雇人平均日工资是_______元，一年雇工总费用约_______元；雇工费用与上一年相比提高了_______%

4.2 雇工主要来自：

①亲戚朋友 ②本村或邻近村镇打短工者 ③外地或外省打工者

④其他_______

4.3 您认为雇工方面存在的主要问题是：

①很难雇到人 ②雇工成本偏高 ③雇工工资与工作质量不匹配

④其他_______

5. 上一年蔬菜种植费用

上一年全年蔬菜种植总投入/元	蔬菜种子总费用/元	肥料投入总费用/元	农膜总费用/元	农药投入总费用/元	其他费用/元

6. 上一年蔬菜种植肥料投入总量

复合肥/包	有机肥		其他		
	农家肥/吨	商品有机肥/包	尿素（氮肥）/包	磷酸一铵等（磷肥）/包	硫酸钾等（钾肥）/包

7. 化肥、农药来源：
①个人购置于农资店　②肥、药公司上门推销　③基地合作社统一购置
8. 您所施用的有机肥是来自：
①附近养殖场　②商品有机肥
9. 施用农家肥之前是否对农家肥进行无害化处理？①是　②否
10. 使用低毒农药和正规化肥就能保证蔬菜安全，您是否认同这一观点？
①是　②否

三、耕作制度与生产过程管理

1. 蔬菜一年种茬________季
2. 是否存在蔬菜与其他作物轮作？
①是，选择轮作类型是：A. 蔬菜　B. 灌水修养地
②否，没有选择轮作的原因是：
A. 蔬菜种植间隔期短　B. 转换成本太高　C. 其他
3. 化肥、农药的施用一般是按照？
①凭经验使用　②严格按照说明书　③按照农资销售人员建议
④按农技推广人员建议
4. 从最后一次施用农药到采摘的间隔天数一般是夏天____天，冬天____天
5. 您家的菜地在最近三年是否接受过测土配方：
①是（请回答题目 5.1～5.2）　②否（请回答题目 5.3）
5.1 测土配方施肥面积约占：
①≤20%　②21%～40%　③41%～60%　④61%～80%　⑤＞80%
5.2 测土配方实施费用是由谁承担的：
①政府部门　②个人　③合作社等产业组织
5.3 您没有实施测土配方施肥的原因是：
①成本太高　②缺乏技术指导　③收益不明显　④政府未要求
6. 您是否每年都会对土壤进行杀菌处理？
①是，费用由____承担　②不是每年一次　③没有杀菌

7. 生产中的废弃大棚膜是如何处理的？
①回收　②填埋　③焚烧　④垃圾回收点　⑤从不专门处理
8. 废旧地膜又是如何处理的？
①回收　②填埋　③焚烧　④垃圾回收点　⑤从不专门处理
9. 您所在村庄或乡镇是否有气象信息服务？①有　②没有
10. 您认为近 10 年气候变化是否明显？①明显　②较为明显　③不太明显
11. 如果感觉有变化，您认为当地气候变化主要表现在：（可多选）________
①温度上升、气候变暖　②温度下降、气候变冷　③降雨减少、干旱增多
④降雨增加、洪涝增多　⑤极端气候现象时有发生　⑥其他________
12. 全球气候变化是当前气候变化的主要趋势，您是否感觉到它对蔬菜种植的影响：
①感觉影响很明显　②感觉有一定影响但不明显　③没感觉影响
如果有影响，那么影响主要表现在：（可多选）
①耕种时间改变　②极端天气增多　③病虫害增加
④无霜期增加　⑤产量波动更大　⑥其他________
13. 近 3 年来，您家在蔬菜生产过程中遭受的主要灾害有哪些？（可多选）：
①干旱/大风　②高温热害　③霜冻　④台风暴雨　⑤洪涝　⑥低温阴雨
⑦寒潮/强冷空气　⑧冰雹　⑨雪灾　⑩病虫草害
14. 若以下措施能更好地适应气候变化，您愿意采取哪些措施？（限选 3 项）
①调整农时（如提前播种和收获）
②增加投入（如增加化肥、农药等投入）
③采用新的水稻品种（如抗旱品种、转基因品种等）
④修建基础设施（如灌溉设施等）
⑤采用新技术（如新的播种技术、耕作技术、灌溉技术等）
⑥增加灌溉量、增加灌溉时间、多浇水等
⑦改善农田周边的生态环境（如种树等）
⑧购买农业保险
⑨调整农业种植结构，提高复种指数

四、蔬菜认证与生产档案

1. 您的蔬菜通过何种认证：
①无公害认证　②绿色认证　③有机认证　④尚未认证
1.1 最早认证是在________年，最近一次认证是在________年

1.2 您所在地区是否正在开展蔬菜质量安全追溯体系建设?

①是　②否　③不清楚

2. 您认为保证蔬菜质量安全有价值吗?

①非常有价值　②很有价值　③一般　④不太有价值　⑤没有价值

3. 您觉得蔬菜认证有意义吗?

①很有意义　②有意义　③一般　④不太有意义　⑤毫无意义

4. 您觉得蔬菜认证有利于:

①提高蔬菜质量　②提高产品销售价格　③容易获得大型农贸市场准入许可

④获得政策补贴　⑤其他

5. 您家的蔬菜是否具有产地准出卡?①是　②否

6. 您是否建立蔬菜田间生产档案:

①是(请回答问题 7～15)　②否(直接回答第五部分“蔬菜的销售情况”)

7. 您建立生产档案至今已有_______年

8. 您的生产档案记录了哪些信息，请在您记录的信息选项后打“√”

产品基本情况	农药使用情况	肥料使用情况
产品名称	农药名称	肥料名称
种植方式	登记号	登记号
采收时间	类型	类型
单产(斤/亩)	防治对象	使用范围
年总产量(斤)	使用方法	使用方法
执行标准	使用量	使用量
销售去向	一个生产周期使用次数	一个生产周期使用次数
销售批次或编号	末次使用时间	末次使用时间
产地编号	安全间隔期	安全间隔期
	来源单位	来源单位

9. 您是否在施用了化肥农药或产品销售后都会做生产记录?①是　②否

10. 记录一次生产记录大约花费_______分钟

11. 您的生产记录一般保存_______年

12. 您的生产记录是由:_______

①自己保存　②合作社或基地保存　③农技服务中心保存　④其他

13. 您所在地方政府有支持建立农产品生产档案的相关政策吗?

①不了解　②没有　③有

如果有但您没有建立，那原因是?_______

14. 您是通过什么途径建立农产品生产档案?

①周围种植户介绍　②为方便生产管理自己建立　③合作社、政府要求

④其他

15. 您觉得建立农产品生产档案后，您在下面哪几个方面得到了好处？（请按得到好处大小在1分、2分、3分、4分、5分中选一项打"√"）

建档带来的好处	非常有好处（5分）	好处较大（4分）	一般（3分）	好处很小（2分）	没有好处（1分）
有助于生产管理					
蔬菜质量提高					
蔬菜价格提高					
容易获得大型农贸市场准入许可					

五、蔬菜的销售情况

1. 您家种的菜中拿去卖的比例大约是_______%，自留的比例_______%

2. 您家生产的蔬菜主要卖到哪些地方？

①本地市场　②外地市场　③国外市场

3. 您家蔬菜通过下列途径销售的数量占总销售量的比例分别为多少？

①通过当地批发市场/农贸市场自销的比例为_______%（请回答题目3.2）

②通过商贩上门收购销售的比例为_______%（请回答题目3.3）

③合作社收购后统一销售的比例为_______%（请回答题目3.4）

④公司或企业事业单位订单销售的比例为_______%（请回答题目3.5）

⑤通过大型超市、果蔬连锁超市、配送中心销售的比例为_______%（请回答题目3.6）

⑥其他途径，比例为_______%

3.1 以上不同的销售渠道中，价格最高的渠道是________，价格最低的渠道是_______；价格最高的渠道与最低的价差能达到_______%

3.2 如果您是通过当地批发市场/农贸市场进行销售（如果不通过此渠道销售请跳过），请问：

（1）蔬菜入场前是否进行抽检？①是　②否

（2）入场时要求出具哪些材料？（可多选）

①生产档案　②认证材料　③基地或合作社检验合格证明

④不需要出具材料

（3）消费者、批发商是否会要求开具小票？①是　②否

（4）您是否在当地批发市场/农贸市场拥有固定摊位？①是　②否。是的话，摊位费用是_______元/年，摊位使用年限是_______年

3.3 如果您是通过商贩上门收购进行销售（如果不通过此渠道销售请跳过），请问：

（1）商贩上门收购销售时，您家的菜是否是卖给较为固定的几位商贩？

①是 ②否

（2）商贩上门收购时是以怎样的交易形式？

①当场现金结算 ②部分现金部分销售后支付

③签订销售合同销售后支付

（3）是否签订书面销售合同？

①是 ②否

（4）商贩收购时通常会要求出具哪些证明材料？

①生产档案 ②认证材料 ③基地或合作社检验合格证明

④不需要出具材料

（5）上门商贩如何区分所销售的蔬菜来自哪家种植户？

①写有名字的包装箱 ②只收固定菜农的菜 ③不同农户不同品种

④其他

（6）如果批发市场抽检发现蔬菜检验不合格，商贩如何处理？

①直接退货 ②去其他地方销售 ③销毁 ④不清楚

（7）一旦发生此类事件，商贩是否会终止与相关种植户乃至种植户所属合作社的合作？

①是 ②否

3.4 如果您是通过合作社进行销售（如果不通过此渠道销售请跳过），请问：

（1）合作社的销售模式是？

①当场现金结算 ②部分现金部分销售后支付

③签订销售合同销售后支付

（2）如果签订合同销售，销售合同的形式是？

①书面 ②口头

（3）合作社收购时通常会要求出具哪些证明材料？

①生产档案 ②认证材料 ③基地或合作社检验合格证明

④不需要出具任何材料

（4）如果出现销售时检测不合格蔬菜，合作社一般如何处理？

①直接退货 ②去其他地方销售 ③销毁 ④不清楚

（5）合作社如何处理不按合作社要求生产的农户？

①口头警告 ②现金惩罚 ③不再收购 ④要求退社

3.5 如果您是通过企事业单位进行销售（如果不通过此渠道销售，请跳过），请问：

（1）销往企事业单位时是以怎样的交易形式？

①当场现金结算 ②部分现金部分销售后支付

③签订销售合同销售后支付

（2）如果有销售合同，销售合同的形式是？①书面 ②口头

（3）企事业单位收购时通常会要求出具哪些证明材料？

①生产档案 ②认证材料 ③基地或合作社检验合格证明

④不需要出具任何材料

（4）如果抽检发现蔬菜检验不合格，企事业单位是否会终止与相关种植户乃至种植户所属合作社（基地）的合作？

①是 ②否

3.6 如果您是通过大型超市、果蔬连锁超市、配送中心销售（如果不通过此渠道销售，请跳过），请问：

（1）销售时采取怎样的交易形式？

①当场现金结算

②部分现金部分销售后支付

③签订销售合同销售后支付

（2）如果有销售合同，销售合同的形式是？

①书面 ②口头

（3）收购时通常会要求出具哪些证明材料？

①生产档案 ②认证材料 ③基地或合作社检验合格证明

④不需要出具任何材料

（4）如果抽检发现蔬菜检验不合格，是否会终止与相关种植户乃至种植户所属合作社（基地）的合作？

①是 ②否

六、蔬菜产地环境的评价

1. 您认为当地的空气、土壤、水是否安全，是否影响蔬菜的质量安全？

①有污染，会产生不利影响 ②没有污染，不会有影响 ③不清楚

2. 您是否听过蔬菜产地重金属污染，如铅污染？

①否 ②是，那您认为蔬菜产地重金属污染主要来自（可多选）：

A. 工矿企业 B. 畜禽污染 C. 化工企业 D. 空气污染

E. 农业生产中化肥农药使用

3. 您否听说过农业面源污染，如农田水源富氧化？

①否

②是，那您认为面源污染主要来自（可多选）：

A. 周边化工企业 B. 周边养殖场 C. 空气污染

D. 农业生产中化肥农药使用

4. 您是否清楚蔬菜种植灌溉用水与土壤质量状况？

①否

②是，您是怎么知道的？

A. 凭经验判断 B. 政府产地环境报告 C. 产品认证报告 D. 其他

5. 您觉得种菜会污染菜地周围的环境吗？

①没有污染 ②有污染 ③不清楚

6. 您认为当前社会上蔬菜质量安全问题严重吗？

①十分严重 ②很严重 ③一般 ④不太严重 ⑤不严重

7. 您认为当前蔬菜质量安全问题主要出在什么环节？（可多选）

①产地环境污染 ②化肥农药不规范使用

③加工、贮藏环节添加剂、保鲜剂使用 ④消费环节

七、组织与政策

1. 您是否加入了产业化组织？

①否

②是，参与的是哪种产业化组织模式？

A. 龙头企业 + 农户 B. 专业市场 + 农户 C. 合作组织 + 农户 D. 其他

1.1 您加入产业化组织的原因是：

①解决蔬菜销售问题 ②获得政策补贴 ③其他人都参加

④政府要求 ⑤其他

2. 您从产业化组织得到了哪些服务？（可多选，请打勾）

质量安全宣传与培训	生产技术指导	种子化肥等农用物资购置	收购统销服务	生产档案记录培训	其他（请注明）

3. 合作社等产业化组织是否会对您的生产记录进行检查？

①是（每年________次） ②否

3.1 检查过程中如发现漏记或弄虚作假等问题时，是否会有经济惩罚措施？

①是 ②否，只有口头警告

3.2 对于记录规范的农户是否有奖励？

①是　②否

4. 请从以下几个方面对您所加入的产业化组织进行评价：

服务类型	非常满意（5分）	满意（4分）	一般（3分）	不太满意（2分）	非常不满意（1分）
生产物资购置					
生产指导与服务					
解决产品销售					
财务信息公开透明					
管理、决策民主					
成员互助与信息分享					

5. 您在合作社等产业化组织中的职位是：

①普通成员　②管理者

5.1 您是否参与过合作社等产业化组织生产、经营决策的制定？

①是　②否

6. 您认为产业化合作组织对农产品质量安全控制有帮助吗？

①有较大帮助　②有一点帮助　③没有任何帮助

7. 政府是否提供农产品质量安全控制方面的培训？过去是否曾提供过？

①是（每年_______次）　②否

8. 政府是否会对您的生产记录进行检查？过去是否曾检查过？

①是（每年_______次）　②否

9. 检查过程中如发现漏记或弄虚作假等问题时，是否会有惩罚措施？

①是　②否

10. 当地政府是否曾经在下列方面存在补贴：

良种购置	有机肥购买	大棚建设	农机购置	认证申请	其他（请注明）

11. 当地是否有针对蔬菜生产的农业保险政策？

①是　②否

如果有，您是否参加？

①是　②否，原因是_______

八、价格与风险预期

1. 您认为现在种菜有风险吗？

①风险很大　②有风险，但不大　③没有任何风险

2. 如果认为有风险，主要是什么原因造成的（可多选）：

①农业保险政策不完善，投入没有保障 ②流转土地随时可能被收回

③没有固定销路 ④因质量问题被拒收 ⑤价格波动大

⑥台风、冰冻等自然灾害 ⑦产业政策调整，土地被征用

3. 您认为建立农产品生产档案来实施追溯，即被政府和购买者了解你的具体生产过程对种菜风险有何影响？

①增加风险 ②有一定风险，但不大 ③不会增加任何风险

4. 随着近年来蔬菜质量安全事件曝光的增加，您认为质量安全问题导致的蔬菜经营风险是：

①增加 ②降低 ③不变

5. 全球气候变暖是当前气候变化的主要趋势，您是否感觉到气候变暖已经对蔬菜种植产生了影响？

①感觉影响很明显 ②感觉有一定影响但不明显 ③没感觉任何影响

5.1 如果有影响，那么影响主要表现在（可多选）：

①耕种时间变化 ②高温等极端天气增多 ③病虫害发作情况改变

④产量波动增加 ⑤其他

5.2 为缓和气候变化对收入的影响，主要采取的措施：

①改变作物品种 ②调整播种时间 ③增加设施投入，如建设滴灌系统

④增加田间管理时间，如增加通风、遮阴次数 ⑤其他

6. 假设你有一次抽奖的机会，现有 A、B 两种抽奖规则，请阅读方案 1～5 中规则 A、B 的收益后，选择按照规则 A 还是规则 B 进行抽奖。如方案 1，如果你选规则 A，不管你摸到红球还是白球，你得到 200 元，如果你选规则 B，那么你摸到红球得 150 元，摸到白球得 250 元。

情景设置	规则 A		规则 B	
	红球	白球	红球	白球
方案 1	200 元	200 元	150 元	250 元
	我的选择：A □		B □	
方案 2	200 元	200 元	100 元	300 元
	我的选择：A □		B □	
方案 3	200 元	200 元	100 元	400 元
	我的选择：A □		B □	
方案 4	200 元	200 元	50 元	450 元
	我的选择：A □		B □	

续表

情景设置	规则 A		规则 B	
	红球	白球	红球	白球
方案 5	200 元	200 元	0 元	500 元
	我的选择：A□		B□	

选择实验设计：农户协调环境治理与农产品质量安全控制的最佳技术管理组合接受意愿。农业源头污染（包括农业面源污染与土壤重金属污染）已经成为当前我国农产品质量安全事故频发的重要原因，而农业生产过程中不合理的化肥农药施用则是农业源头污染的主要来源。

测土配方施肥技术以土壤测试和肥料田间试验为基础，根据作物需肥规律、土壤供肥性能和肥料效应，在合理施用有机肥料的基础上，提出氮、磷、钾及中、微量元素等肥料的施用数量、施肥时期和施用方法，可以有效提升肥料利用率，不仅可以在降低生产成本的基础上保证作物产量，还有助于缓解农业面源污染与重金属污染，提升农产品品质，从而提升种植的经济效益。

病虫害绿色防控是从农业生态系统出发，主要依靠生物防治、物理防治及耕种方法的防治来控制病虫害，来减少化学防治的使用。消费者对安全农产品具有广泛的需求，却由于当前农产品认证管理不完善而无法识别真正的安全产品。研究表明，实施蔬菜质量安全追溯、记录产地环境信息与生产管理信息（包括投入品来源、投入品使用、产品销售等信息）可以有效地增加消费者对产品的信任，提升农产品价格 15%以上。基于以上思路，政府准备推广包含了测土配方施肥、病虫害绿色防控、生产档案等在内的一套协调治理技术与管理措施组合，并准备根据实施情况给予不同的补贴（每项技术都有高、低两个水平的要求，技术水平的差异意味着生产风险与生产成本的差异，因此政府补贴的金额会存在差异），请根据自身判断从下面的选择项中选择您满意的选项。

1.

属性	选项 A	选项 B	选项 C
关键环节环境友好型生产技术	使用许可范围内的肥料与高效低毒农药	测土配方施肥与病虫害绿色防控	都不选
追溯管理	仅记录产品销售信息	依照生产档案范本要求记录	
技术培训与指导	集中培训	发放技术手册或标准化模式图	
技术风险	减产 5%	增产 5%	
补贴金额	1400 元/（亩·年）	1100 元/（亩·年）	
您的选择			

2.

属性	选项 A	选项 B	选项 C
关键环节环境友好型生产技术	测土配方施肥与病虫害绿色防控	使用许可范围内的肥料与高效低毒农药	
追溯管理	依照生产档案范本要求记录	仅记录产品销售信息	都不选
技术培训与指导	电话指导	田间指导	
技术风险	减产 5%	增产 5%	
补贴金额	1400 元/（亩·年）	1100 元/（亩·年）	
您的选择			

3.

属性	选项 A	选项 B	选项 C
关键环节环境友好型生产技术	测土配方施肥与病虫害绿色防控	使用许可范围内的肥料与高效低毒农药	
追溯管理	依照生产档案范本要求记录	仅记录销售信息	
技术培训与指导	发放技术手册或标准化模式图	田间指导	都不选
技术风险	减产 5%	增产 5%	
补贴金额	1100 元/（亩·年）	800 元/（亩·年）	
您的选择			

4.

属性	选项 A	选项 B	选项 C
关键环节环境友好型生产技术	测土配方施肥与病虫害绿色防控	使用许可范围内的肥料与高效低毒农药	
追溯管理	依照生产档案范本要求记录	仅记录销售信息	都不选
技术培训与指导	电话指导	田间指导	
技术风险	增产 5%	减产 5%	
补贴金额	800 元/（亩·年）	1400 元/（亩·年）	都不选
您的选择			

5.

属性	选项 A	选项 B	选项 C
关键环节环境友好型生产技术	使用许可范围内的肥料与高效低毒农药	测土配方施肥与病虫害绿色防控	
追溯管理	依照生产档案范本要求记录	仅记录销售信息	都不选
技术培训与指导	发放技术手册或标准化模式图	集中培训	
技术风险	减产 5%	增产 5%	

续表

属性	选项 A	选项 B	选项 C
补贴金额	500 元/（亩·年）	1100 元/（亩·年）	
您的选择			

6.

属性	选项 A	选项 B	选项 C
关键环节环境友好型生产技术	使用许可范围内的肥料与高效低毒农药	测土配方施肥与病虫害绿色防控	都不选
追溯管理	仅记录销售信息	依照生产档案范本要求记录	
技术培训与指导	电话指导	发放技术手册或标准化模式图	
技术风险	减产 5%	增产 5%	
补贴金额	500 元/（亩·年）	1400 元/（亩·年）	
您的选择			

7.

属性	选项 A	选项 B	选项 C
关键环节环境友好型生产技术	使用许可范围内的肥料与高效低毒农药	测土配方施肥与病虫害绿色防控	都不选
追溯管理	依照生产档案范本要求记录	仅记录销售信息	
技术培训与指导	田间指导	集中培训	
技术风险	增产 5%	增产 5%	
补贴金额	1100 元/（亩·年）	1400 元/（亩·年）	
您的选择			

8.

属性	选项 A	选项 B	选项 C
关键环节环境友好型生产技术	使用许可范围内的肥料与高效低毒农药	使用许可范围内的肥料与高效低毒农药	都不选
追溯管理	仅记录销售信息	仅记录销售信息	
技术培训与指导	集中培训	电话指导	
技术风险	减产 5%	减产 5%	
补贴金额	1100 元/（亩·年）	500 元/（亩·年）	
您的选择			